感谢四川大学经济学院出版基金的资助
感谢四川省社科一般项目（SC18B052）的资助

绿色之力助经济之舟

——绿化水平、生态产品与全要素生产率的关联机理

刘　勇　文青爽　李红艳　张雅宁　著

中国财经出版传媒集团
中国财政经济出版社
·北京·

图书在版编目（CIP）数据

绿色之力助经济之舟：绿化水平、生态产品与全要素生产率的关联机理 / 刘勇等著．-- 北京：中国财政经济出版社，2025.5. -- ISBN 978-7-5223-3924-5

Ⅰ．F249.22

中国国家版本馆 CIP 数据核字第 202543GU19 号

责任编辑：彭　波　　　　责任校对：徐艳丽
责任印制：史大鹏

绿色之力助经济之舟
——绿化水平、生态产品与全要素生产率的关联机理
LÜSE ZHILI ZHU JINGJI ZHIZHOU
——LÜHUA SHUIPING、SHENGTAI CHANPIN YU QUANYAOSU
SHENGCHANLÜ DE GUANLIAN JILI

中国财政经济出版社 出版

URL：http：//www.cfeph.cn
E-mail：cfeph@cfeph.cn

社址：北京市海淀区阜成路甲 28 号　邮政编码：100142
营销中心电话：010-88191522
天猫网店：中国财政经济出版社旗舰店
网址：https：//zgczjjcbs.tmall.com
涿州汇美亿浓印刷有限公司印刷　各地新华书店经销
成品尺寸：170mm×240mm　16 开　16 印张　224 000 字
2025 年 5 月第 1 版　2025 年 5 月河北第 1 次印刷
定价：78.00 元
ISBN 978-7-5223-3924-5
（图书出现印装问题，本社负责调换，电话：010-88190548）
本社图书质量投诉电话：010-88190744
打击盗版举报热线：010-88191661　QQ：2242791300

前　言

绿色之力如何助力经济之舟的扬帆远航呢？绿化水平的提高意味着各类生态产品供给的增加，包括物质供给、调节服务和文化服务。这些生态产品通过多个渠道影响着经济系统的发展，进而使得“绿色之力”得以“助经济之舟”，因此，绿化水平与全要素生产率有着密切的关联。特别是在我国实施高质量绿色发展以及促进新质生产力发展的背景下，将绿化水平、优质生态产品供给水平、全要素生产率纳入一个框架进行理论和实证分析，为顺利实现人与自然和谐共生的中国式现代化奠定基础，具有突出的理论意义和现实意义。

经济的高质量发展必须以自然生态系统为基础和载体，自然生态系统不仅可以提供各类生态服务，比如水源涵养、土壤保持、空气净化等，还可以提供各类物质供给，直接支持着经济的发展和社会的运行。绿化水平和优质生态产品供给水平的提高，实质上是人类发挥主观能动性增强自然生态系统的功能，进而对经济系统产生有益影响。在理论上，传导机制仍然是作为本源的自然生态系统提供的物质产品、调节服务、文化服务对经济发展的正面影响，只不过在其中突出了人为的作用。特别是针对城市和需要生态修复的地区的绿化，更是凸显了人为的积极作用，增加各类生态产品的供给，进而促进经济的高质量发展。

将绿化水平和优质生态产品供给水平的概念进行分解，据此设计可以定量计算的指标体系，以我国内陆地区的省市为样本进行实证分析，结果表明我国绿化建设整体处于中等水平，但增长较快，各省份基本都呈现上升趋势。我国整体绿化水平差异呈现不断下降的趋势，但东部省份差异仍然较大。我国优质生态产品供给水平不断提高，但是优质生态产品供给水平的空间差异始终存在，空间发展不均衡。各省内部发展不平衡矛盾突出，省际之间差距较大。绿化水平是全要素生产率指数的单向格兰杰原因，绿化水平与纯技术进步指数互为格兰杰因果关系，绿化水平对我国各省市全要素生产率变动和技术进步有较好的解释性，技术进步也会在一定程度上促进绿化水平的进步。绿化水平与全要素生产率指数呈正相关关系。作为与绿化水平关联程度较高的优质生态产品供给水平空间差异与全要素生产率指数之间，在特定的年份具有显著的负相关关系，且这种负相关关系具有一定的滞后效应。由此表明，提升绿化水平，增加优质生态产品供给，缩小优质生态产品供给水平的空间差异，对促进全要素生产率的提升，推进我国经济的高质量发展和现代化进程，均有促进作用。

书稿中也存在诸多不足之处，特别是样本选择的时间周期较短，得出的实证结论需要进一步完善。希望起到抛砖引玉的作用，促进绿色经济、生态产品供给与高质量经济发展的相关研究。

刘　勇

2025 年 3 月

目　录

1 绪　　论

绪论包括研究背景及意义、研究内容和研究方法，以及可能的创新与不足。从整体的视角对本书的内容进行了概括，为后续的分析奠定了基础。

1.1 研究背景及意义

自工业革命以来，人类社会经济的高速增长伴随着对自然资源的开发掠夺和对生态环境的破坏，严重影响了人与自然之间关系的平衡，从自然资本相对富裕的“空的世界”过渡到了生态环境约束日益趋紧的“满的世界”（Daily，1997）。接连面临的气候变化、生物多样性锐减、生态系统失衡等一系列全球性生态问题，正逐渐将人类社会置于“资源－环境”双重压迫的窘境。处理好生态保护与经济发展的关系，实现可持续发展是人类社会共同面临的时代课题。我国把生态文明建设作为应对生态环境问题的重要举措，党的十八大将生态文明建设纳入国家发展总体布局中，党的十九大将生态文明建设视为“永续发展的千年大计”。《中共中央关于制定国民经济和社会发展第十四个五年规划和二〇三五年远景目标的建议》强调“坚持尊重自然、顺应自然、保护自然”的理念，要推动“生态文明建设实现新进步”。党的二十大报告提出要建设人与自然和谐共生的中国式现代化，实现绿色高质量发展，促进新质生产力的快速发展。

1.1.1 研究背景

(1) 生态文明建设与绿色高质量发展互促

以增长规模和数量为目标导向的粗放型发展模式，造成我国出现了生态环境污染较严重，经济发展超过生态环境承载力上限，以及资源相对枯竭等一系列生态环境问题，同时也损害了人民群众对优美生态环境的向往。西方发达国家的经济发展进程由于容忍资本的逐利性，初期总是伴随着严重的生态环境破坏问题，从历史进程来看，零增长、转移污染、先发展后治理的路径都是不可取的。虽然我国城镇化和工业化的水平一直在提升，但人口、资源和环境三者始终没有处于完美协调的状态，经济增长也受到环境、资源等的制约，要实现进一步的发展，必须走具有中国特色的实现生态文明与绿色高质量发展的互促之路，这意味着在经济增长的同时，必须高度重视生态环境的保护和资源的可持续利用，需要积极推动绿色技术创新，加强环境治理和保护工作，加快建设生态文明，实现经济的可持续发展，追求人与自然的和谐共生。

然而，20 世纪后期提出的尊重、保护自然多是单一被动的治理，仍是以经济增长为第一目标。近年来，我国的生态文明建设在不断向前推进，生态文明建设的层次和力度也在不断提升。2021 年国务院提出，为增强生态产品的供给能力和生态系统基本功能，实现生态环境的根本性好转，要科学推进我国国土大规模绿化，这是建设美丽中国不可或缺的必要保障，也是实现绿色高质量发展的重要基础。国土绿化的推进意味着加大对生态系统的保护和恢复力度，通过植树造林、草原恢复、湿地保护等措施，可以增加生态系统的容量，促进生态环境的良性循环，这将有助于提高生态系统的稳定性，并为生态环境修复打下基础。此外，国土绿化还可以改善生态环境质量，提升生态系统的服务功能，通过增加绿地覆盖率，可以改善空气质量、水质质量等，提高生态系统对自然灾害的缓冲和调节能力，增加地方居民的生态获益。

总之，我国在生态文明建设方面的努力正在不断往前推进，国土大规模绿化是实现生态环境根本好转、建设美丽中国不可或缺的必要保障。通过科学推进国土绿化，可以增强生态产品的供给能力和生态系统基本功能，为实现绿色高质量发展打下坚实基础。只有坚持生态文明建设，才能实现经济的可持续发展，建设一个更加美丽、富饶和宜居的中国。

（2）经济增长与生态环境恶化并存

传统增长理论一般认为经济增长的动因来自以下五个方面：一是转换自然资产，二是提高消费水平，三是增加投资，四是人口数量增长，五是科技进步。而消费和投资总会达到饱和，人口增长存在负面效应，并且以目前形势来看人口并不会持续增长，唯一没有上限的动因就是科技进步，科技进步会促使消耗减少、效率提高。从这五个动因的动态演化来看，经济发展与生态环境之间达到互促共进的关系是必然的。生态环境不仅提供了经济发展所需的资源，还承载着生态系统的服务功能，保障着人类的生存和发展。因此，保护生态环境、推动经济增长与生态环境保护之间的良性互动，已成为当前发展的迫切需要。生态环境是重要的生产要素，生态保护与经济发展有着共同的目标，可以产生正向的乘数效应，即使在转变过程中部分领域或行业会经历转型的阵痛，但从长远来看将会实现两者的双赢。

然而，现实情况却是二者之间更多表现为冲突与对立，许多发展中国家在追求经济增长的同时，面临着生态环境破坏和资源耗竭的问题，这在过去的粗放型发展模式下尤为突出，同时，一些发达国家在经济发展初期也曾经历了严重的生态环境破坏问题。因此，实现绿色高质量发展，促进经济增长与生态环境保护之间的双赢非常重要。要实现绿色高质量发展，关键在于统筹发展和保护，注重生态环境的可持续性，同时不断推进科技创新和绿色生产方式。政府部门应加大环境保护力度，强化生态文明建设，制定相关政策措施，引导企业加大环保投入，推动绿色产业发展。同时，社会各界应增强环保意识，积极参与生态保护工作，共同为实现经济与生态的双赢而努力。只有通过全社会的共同努力和合作，才能够实现经济发展与生态环境保护的良性循环，建设美丽的生态环境和繁荣的经济社会。

（3）绿色生态产品助力经济发展

生态产品是生态文明建设的载体和测度，在经济社会发展中扮演着至关重要的角色。过去粗放的经济增长方式使生态环境不断遭受破坏，优质生态产品严重短缺，国家生态安全面临巨大压力，生态产品供给不足已经成为制约我国绿色高质量发展的重要因素。党的十八大提出要“增强生态产品生产能力”，中共中央办公厅、国务院办公厅印发《关于建立健全生态产品价值实现机制的意见》要求“积极提供更多优质生态产品满足人民日益增长的优美生态环境需要”。这些要求旨在推动我国经济转型升级，从过去依赖资源消耗和环境破坏的发展模式转向生态环境保护的可持续发展模式，增强生态产品生产能力意味着要推动生态产业的发展，加大对绿色技术和绿色产业的支持力度，提高生态产品的科技含量和附加值，以满足人民对优美生态环境的需求。《关于建立健全生态产品价值实现机制的意见》要求“激励各地提升生态产品供给能力和水平，营造各方共同参与生态环境保护修复的良好氛围”。要实现这一目标，需要激发各方面积极性，形成全社会共同参与生态环境保护修复的合力。生态产品供给不仅取决于自然生态环境的自有基础禀赋，同时还受到政府、市场等人类社会系统的主体的影响。一方面，以山水林田湖草沙为代表的自然生态系统是生态产品的生产主体，这些自然元素是生态产品的原材料，保持和恢复自然生态系统的健康状况对于增强生态产品供给的可持续性至关重要。另一方面，人类经济社会系统通过人造资本与自然资本结合，以生态修复、植树造林、人工湖泊等方式生产生态产品。我国地域辽阔，生态资源空间分布不均，行政区域分割在一定程度上影响了生态产品供给的均衡性，要通过制定合理的生态规划、引导生产方式生态化转变、开展系统性生态修复等来增强生态系统的可持续性，缩小优质生态产品供给的空间差异，促进生态文明建设一体化发展。

综上所述，生态产品供给既受到自然生态环境的影响，也受到政府、市场等人类社会系统的调节。保护和修复自然生态系统，促进人造资本与自然资本的结合，兼顾不同地区的生态产品供给特点，努力提升优质生态产品的供给水平，是实现生态文明建设和可持续发展的关键所在。只有生态产品供给体系得到完善，才能实现经济繁荣与生态环境的和谐共生。

1.1.2 研究意义

对绿化水平与全要素生产率之间关系的研究具有突出的理论意义和现实意义，尤其是对城市的人工绿化、城市经济的可持续发展，以及居民健康等方面，都有着重要价值。

（1）现实意义

推动生态保护与资源利用。通过提升绿化水平，可以有效保护生态环境，促进资源的有效利用，推动循环经济的发展，进而有效提高全要素生产率，实现经济社会的可持续发展目标。首先，提高绿化水平有助于保护生态环境，通过增加植被覆盖和改善生态景观等方式提升绿化水平，可以有效改善空气质量、减少土壤侵蚀、保护水资源等，有利于生态系统的平衡与稳定。其次，绿化水平的提高对于减少能源消耗、增加可再生能源利用具有积极的作用，良好的绿化环境有助于降低城市热岛效应，城市温度降低，减少空调等能源消耗，从而提高能源利用效率，为可持续发展铺平道路。此外，通过植物的生长和养护，形成绿色循环系统，实现资源的再生利用和循环利用，降低废弃物排放，减少对自然资源的开采和消耗，推动循环经济的发展不仅有利于减少环境污染，提高资源利用效率，还能够为经济发展注入新的动力。

助力实现绿色高质量发展。经济建设和生态文明建设是综合国力进步、人民福祉提升的两大任务，前者是人类生存和发展的基础，其所需资源来源于生态系统；而后者则影响着人民的福祉和长远的未来，更需要经济发展来支撑，二者是辩证统一的关系，相互交融不可分割。各大省市区域作为人类文明进步的产物，是经济发展的主要载体，其绿化情况在一定程度上是生态文明建设的集中体现，研究绿化水平与全要素生产率之间的关系，对于推进我国逐步实现永续发展具有重要意义，特别是实现绿色高质量发展具有突出的现实意义。

促进健康城市规划与建设。城市绿化水平的提高，不仅体现在绿化面积的增加，更体现在绿化质量的提升。如何设计出优美的绿化景观，如何根据不同的城市特征，种植合适的植物进行绿化，避免部分绿植对敏感人群的不良影响，这些都是高水平绿化需要关注的问题，而这些问题的解决，无疑可以提高城市居民的健康水平。特别值得一提的是，在全球气候变化的背景下，城市极端高温频发，如何巧妙地结合城市绿化缓解城市高温，使得城市的环境更加宜居，也是健康城市规划所需要关注的内容。综上所述，对绿化水平的研究，有利于健康城市的规划与发展。

（2）理论意义

丰富了全要素生产率的理论研究。一般认为全要素生产率所计算的额外产出主要包括技术进步和制度完善，随着绿色发展的不断深入，生态文明建设已经成为影响这些额外产出不可忽视的重要因素，诸多学者对生态环境与全要素生产率进行了广泛深入的研究和探索，但从已有研究来看，大多集中在环境规制、生态补偿等方面，从绿化角度切入的几乎没有，而绿化水平作为人类活动区域生态系统状况最为直接的反映，也是进行生态文明建设投入的一大部分，现有研究成果难以识别其对全要素生产率的影响。为此，本书将研究绿化水平对全要素生产率的影响，并运用因果分析、面板模型进行实证检验，有助于填补这部分研究的不足，对既有理论也是有益的扩充。

拓展了环境经济学理论。比较经典的环境经济学理论是将环境污染视为一种负外部性，其背后的暗喻是产权不明晰导致污染的产生。通常的解决方案就是建议将外部性内部化，即污染者付费。这一整套理论和政策的逻辑体系具有一定的合理性，也为多个国家和地区所采用。但是，污染还是没有根除，在有些区域甚至更加严重。事实证明，这些理论需要拓展，特别是在解决方案方面，不能“付费”了之，还需要更多的解决方案，比如绿化水平的提升。将绿化水平作为变量纳入环境经济学的分析框架中，分析其与经济发展，特别是全要素生产率之间的关系，对拓展环境经济学理论具有重要价值。

深化生态经济学理论。生态经济学作为一门交叉学科，旨在解决经济增长与资源环境约束之间的矛盾，通过研究经济系统与生态系统之间的相互作用，探讨可持续发展的路径和方式。生态因素作为经济增长的重要组成部分，其影响不仅仅局限于资源利用和环境污染，还涉及生产率、创新能力等方面，通过研究绿化水平对全要素生产率的影响，可以深入探讨生态环境对经济增长的潜在影响机制，为优化资源配置、提高生产率提供理论指导。此外，在当前全球面临资源短缺、气候变化等严峻挑战的背景下，推动经济转型，实现经济的绿色可持续发展已成为各国的共同目标，绿化水平的提升不仅可以改善生态环境，还可以促进经济增长，为构建绿色经济、循环经济提供理论依据和实践路径。

1.2 研究内容和研究方法

对绿化水平与全要素生产率之间关系的分析具有突出的跨学科性质，在研究内容和方法方面，也具有综合性和交叉性，主要涉及经济学、环境科学、生态学之间的交叉。

1.2.1 研究内容

本书基本的研究对象，特别是实证研究，均以我国31个省份和直辖市为样本。从理论上对绿化建设、生态产品供给的空间差异、全要素生产率三者之间的作用机制，进行不同角度的分析，接着构建指标体系对绿化水平与优质生态产品供给进行定量评价，同时计算全要素生产率并对其进行分解，利用因果分析和面板模型进行实证检验，识别绿化水平对全要素生产率的影响，提出相应结论和应对策略，以助力统筹推进生态文明建设与经济发展。具体包括以下几个方面的内容：

研究背景及意义、研究内容和方法、研究现状分析，以及概念界定和理论基础。对测算全要素生产率与绿化水平的相关概念进行了解释和说明。介绍了几种基于城市绿化、资源环境以及可持续发展的经济学理论，包括环境承载力、外部经济、绿色经济等，初步探究绿化水平与全要素生产率之间的关联，为后续研究两者的作用影响做好理论铺垫。

绿化水平对全要素生产率作用机制的理论分析是本书的重点内容之一。

从生态服务、生态产品、环境资本等不同角度，从理论上分析绿化水平对全要素生产率的作用机制，为后续实证检验打下基础。

绿化水平综合评价与全要素生产率指数测算。在文献分析的基础上构建备选指标，经专家咨询，考虑指标体系的直接性、全面性与均衡性，以及数据的可获得性确定最终指标，构建绿化水平的综合评价指标体系，并采用熵权法确定权重，得到各省市绿化水平综合得分并进行描述性统计和分析。以各省市的资本存量、年末从业人员作为资本和劳动投入指标，以实际 GDP 作为产出指标，采用 DEA – Malmquist 指数法测算全要素生产率指数并进行分解，对得到的数据进行必要统计分析。

绿化水平对全要素生产率影响的实证分析。利用格兰杰因果对测算出的绿化水平与分解前后的各个全要素生产率指数进行检验，初步探究绿化水平对全要素生产率的影响。接着引入控制变量，采用动态面板模型，进一步识别绿化水平对全要素生产率指数的影响，并进行相关稳健性检验，确保模型有效性。

结论和对策。总结研究得出的各项结论，并针对我国绿化建设与经济发展提出对策建议，主要包括做好科学绿化顶层设计、利用科技发展智慧型绿化建设、以产业融合构建绿色全产业链、统筹规划缩小区域发展差距、完善环境规制体系、提高外资投资门槛、增设绿色生态空间等方面。

本书的研究内容框架如图 1.1 所示。

1.2.2 研究方法

本书主要采用定性与定量研究的方法、对比分析方法以及实证分析方法等进行研究。

(1) 定性与定量研究方法

通过定性与定量研究方法的结合，可以全面地探讨绿化水平、全要素生产率等指标之间的关联，奠定理论基础并构建评价体系。通过阅读大量与绿化水平、生态产品、经济发展、全要素生产率等相关的国内外文献，获取与本书内容有关的研究资料，定性分析绿化水平与全要素生产率之间

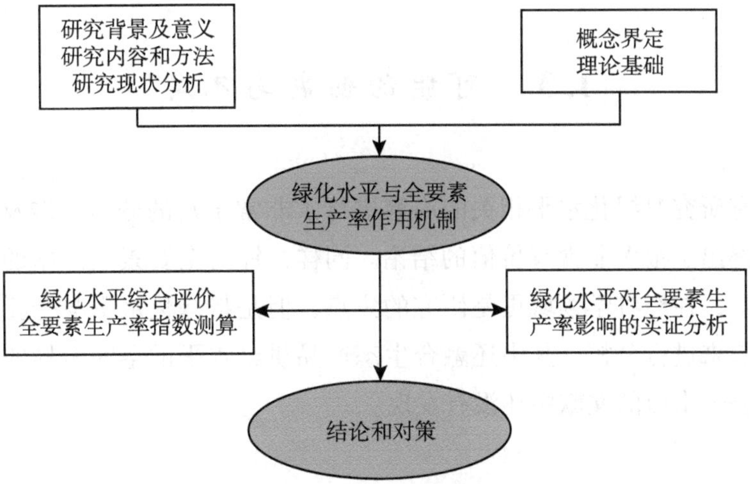

图 1.1 研究内容框架

的关联，以此奠定坚实的理论基础。根据科学性、全面性、实用性等原则构建各省市绿化水平综合评价体系，并利用熵值法确定权重计算综合得分。采用 DEA – Malmquist 指数法测算全要素生产率指数并进行分解。

（2）对比分析方法

通过时间和空间维度分别对各省市的绿化建设水平和全要素生产率进行统计分析和对比分析，可以深入了解各地区绿化水平和全要素生产率的演变过程和特征，初步识别二者之间的关联性，并为进一步深入研究提供思路和方向，这种方法有助于揭示地区之间的异同，为优化资源配置、制定政策提供科学依据，推动经济与生态的协调发展。

（3）实证分析方法

实证分析方法是通过对具体数据进行分析和实证检验，以验证理论假设并揭示变量之间的关系。在分析绿化水平对全要素生产率的作用机理的基础上，利用格兰杰因果检验和动态面板模型对分解前后的全要素生产率指数与绿化水平之间的关系进行实证检验。一方面，通过格兰杰因果检验可以确定变量之间的因果方向，即绿化水平是否对全要素生产率产生影响，从而提供实证支持。另一方面，通过建立动态面板模型，可以进一步分析和量化绿化水平与全要素生产率之间的关联性。

1.3 可能的创新与不足

既有研究对绿化水平相关的内容进行了非常丰富的分析，涉及的学科众多，得出了很多非常有价值的结论。同样，针对全要素生产率的分析也从未停歇，在经济学领域更是研究的焦点，但是将绿化水平与全要素生产率结合起来进行分析，其中还融合生态产品供给水平的空间差异的实证研究，在公开出版的文献中还没有发现。

1.3.1 可能的创新

对全要素生产率的研究非常丰富，不但包括理论研究，还包括实证研究。同时，针对绿化水平方面的既有研究也颇为丰富，本书将二者结合起来进行分析，有可能在以下方面存在一定的创新。

尽管对全要素生产率的研究已非常丰富，但是本书从绿化水平的角度切入考虑对全要素生产率的影响，而非分析全要素生产率大多已有研究的影响因素，分析绿化水平对全要素生产率的作用机理，为识别生态环境对经济发展的贡献提供了思路。同时，目前研究生态环境可持续发展下的经济增长，通常以限制人类活动或者以减少资源消耗和浪费为前提，较少以人类正向影响生态环境的效益为分析对象，而绿化建设是其中的重要部分，本书能够在一定程度上补充此类研究。

此外，本书将优质生态产品供给及其空间差异引入研究框架，作为绿化与全要素生产率之间存在关联的一种中介，在一定程度上体现出跨学科内容的混合创新。

1.3.2 不足之处

绿化水平与全要素生产率之间关联机制的研究涉及多个学科的内容，

受到多种因素的综合影响，本书的研究也存在诸多不足之处，具体如下。

第一，对绿化水平的评价指标还存在改进的空间，目前较新颖的研究方向包括对三维的“绿量”、绿视率、乡土树种比例等指标进行评价，但由于实际操作存在困难，因此本研究仍局限于较为传统的指标，并且以数量指标为主。

第二，在分析绿化水平对全要素生产率的作用和影响时，仍然存在没有分析到的因素对其机理的影响，后续将继续增加和改进，使研究结论更加完整、准确和适用。

1.4 本章小结

生态文明建设与绿色高质量发展之间可以实现互促共赢，特别是在经济增长与生态环境恶化并存的情况下，绿色生态产品助力经济发展显得尤为重要。因此，分析绿化水平与全要素生产率之间的关联机理具有突出的现实意义，绿化水平的提高可能会促进生态环境改善，减少污染物排放，提高自然资源利用效率，从而对生产过程产生积极影响，例如，合理的绿化可以改善空气质量、减少人类疾病、提高劳动生产率等。此外，绿化还有助于改善城市生活环境，吸引人才，推动创新发展，促进经济增长，进而有利于推进我国实现可持续发展，特别是实现绿色高质量发展。同时，本书研究绿化水平对全要素生产率的影响，并运用因果分析、动态面板模型进行实证检验，有助于对既有理论的扩充，从而为政府部门制定相关政策提供科学依据，为企业实施绿色生产提供方向，为学术界深入研究生态经济学和可持续发展理论提供新的思路和方法。

2 研究现状分析

在城市化进程中，绿化水平与全要素生产率之间的关系备受学术研究关注。近年来，学者们通过理论分析和实证研究，对绿化水平与全要素生产率二者进行了深入的探讨，并分析了二者之间的影响机制和作用路径。本章对城市绿地的演变、绿化的效益、全要素生产率、绿化水平与全要素生产率之间的关系进行了文献综述，以期为本书后续的理论机制分析与实证研究奠定基础。

2.1 城市绿地的演变

城市绿地研究经历了漫长的历史累积，随着时代的演进不断展现出新的内涵和价值。从城市的起源开始，人类就开始关注如何为城市创造宜居环境，城市绿地的发展也随之展开。随着社会经济的不断发展和人类文明的进步，城市绿地日益成为城市生活中不可或缺的一部分。在这漫长的历程中，城市绿地不仅是一种自然空间的存在，更是承载人类文明和社会发展的象征。不同阶段的城市绿地研究都反映了当时社会认知水平和价值取向的变化。从最初的美化城市到现在的生态规划，城市绿地的发展呈现出不断深化和拓展的趋势。当前，城市绿地的研究已经跨越了单一学科的范畴，融合了生态学、社会学、心理学等多领域的知识，形成了一个复杂而丰富的研究体系。综上所述，城市绿地的发展展现出与社会经济发展和人类文明进步相互呼应的演进轨迹。按照城市绿地发展演化轨迹和研究进展，结合不同时期各领域的专家学者对城市绿地的研究，本研究将城市绿地的发展和研究进程划分为思想萌芽、思想雏成、实践发展、顶部设计四个阶段，如图 2. 1 所示。

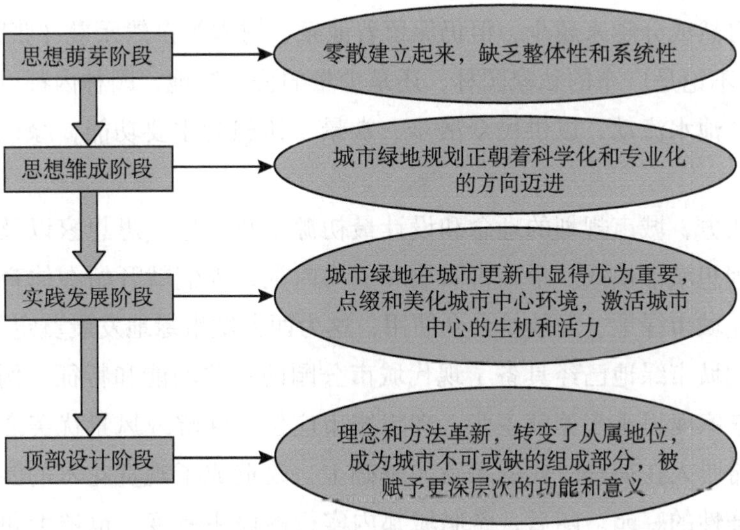

图 2. 1　城市绿地研究演进

2.1.1　思想萌芽阶段

根据文献资料，我国园林建设的起源可以追溯到很早的商周时期，那时就开始在自然的山水地形基础上，围起一块区域，种植草木，放养鸟兽，形成了囿的雏形，囿是指将自然环境圈定起来，保护其原有的山泉树木和动植物，同时在内部修建小池台阁，供皇族贵族进行狩猎娱乐之用。据记载，公元前 11 世纪，周武王曾在其治下修建了“灵囿”，这可能是我国现存记录中最早的园林建设项目之一（姚亦锋等，2000）。随着秦汉以后大型城市数量的增加，城市居民日益感受到与大自然的隔离，难以直接欣赏山川景致的壮美风光。为此，人们开始在城市内兴建以山水景观为灵感的

“人工自然”园林。例如，早期的皇家宫苑和贵族府邸内广植树木花草，营造出仿真自然的环境，以供游憩休闲。东晋时期，私家园林的兴建更加普遍，初期的园林重现自然，以山川湖海为原型建构“自然山水园”，但随着时间的推移，园林设计越来越注重人为因素的加入，逐渐转型为“写意山水园”，通过抽象的形式来表现大自然的韵味，园中虽人工成分越来越多，自然成分越来越少，但仍保留着池泉、树木等自然元素（张鹏举等，2021）。不论是广布的私家园林，还是少量的公共绿地，园林内都以各种植物为主，池水流动，以供民众散步、赏景、休憩为主要功能，绿地的功能较单一。

在西方，城市规划的理念和设计最初源于哲学家、思想家以及政治家提出的理想城市模式。早在古希腊和罗马时期，人们就开始在体育场和广场内设立城市绿地，开放给公众使用，这为西方城市绿地发展奠定了基础，这些初期城市绿地已经具备了现代城市公园的一些功能和特征。例如，古希腊哲学家亚里士多德就主张，理想城市应位于河畔或风景优美之地。此外，古希腊人在荷马时代的果蔬园基础上，改造成了观赏花木的园林，建起了装饰性的庭园。随后，希腊城邦内实行的民主制度，也催生和促进了公共绿地园林的发展（Benevolo，1980）。欧洲文艺复兴时期，随着社会经济的飞速发展和科学研究兴趣的深入，过去以蔬菜为主的园地和城堡小型绿地迅速演变为大规模的庄园园林。例如，意大利开始兴起以台地为特色的宏伟园林庄园（王南希，2016），它们展现出园林艺术在这一时期的繁荣昌盛。这一时期，随着商业贸易和手工业的兴起，许多富商和贵族开始投资兴建私人庄园，以展示自己的财富和品位，科学家对植物学的研究也日益深入，为园林设计提供了更丰富的植物材料。这些大规模的私人园林更注重艺术和美学效果，成为园林艺术蓬勃发展的重要载体，它们的出现标志着欧洲园林艺术由装饰性向功能性和艺术性的发展，也推动了园林建设在这一时期的高度繁荣。城市绿地的发展历程见证了西方城市从古代哲学理念到现代社会需求的演变，为城市规划与设计提供了丰富的历史积淀。

但这个时期城市中出现的园林绿地，没有遵循统一的空间规划，而是完全依据城市设计需要建造的，缺乏科学依据（侯碧清等，2006），仅仅满足了人们对自然景观的观赏欲望，形式与内容都更多地体现了感性的一面。这种现象的产生主要是因为在工业革命之前，城市规模相对较小，人们容易与自然接触，同时，由于城市工业化程度不高，城市内生态和休闲问题尚未凸显，因此，尽管许多理想城市设计中充满了田园风光，但对城市绿地的功能和地位没有得到深入探讨，城市绿地规划仍处于萌芽阶段。在这个阶段，城市中的园林绿地往往是随着城市发展和人们喜好的变化而零散建立起来的，缺乏整体性和系统性。随着城市的不断扩张和工业化进程的加速，人们逐渐开始重视城市绿地的规划与设计，为未来的城市发展奠定了基础。

2.1.2 思想雏成阶段

欧洲19世纪中叶以前，绿化仅仅止步于皇家园林。西方资本主义制度确立后，社会结构发生重大变化，随着新兴资产阶级的崛起，原有的封建领主及皇室权力逐渐衰落，他们的大量土地和私人园林被没收，部分被开辟为面向公众的城市绿地，这为公园作为公共空间的形成奠定了基础。比如，英国伦敦的海德公园、格林公园、肯辛顿公园等，原本都是皇家园林，后来在政府主导下向市民开放，统称为“公园”，其他欧洲国家也出现了类似的情况。这标志着公园被正式确立为城市中面向公众使用的公共绿地。19世纪下半叶，工业化进程导致城市人口剧增，资本和财富积累的同时伴随着公共健康的损害，绿化建设逐渐受到重视，比较有代表性的是公园运动。从英国开始兴起（最早进行了有规划的城市公园建设），允许利用公共财政建设城市公园等基础设施，公园建设开始逐渐兴起，为居民带来了清新便利的集中绿地（吴人韦，1998）。1843年，英国利物浦市动用税收建造了公众可免费使用的伯肯海德公园，标志着第一个城市公园正式诞生（刘竹、柯君，2017）。

18世纪后期，随着工业革命的兴起，城市的面貌发生深刻变化，城市规模迅速扩大，人口急剧增加，但环境质量日趋恶化。传统的城郊绿地被大量开发占用，取而代之的是垃圾堆积和污水横流，这给城市居民的生活环境带来重大影响。面对日益突出的环境问题，人类开始重视城市规划中公共绿地的保护与建设。19 世纪，一些重要的城市规划理念相继出现，旨在改善城市环境质量，这些建议为解决工业城市面临的生态问题提供了新思路，也成为后来各国城市规划重视公共绿地的重要依据，它们共同推动了公共绿地在城市建设中的重要地位。其中著名的有美国"造园之父"欧姆斯特德倡导的"城市公园运动"（洪强，1988）；源于 19 世纪的美国"城市美化运动"（孙群郎，2011）；1889 年英国社会活动家霍华德提出"田园城市"的理念，用以解决城市过度拥挤和恶劣的生活条件（宗仁，2018）；美国人佩里于 1929 年提出的"邻里单位理论"（许皓等，2018），突出了邻里社区的重要性，强调社区绿地的作用和地位；芬兰建筑师沙里宁在 1943 年提出的"有机疏散"理念，主张城市成为一个虽然分散但联系紧密的有机体，城市绿化有了更加系统性的要求（武定宇等，2022）；伦敦的"绿带政策"也再一次明确城市绿化、改善城市质量以及控制城市边界的紧迫性（杨小鹏，2010）。

这些理念和理论的提出，标志着对城市绿地规划的深入探讨和发展。它们呼应着城市环境日益恶化的现实挑战，引领着城市规划与设计的新方向。通过不断的实践和探索，人们逐渐认识到城市绿化不仅是为了美化城市，更是为了提升居民生活质量、改善环境以及促进城市可持续发展。这些思想和理论的影响力不断扩大，促使世界各国对城市绿地规划和建设进行了积极的探索，推动着全球城市绿地规划的不断发展和优化。在这个时期，城市绿地规划开始注重绿地结构的系统性、绿地属性的自然性以及绿地功能的娱乐性，这样全面而详尽的认识使得城市绿地规划开始朝着科学化和专业化的方向迈进。此外，各地还进行了创新，不断改进城市绿地规划，以满足不断变化的城市发展需求。

2.1.3 实践发展阶段

第二次世界大战结束后，绿化建设进入繁荣发展的阶段，世界许多国家在重建老城的同时创建新城，在建设过程中更加科学全面地规划，城市与自然达到一种和谐宜人的状态，比如重新规划的英国哈罗新城、绿地系统布局模式的莫斯科。各国城市的恢复和重建带来了一次新的大发展，激励人们重新认识城市发展的重要性。在旧城改造和新城的蓬勃发展中，城市绿地规划的理论和方法得到了更广阔的实践舞台。在这一时期，诸多著名的规划理论和方法应运而生，给城市绿地规划带来了新的启示和提升。英国伦敦倡导并实施的环形绿带规划模式，旨在限制城市膨胀保护农业、保留自然美和推动休闲活动（Longley 等，1992）；美国华盛顿和丹麦的哥本哈根则采用楔形绿地发展模式，为城市绿地规划开辟了新的可能性（刘亦师，2020）；英国哈罗新城的城市绿带网络系统模式则展示了一种新的城市绿地规划范式（黄小金等，2010）。这些著名的规划理论和方法为城市绿地规划的进一步探索和发展提供了有益的经验和案例，通过对城市绿地规划的不断探讨和实践，人们对城市空间布局、自然环境保护和社区互动关系有了更深刻的认识。

20 世纪 50 年代是我国城市规划工作初步规模化的阶段，在此期间，我国在城市规划中首次引入了完整的绿地体系理念。具体来说，我国在这一时期结合城市建设的实际，大力发展各类公共绿地，并将其纳入整体城市规划当中，形成覆盖全城的绿地网络。在公园规划设计上，我国参考了当时苏联文化休闲公园的模式，重点解决了公园内各功能区的布局，以满足市民体育休闲等需求。这为后来我国城市绿地工作的深入发展奠定了重要基础，随后，我国在此基础上不断完善城市绿地规划，不断提高绿化质量和水平，为城市居民提供了更加优质的生活环境。例如，上海的曹杨新村、北京的百万庄等地，重点关注区内绿地景观、憩息场地的规划与建设，营造出优美的居住环境（董志凯，2007）。通过学习借鉴国外先进经验，我国的城市规划在公园绿地建设方面取得了长足的进步，为城市的现代化发展奠定了坚实基础。

在这一阶段，城市绿地在城市更新中显得尤为重要，它们被用来点缀和美化城市中心环境，激活城市中心的生机和活力，具体体现在新建或更新现有广场、街道上的绿地，这些绿地不仅可以改善城市环境，还能促进人们进行户外休闲活动，此外，它们还为城市居民提供了亲近大自然的机会，改善了人们的居住环境（孙丛毅等，2023）。但规划师们普遍将城市绿地视为城市或建筑物的附属，主要出于解决城市问题的考虑而设置，这种观念导致人们对绿地的认识相对模糊，仅将绿地视为对抗环境恶化和满足休闲需求的手段，绿地的功能和地位也显得不够完整。这种做法在一定程度上加剧了城市与自然之间的矛盾，导致城市绿地的设计与自然生态系统的失衡。然而，正是在这种背景下，人们逐渐意识到城市绿地规划的重要性和必要性，对城市绿地的功能、地位和设计进行重新审视，逐步加深对绿地与自然生态系统之间关系的理解，开始重视人类与自然和谐共生的理念。这一阶段的经验教训成为城市规划发展的宝贵财富，为建设宜居、绿色、人文的城市环境提供了重要借鉴和启示。

2.1.4 顶部设计阶段

20 世纪 80 年代，人类进入了一个保护生态环境的新时代。生态学的理论和方法开始被广泛引入规划领域，推动了世界各大城市对城市绿地的功能、地位和规划进行深入研究。城市绿地建设逐渐受到生态理论的影响，从生态性、游憩性等多个方面被重新审视。在这一时期，一些国际大都市纷纷开展了对城市绿地的改造与升级工作。例如，伦敦选择在海德公园湖滨设立禁猎区，摄政公园则建立起苍鹭栖息区，增强了城市绿地对生态系统的保护和倡导；墨尔本在 80 年代初也展开了一场以生态保护为中心的公园整治工作，为城市环境注入更多生机和活力（吴人韦，1998）。通过重视生态保护和绿地建设，这些城市为居民提供了更加优质的生活环境，也增强了城市的可持续性发展能力。

改革开放后，我国城市绿化建设进入了蓬勃发展的阶段，城市园林建设受到更多重视，城市绿地建设也进入了新的阶段。与此同时，一系列学术期刊如《城市规划》《中国园林》等相继创刊，为城市规划领域的成果发布和学术交流提供了重要平台。1985 年中国园艺学会、中国花卉盆景协会、中国风景园林学会等组织成立，推动了城市绿地系统规划的实践和研究，为我国城市绿地建设事业的发展注入了新的活力，标志着国家对城市绿地建设的重视程度持续提升（黄晓等，2022）。这一时期的重要举措和组织机构的建立为我国城市绿地建设事业奠定了坚实的基础，为城市规划和园林景观设计带来了更多的专业知识和经验，在社会各界的共同努力下，我国的城市绿化工作获得了快速发展。

进入20世纪90年代以来，城市绿地在实现可持续发展战略和保护城市生物多样性方面的重要性和作用越来越受到人们的关注，成为城市可持续发展和生态保护的重要支撑（车生泉，2003）。这一时期，全球范围内提出了可持续发展战略，并掀起了生物多样性保护的热潮，城市绿地因其重要性逐渐受到广泛重视，城市绿地建设逐渐进入了区域生态绿地和城市大园林绿地的发展新阶段（韩镇祥，2003）。在这个时期，一些国家积极探索城市绿地建设的新路径。例如，德国大力推动都市农园的发展，为城市居民提供了更多的绿色空间和农业体验，促进了城市与自然的融合；日本的大阪市建立了200多个农业公园，通过保护和利用城市绿地实现生态环境的可持续性发展；挪威实施了“绿色房顶计划”，鼓励建筑物利用屋顶空间进行绿化，增加城市的绿化率，创造更加宜居的城市环境。总的来说，这个时期的城市绿地建设不仅注重生态效益，而且兼顾了经济效益和社会效益的平衡（曹鉴燎等，2000）。

我国在20世纪90年代开始建立自己的城市绿化评价标准和体系（杨静怡等，2012），进入21世纪后，城市绿地建设发展速度加快，城市绿地呈现出要素多元化、结构网络化以及生态合理化的特点，空间逐渐延伸至地下（祁红卫，2001），范围也拓展到绿色基础设施的规划和建设（刘滨谊等，2013）。同时，城市公园、国家森林城市等新概念层出不穷，城市绿地建设和管理日臻完善（何艳红等，2019），城市绿地不再局限于传统概念，而是与生态环境、城市规划、市民生活等紧密相连，成为城市发展的关键组成部分。随着“绿水青山就是金山银山”“生态文明建设”等理念的提出，城市绿地的重要性越发凸显，相关研究也从以往的生态功能逐步拓展至社会、经济功能的研究领域，绿地不仅为城市环境提供生态服务，同时也承担着促进经济增长、改善市民生活质量的重要责任。这一阶段的城市绿地建设和管理不断创新，通过推动绿地规划、建设和保护，为城市可持续发展和生态环境保护作出了积极贡献。

在这个阶段，城市绿地规划建设的理念和方法的革新，转变了绿地在城市建设中的从属地位，使得城市绿色空间不再被认为是次要的，而成为城市不可或缺的组成部分，倡导人与自然之间的和谐共生（李仲信，2009），这种转变意味着城市绿地的重要性被重新认识和强调，不再被简单地视为城市美化的手段，而是被赋予了更深层次的功能和意义。在这种理念下，城市绿地不再是简单的装饰品，而是被赋予了更深层次的生态和社会功能。通过将人工构建和自然因素相融合，城市绿地成为连接城市与自然的纽带，为城市居民提供休闲、健康、社交等场所，提升了城市整体环境质量和居住品质，更重要的是实现了城市自然与人文的有机融合，为城市的可持续发展和生态保护提供了坚实支撑。未来，城市绿地的发展将继续秉承人与自然和谐共生的理念，不断探索创新，实现城市绿地与城市发展的良性互动，为打造宜居、健康、可持续的现代城市环境作出更大贡献。

2.2 绿化的效益

绿化所带来的综合效益已经被理论和实践证明是正向的，因此，绿化已经成为人类社会发展和进步不可或缺的环节，其效益可以概括为生态效益、社会效益和经济效益三大类。

2.2.1 绿化的生态效益

绿化水平的提高具有重要的生态效益，在既有研究中，有多位学者对此进行了颇有价值的研究，得出的结论表明绿化在治理洪水、城市气候调节、环境污染的净化、审美游憩等方面都有着突出的效益，近期的研究还表明绿化水平的提高在生物多样性保护领域也有突出的正面效应（徐剑，2023）。它不仅能够改善环境质量、提高居民的生活质量，还能够保护生态系统的平衡和稳定性，特别是在各类环境问题频发的背景下，绿化所具有的生态效益越发凸显。比如植物能够释放氧气、固存二氧化碳、吸收热量、增加湿度、滞尘减菌、去除污染物、防风固沙等（Jim，2009），因而城市绿化拥有多种多样的生态功能。

首先，绿化能够改善空气质量。植物通过光合作用吸收二氧化碳，释放氧气，净化空气（Li 等，2010），绿色植物还能通过表面的气孔和根系的吸附作用吸附空气中的微尘、有害物质和有机污染物，这些有害物质经过植物的作用，被转化为无害的物质或者被稳定地储存在植物体内，从而降低空气中的颗粒物浓度，改善空气质量，减少因污染物引起的呼吸系统疾病（Eisenman 等，2019）。武静（2019）研究发现，绿化可以有效降低细颗粒物年平均浓度、可吸入颗粒物年平均浓度、二氧化硫年平均浓度以及二氧化氮年平均浓度。同时，在城市滞尘方面，绿化也发挥着不可或缺的作用，它能够通过增加空气湿度和减缓风速来减少尘土的悬浮和扬尘，特别是垂直绿化，具有最好的滞尘效应，陈秋瑜、冷珺妍、刘小虎（2023）以武汉市为例进行了滞尘潜力的实证研究，得出的结论也证实了这些观点，特别是在街道上的应用。除了对城市灰尘的抑制作用以外，城市绿化对大气臭氧污染也有抑制作用，某些植物能够吸收和吸附大气中的一氧化氮和挥发性有机物，从而降低它们在大气中的浓度，这样一来，绿化植物可以减少光化学反应发生的前体物质浓度，从而降低臭氧的生成。李品、王泽锦、冉堃（2023）的研究评价了大气臭氧污染对城市绿化树种的抗性响应，并且提出了具体的推荐树种。特别值得一提的是，重点提升核心区的绿化连通性，在同等绿地面积情况下，更能达到降耗减排的效果，进而最终提高城市的空气质量（李敏莹等，2023）。

其次，绿化对水环境的净化作用也十分显著。绿化地面减少了径流速度，能够有效地减少土壤侵蚀，这是因为植物的根系能够增加土壤的稳定性和保水性，形成更好的土壤结构，这有助于减缓雨水径流速度，增加土壤的渗透性和保持能力（Jia 等，2011），同时，植物根系还能够吸收土壤中的水分和无机养分并分泌有机渗出物来塑造土壤的微生物多样性和结构（Wang 等，2022）。李峰平等（2017）的研究表明，作为人工湿地系统最为重要组成部分的湿地植物，通过对重金属的吸收和富集，在重金属污水处理过程中，发挥着极其重要的作用，其根系周围的微生物也能降解污染物，进一步提高水质。

此外，绿化建设在应对气候变化方面作用显著，能够有效改善城市热岛效应。城市地区由于建筑物和道路的大量存在，会导致城市热岛效应的发生，即城市地区气温高于周边农田和乡村地区，通过植物的阻隔作用和蒸腾作用，可以降低城市的气温，改善城市热环境，提高城市居民的舒适度。例如，王子（2023）的研究表明，绿化中常用的乔木，可以对城市气温产生影响，其中的作用机制在于绿化植物的树冠能够为城市中的建筑、道路和人群提供遮蔽和防护，包括遮蔽短波反辐射和换热替代长波辐射，这有助于减轻太阳辐射的直接照射，降低建筑物和地面的热吸收，进而对城市建筑进行降温。Bowler 等（2010）的研究表明绿化对单个公园在白天的平均降温达到 0.94℃。建筑物的高度、大小，综合绿地的间距、面积，这些因素共同影响着室外的热环境（沈潇涵，2023）。还有研究表明在建筑物的屋顶进行绿化，可以产生显著的降温作用，那种垂直绿化的全覆盖方法，则可以将降温覆盖到更广的范围（姜之点、杨峰，2023）。Wang 等（2023）的研究指出，植物的蒸散作用不仅可以冷却植物自身，还能通过环境中的水循环进一步冷却周围的空气，这种蒸散冷却效应可以有效地降低城市气温，城市森林可以通过充当冷却岛来减轻城市热岛效应。

除此以外，管东生等（1998）的研究表明，绿化建设能够显著影响碳氧平衡；绿化对保护和丰富生物多样性（Rupprecht，2015）、净化空气、降低噪声（王欢等，2005）以及美化城市环境（李树然，2018）等方面都具有重要作用。还有学者研究了裸露山体高陡石质边坡的山体复绿技术（俞力军等，2023）有利于稳固山体。在城市防洪河道景观方面，"活水复绿"的设计可以将功能融合和景观提升有效结合（叶梦如，2023）。大面积屋顶绿化作为一种创新的城市设计手段，通过在建筑屋顶广泛铺设绿色植被，实现了城市空间的生态化改造，在城市化进程中展现出卓越的生态还原效应，有力地提升了城市生态环境的活力（杨莹，2014）。有研究表明，若一座城市中的所有屋顶都进行绿化，其二氧化碳排放量可比绿化前减少 70%，这一数字揭示了屋顶绿化对城市环境和气候的积极影响（丁新辉等，2021）。总而言之，绿化的生态效益涉及空气、水、土壤、生物多样性等多个方面。

2.2.2 绿化的社会效益

绿化水平的提高，会增加生态系统的服务和调节功能，进而使得社会系统更加获益，对社会系统的健康具有明显的促进作用，特别是城市绿地的社会健康效益，体现在社会交往、社会关系、社会支持和社会联系方面，同时还包括社会凝聚力和社会资本，城市绿地通过物理特征、感知和使用等渠道作用于这些因素（黄雯雯、林广思，2023）。

绿化的社会效益首先体现在增加人类福祉上，现有研究表明，绿化建设有助于人类身体和心理健康，以及幸福感的获得（应君，2007；Grahn等，2010），这是因为接触大自然和绿色环境有助于减轻压力、缓解焦虑和抑郁症状，并且居民对这些效应有明显的感知（Madureira 等，2015），但绿化的质量和可及性，居民的年龄、性别、受教育程度、收入水平等的不同对这种影响会产生差异（Lee 和 Maheswaran，2010；Maas 等，2006）。比如在城市绿地的健康效应方面，老年人个体特征的差异会导致不同的调节效应，包括体力活动、社会交往和缓解压力，但是总体而言，城市绿化与老年人健康水平呈正相关（宋菊芳等，2023）。此外，城市绿化还能够提高绿视率，消除眼部疲劳，降低眼部疾病的发生率（张强，1997）。同样，研究表明迁移到绿化更加充足的地方，居民心理健康状况会明显改善，而反之则会明显变差（Alcock 等，2014），并且绿化的心理健康效益随着生物多样性的增加而增加（Fuller 等，2007）。White 等（2013）选择超过万人的面板数据证明绿化与幸福感获得以及减少精神困扰显著相关。另外，城市绿化能够促进环境公平，Mitchell 和 Popham（2008）提出，绿化水平的提高是缓解健康不平等的重要手段。

Wolch 等（2014）的研究表明，获得城市绿色空间是环境正义问题，相应城市规划需要更多考虑这一方面。除此之外，绿化建设还为人们社会交往提供了空间（刘沁沁，2014），公园、广场和花园等绿化空间可以成为人们聚集、休闲娱乐、交流互动的场所。以北京为例，2005 ~ 2020 年面积在 50 公顷以上的绿地板块面积的增加，有利于城市的应急避险和疏散（徐慧婷等，2023）。然而，值得注意的是，如果在绿化工程施工的过程中采用的绿化方式不合理，会对城市交通安全造成影响（梁杰，2023）。此外，公园和花园中的植物种类丰富多样，可以为人们提供学习和认知的机会，绿化环境也经常作为文化活动的场所，例如音乐会、展览和庆典等，通过这些活动，绿化空间成为促进文化多样性和传播的重要平台，因此，绿化空间不仅提供视觉上的美感，也有助于教育和文化的传承（Fieldhouse, 2002）。一些植物园的展览能够有效地促进文化宣传的进程，有助于提升人们的精神文明水平，通过展览，人们可以接触到各种科技成果和文化遗产，增进对知识的了解和欣赏，从而推动社会的文化建设和精神生活的提升（胡宇丰，2020）。绿化环境可以使城市更加美丽、宜居，提升城市的整体形象和吸引力，从而可以吸引游客和投资者，促进经济发展和社会进步。例如，Fok 等（2018）探讨了香港城市品牌与城市绿化之间的重要联系，结果揭示了绿色资源在塑造宜居城市形象、提高可持续城市发展和管理的生活质量方面的重要性。同时，城市绿化项目增加，会需要更多的城市园林绿化项目管理者、维护者和施工者，城市绿化的建设和维护涉及多个工程和领域（Bai 等，2022），因此绿化项目的开展可以为当地社区创造就业机会，提高居民的获得感和幸福感。

2.2.3 绿化的经济效益

绿化作为一种环境资本，实际上是潜在的生产力，在整个社会生产过程中发挥着重要作用（李树然，2018），并且在人类活动区域，绿化能够提供更多种类的服务，因而拥有独特的价值和生产力的社会中介性质（Matthew 和 Philip，2016），能够直接或间接地产生经济效益。如果以货币计量，一棵正常生长 50 年的树木，产生的氧气大约价值 31200 美元，防治大气污染大约价值 62500 美元，防止土壤侵蚀以及增加肥力大约价值 31200 美元（刘琴等，2018）。城市绿地在减少雨水径流方面也发挥着积极作用，雨水径流减排价值 2. 177 万元/公顷（Zhang 等，2012）。此外，不同区县的效益与城市绿地面积排序相同，每公顷绿地的平均效益呈现出不同的趋势，这可能与不同地区的不透水面指数有关。首先，绿化能够产出城市绿色产品，比如木材（Tyrvainen，2001）、食物（Richards 等，2017）、药材、工业原料（王凯等，2013）等，而红枣、核桃等果实可直接食用，杜仲、金银花、黄连木等药用植物则具有重要的药用价值，此外，水杉、黑松、鹅掌楸等植物还能提供优质的木材，满足人们的建筑和家具制作需求（赵铖铖，2020）。其次，各种园林植物的根部可被加工成盆景和根雕等艺术品，这些艺术品不仅可以用于装饰城市公园和景区，还可以成为文化和旅游产品，为城市经济带来额外的收益，相关展览的门票、服务（刘沁沁，2014）也会产生经济收益。孙文远和夏凡（2019）研究表明，绿化对就业有明显的促进和改善作用，并且具有空间外溢效应；赵桃桃等（2018）基于淮海经济区面板数据对绿化和旅游业发展的相关性进行了研究，发现当选取指标不同时，对产业的影响虽然会有差异，但整体来说绿化对促进旅游经济效益明显。除了旅游业，绿化对房地产、金融业、建材和装潢、商贸业等产业的发展也有明显的拉动作用（王悦、李晶，2014；朱峻熙，2017）。此外，具有良好绿化的街区或住宅区域，往往会带来更高的房地产价值，通过公园、花园和绿化景观的建设与维护，可以提升周边房地产的价值和吸引力（Yu 等，2020）。城市绿地具有增加碳储量的功能，通过加强对城市绿地的监测和管理，保护城市绿地，有利于提高其碳储量（葛婧、彭建松，2023）。董鑫等（2023）的研究表明粗放型绿色屋顶综合低碳景观潜力在其 40 年生命周期中的综合“减碳量”非常显著。Yang 等（2023）以城市公共绿地作为代理环境变量进行研究发现，位于较多城市绿地的企业具有相对较高的生产率。仲启铖等（2021）以上海世博公园为例，分析了基于城市搬迁地的公园绿地建设项目的经济效益，他结合旅行费用法和门票收入计算出的休闲游憩价值达 4465 多万元。

此外，从社区绿化的角度来看，绿色植被覆盖的建筑能够有效地降低室内温度，减少了空调系统的使用频率和能耗，绿色植被还可以有效地减少建筑物外墙的暴露，降低了风化和日晒的程度，延缓了建筑物结构的老化速度，延长了建筑物的使用寿命，减少了维修和修复的频率和成本（张文凯，2020）。另外，对于城市园林绿化项目的建设而言，需要大量的辅助工具、设备以及园林养护所需要的化肥、农药等，正是因为这些需要，相关产业也得到发展（李胜全，2021）。

2.3 全要素生产率

全要素生产率一直是经济学研究的重点内容，以其为研究的核心内容，可以延伸至整个经济系统的分析，为此，既有研究对其进行了深入的分析，得出非常多的真知灼见。

2.3.1 全要素生产率的含义

全要素生产率（Total Factor Productivity，TFP）是指经济增长中扣除资本和劳动要素之外的"剩余"，可以被用来衡量一个地区经济的整体效率，在研究初始阶段，这部分"剩余"被等同于技术进步，但实际上它还包括政策制度、产业结构、资源配置、管理效率以及随机因素等多种因素。一般认为，罗伯特·索洛（1957）开启了全要素生产率的研究，他基于新古典经济学研究经济增长的模型发现了"被忽略的因素"，也就是著名的"索洛余值"。此后，丹尼森（1967）更加精细地划分了各个生产要素；乔根森引入投资理论，丰富了全要素生产率的相关研究，在众多经济学家的贡献下，测算全要素生产率的主要方法之一——增长核算法基本确立。随着时间的推移，更多测算方法被发现，Farrell（1957）首次利用生产前沿面来衡量技术效率，认为全要素生产率是样本的生产边界与最优生产边界之间的距离，这在数学上可以用 Stern Malmquist（1953）和 Shephard（1953）分别提出的距离函数来描述，此后，随机前沿分析和数据包络分析方法得到确立。

总的来看，全要素生产率的研究在学界经历了三个不同阶段的发展。

第一个阶段跨越20世纪50~70年代，主要处于理论探讨的阶段。在这一时期，索洛等经济学家首次提出了全要素生产率的概念和计算方法，开展了一系列基础性研究，奠定了全要素生产率研究的理论基础。第二个阶段涵盖了20世纪70~90年代，着重于实证研究。经济学家们在这一阶段致力于改进全要素生产率的计算方法，并深入研究全要素生产率与经济增长之间的关系。他们通过实证分析，探讨了全要素生产率在经济体系中的实际作用，为经济理论的发展提供了实践支持。第三个阶段为20世纪90年代至今，是应用研究的阶段。经济学家们开始将全要素生产率的研究成果应用于实际经济问题的解决中。他们将全要素生产率的概念运用到国际贸易、劳动力市场以及政府政策等领域的研究中，探讨其对经济发展和政策制定的影响，为实践提供了理论指导。这三个阶段的发展展示了学界对全要素生产率研究的持续关注和深化探索，从理论到实证再到应用，研究者们在不同阶段的努力共同推动了全要素生产率研究的进展，为经济学理论的提升和实践问题的解决提供了重要参考。

2.3.2 全要素生产率的影响因素

基于收集到的文献，较多研究者将全要素生产率的提高归因于技术增长效应（Romer，1990；Coe等，1995；田友春等，2021）。也有学者认为人力资本及其配置的优化或要素的某种规模经济组合，能提升全要素生产率（Maddison，1987），而部门间的工资差异所导致的劳动力错配则会降低全要素生产率（袁志刚等，2011）。还有学者从市场化和政府政策的视角对全要素生产率进行分析，例如，杜运周等（2022）研究了市场环境对全要素生产率的影响，研究表明，改善市场营商环境和提升人力资源水平对于城市全要素生产力的提升具有显著作用，只有在市场环境和人力资源水平方面均得到提升与完善时，城市才能够实现高全要素生产率的跨越发展。Xiao等（2023）利用中国城市的面板数据，采用时变双重差分技术发现，碳排放权交易市场能显著促进全要素生产率的提升。Lu等（2020）运用中国省级面板数据研究发现，土地流转市场化对绿色全要素生产率具有显著正向影响。Zhang 等（2021）探讨了市场扭曲对全要素生产率的影响，研究发现资本和劳动力要素的价格扭曲会导致要素在省际之间的错配，这最终会降低国家层面的全要素生产率。基于政府财政干预和政策干预视角，Lin 等（2010）运用中国 2400 多家公司的调查数据研究发现，产权保护政策与企业创新活动（流程和产品研发）积极而显著相关，闫志俊等（2017）采用中国工业企业数据研究指出，政府补贴容易导致企业形成政策依赖心理，这种依赖性容易产生一种不健康的僵化状态，导致企业缺乏动力去进行原创性的研究和创新，而胡春阳等（2023）的研究则与前者相异，他选取沪深 A 股上市公司数据开展实证研究得出，财政补贴对企业全要素生产率具有显著正向溢出效应，示范效应、竞争效应是形成溢出效应的主要机制。Wang 等（2023）的研究采用我国省级数据发现，绿色信贷在整体上显著提升了工业绿色全要素生产率，产业结构升级和绿色创新是两条关键的影响路径。Chen 等（2022）的研究选取我国国家环境保护"十一五"规划政策作为准自然实验，采用双重差分法分析企业层面更严格的指令控制对全要素生产率的影响，结果表明，监管促进了全国企业全要素生产率的增长，这种增长主要是通过提高企业内部资源配置效率实现的。

除此之外，对外贸易、产业发展、人力资本、基础设施、城市形态和社会文化等也会使全要素生产率产生变动。Zhu 等（2007）运用经合组织国家的数据进行面板协整合和动态普通最小二乘法（OLS）分析发现，双边贸易是国际研发溢出效应的重要渠道，从而促进了全要素生产率的提升。陈维涛（2018）也得出相似的研究结论，他利用我国工业企业数据库、海关贸易数据库和世贸组织关税数据库等合并的数据研究表明，进口贸易自由化对企业的全要素生产率具有积极的影响，进口贸易自由化可以促进新技术和新知识的引入，扩大市场规模，提高企业的创新能力和竞争力。Zhu 等（2022）运用我国纺织服装行业面板数据研究发现，产业结构合理化能够有效提升纺织业的全要素生产率。孙学涛等（2018）运用空间面板一般空间计量模型分析了我国地级城市的面板数据，揭示全要素生产率提升中的结构红利及其空间溢出效应，研究发现，产业结构合理化与高级化皆与城市全要素生产率之间表现出"U 型"关系。He 等（2022）利用我国地级市的面板数据，分析了不同形式的产业集聚对绿色全要素生产率及其两个分解因子的影响，研究结果表明，制造业集聚比生产性服务业集聚更能有效提高城市的绿色全要素生产率，这主要是通过刺激内部技术进步来实现的。Männasoo（2018）运用欧洲国家数据研究发现，人力资本正向影响全要素生产率，并且具有显著的空间溢出效应。Che 等（2018）将高校扩招政策作为一种准自然实验研究发现，人力资本会促进企业增加研发投入，促使新技术普遍运用，提高企业生产率。胡志亮等（2023）的研究选取我国沪深 A 股上市非金融、非 ST 企业高管的履历作为研究样本，运用多元回归分析方法检验这两类高管选拔观对全要素生产率的影响，研究发现重视内部晋级高管选拔观会提高全要素生产率。郭伟等（2023）利用我国上市公司微观数据进行实证分析发现，人力资本结构高级化对企业全要素生产率有明显的促进作用，这主要是通过技术创新渠道影响企业全要素生产率。Wang 等（2023）运用我国省份面板数据考察了交通基础设施对全要素生产率的影响，发现公路密度、铁路对全要素生产率皆呈现出积极的溢出效应。Zhang 等（2022）利用我国城市的面板数据和双重差分估计发现，高铁对核心城市的全要素生产率产生了较强的稳健正向效应，而对非核心但靠近省会城市的城市则要弱得多。廖唐勇（2023）通过利用我国机场的面板数据，对机场基础设施对城市全要素生产率的影响进行了考察，研究结果表明，机场基础设施对城市的全要素生产率有着明显的促进作用，机场基础设施的建设与完善能够促进技术创新和产业结构的升级，进而推动城市经济的快速发展。薛桂芝等（2023）基于我国城市面板数据分别构建静态面板模型和动态面板模型，实证检验了传统基础设施资本存量与全要素生产率之间的关系，研究发现传统基础设施资本存量与全要素生产率之间呈现出显著的“倒 U 型”关系，当传统基础设施资本存量达到一定的阈值，将不能再给全要素生产率带来提升效应。

Yu 等（2019）使用遥感数据来测量城市紧凑度和城市延伸率，并在此基础上研究发现，城市紧凑性与全要素生产率呈显著正相关关系，而城市延伸率与全要素生产率之间呈显著的负相关关系。贺佳等（2024）基于我国 A 股民营上市公司数据研究发现，商帮文化对企业全要素生产率具有显著的正向作用，商帮文化通过缓解企业融资约束、降低企业代理成本和增加企业人力资本投资来提升企业全要素生产率。

当前数字经济蓬勃发展，数字经济与全要素生产率的相关研究也有所增加。Pan 等（2022）研究发现数字经济与全要素生产率之间存在非线性关系，较低水平的数字投资对全要素生产率的影响不大，需要达到一定的规模，才能有效地为全要素生产率作出贡献。郭家堂等（2016）采用我国省级面板数据进行分析，发现互联网对属于技术进步推动型的全要素生产率的促进作用是非线性的。杨慧梅等（2021）则研究发现，数字经济的发展对全要素生产率的提升起到了显著的促进作用，特别是对低生产率地区和中西部地区的全要素生产率的提升，其促进作用更为显著，此外，数字经济的发展还具有空间溢出效应，这主要是通过人力资本投资与产业结构升级两个重要机制来实现的。

此外，还有一些研究从气候变化的角度考察了其对全要素生产率的影响 Letta 等（2019）收集了多个国家的数据并分析发现，气温升高只有在贫穷国家才与全要素生产率存在负相关关系，温度每年上升 1℃会使全要素生产率增长率下降 1.1～1.8 个百分点，而在富裕国家，这种影响则不显著。Chen 等（2023）运用我国城市数据研究发现，气候变暖在长期内对全要素生产率有显著的负面影响，而在短期内，只有极端温度的升高才会对全要素生产率产生显著的负面影响。Song 等（2023）考察了气候风险与全要素生产率之间的关系，研究发现气候风险对全要素生产率具有显著负面影响，这种影响在不同富裕程度、土地面积和人口规模的国家之间存在区域异质性，此外，完善的政治和经济体系可以减轻气候风险的负面影响。

2.3.3 全要素生产率的内容

随着克鲁格曼《东亚增长奇迹》一文问世，全要素生产率开始成为众多学者的研究热点，涌现出许多相关的研究文献，国内学者也进行了大量研究。有代表性的包括易纲等（2003）在梳理经济增长有关理论的基础上，证明我国的经济增长是有效率的，并且提出了发达国家与新兴经济体在进行全要素生产率的测度时需要差别对待。

既有文献对全要素生产率的研究涉及多个领域。郭庆旺和贾俊雪（2005）比较了四种测算全要素生产率的方法并进行实际计算，分析我国经济增长来源。从研究对象来看，国内学者对全要素生产率的研究大多按照分区域或分行业进行（周晓艳、韩朝华，2009；王志刚等，2006；叶裕民，2002），行业主要集中在农业（闵锐、李谷成，2012；李谷成等，2011）和工业（涂正革、肖耿，2005；陈超凡，2016）。也有学者进行区域或行业的整体研究，比如蔡跃洲和付一夫（2017）利用我国整体宏观和产业数据对全要素生产率进行了测算和分解，分析改革开放后其对我国经济增长的贡献；程郁和陈雪（2013）对我国高新区进行全要素生产率的测算和分解，研究创新与经济增长之间的关系。

2.3.4 全要素生产率的测算方法

从测算方法来看，既有研究采取了多种测算公式。在当前的研究中，生产函数法被广泛应用于测算全要素生产率，它是一种重要的评估方法。基于生产函数的不同估计方法衍生出了多种全要素生产率估计方法，包括索洛余值法、随机前沿分析法、数据包络分析法和代理变量法。这些方法在评估全要素生产率时各有特点和适用场景，通过这些方法的运用，可以深入了解生产过程中各要素的贡献和效率，为优化生产方式、提高生产效率提供重要的分析工具和决策依据。

20 世纪 50 年代和 60 年代，罗伯特·索罗提出了索罗余值法，并将其用于解释经济增长的根源。在实际应用中，研究人员常常采用查尔斯·柯布和保罗·道格拉斯于 1928 年提出的柯布 - 道格拉斯生产函数来描述生产关系。为了估计生产函数的参数，通常采用回归分析的方法，通过对样本数据进行拟合，找出最优的参数值。这成为了研究全要素生产率和生产效率的重要工具，为经济学和管理学领域提供了理论基础和实证分析方法。

Aigner（1977）首次运用随机前沿生产函数法测度了全要素生产率。随机前沿生产函数法（SFA）是一种参数方法，它利用随机误差项来评估技术效率，该方法通过假设的生产函数形式、观测到的投入和产出数据，以及最大似然估计方法求解模型参数，从而评估各主体的技术效率。随机前沿生产函数法的应用使研究人员能够更准确地评估生产过程中的技术效率，并揭示潜在的改进空间，它在经济学和管理学领域得到广泛应用，为深入理解生产过程和提高生产率提供了有力工具，这种方法的灵活性和准确性使其成为评估生产效率的重要技术之一。

数据包络分析法（DEA）是一种非参数的效率评价方法，它能够评估输入变量和输出变量之间的相对效率，并识别生产过程中的技术效率、规模效率和纯技术效率等多种效率来源。数据包络分析法广泛应用于评估企业或行业的生产效率，旨在确定技术最先进的企业或行业，以及效率最高的企业或行业，同时还可以揭示不同企业或行业效率差异的原因。通过数据包络分析，研究者可以深入了解不同企业或行业在资源利用和产出方面的表现，有效评估其绩效水平，这种方法更具灵活性和适用广泛性。Charnes 等（1978）提出使用数据包络分析法测算全要素生产率。此后，Caves 等在 1982 年提出了 Malmquist 生产率指数的相关概念，Fare 在此基础上提出了 DEA - malmquist 指数，并将全要素生产率分解为纯技术变化、规模技术变化和技术进步变化。

代理变量法（OP）是一种衡量不同生产单位生产效率和生产率差异的方法，通过经验数据和代理变量来评估生产过程中难以直接测量的因素对生产效率的影响。这种方法基于代理变量来表征生产单位之间的差异，代理变量通常包括劳动力、资本、土地、能源和技术等与生产过程密切相关的因素。代理变量的选择对于代理变量法的有效性至关重要，因为它们能够反映影响生产效率的潜在因素。代理变量法的应用范围广泛，它可以在各种产业和领域中用于评估生产效率和竞争力。Olley 和 Pakes（1996）基于生产函数法，使用企业的投资作为衡量生产率冲击的代理变量，并通过比较企业不同年份的生产率来分离技术进步和管理创新的效应，以此解释生产率的变化。

在运用上述方法测算我国全要素生产率的应用方面，主要有索罗余值法（叶裕民，2002）、随机前沿生产函数法（余泳泽、张妍，2012；刘伟、张辉，2008）等、DEA – Malmquist 方法（肖林兴，2013；傅勇、白龙，2009；章祥荪、贵斌威，2008；赵伟等，2005）、代理变量法（鲁晓东和连玉君，2012）。

近几年，许多学者尝试将全要素生产率的变化进行更加细致的分解（程郁、陈雪，2013；颜鹏飞、王兵，2004；张少华、蒋伟杰，2014），比如将全要素生产率变化进一步分解为纯技术和技术效率的变化，以及技术规模和规模效率变化（齐亚伟、陶长琪，2012）。钟世川和毛艳华（2017）基于多要素的投入以及技术进步的偏向性将全要素生产率进行资本、劳动和技术因素的分解。

2.4 绿化与全要素生产率

随着经济增长中的生态环境要素逐渐显现，许多学者将其纳入全要素生产率的考察范围，对此进行了颇有价值的研究。

2.4.1 生态与全要素生产率测算

首先是对全要素生产率的测度进行了生态方面的拓展，Färe 等（2001）利用 Malmquist 指数分别对美国考虑排放量前后的平均生产率进行了测算，发现前者是3.6%，后者为1.7%，考虑排放量后生产率有了显著下降。

国内的学者对此也进行了深入探索，比如齐亚伟和陶长琪（2012）测算了环境约束下的全要素生产率，发现我国普遍存在环境无效率，并且导致环境全要素生产率增长的主要因素是技术进步和技术规模变化。李谷成等（2011）将农业和环境规制纳入全要素生产率的分析中，发现技术进步是其增长的主导因素，并且地区之间存在明显差异。董敏杰等（2012）测算和分解了我国工业的环境全要素生产率，研究表明治理污染和促进生产技术的进步可以有效提高工业环境全要素生产率。Chen（2015）估算了能源和排放调整后的全要素生产力，并根据其对产量的贡献揭示我国各省的生态经济转变，结果表明，我国的生态发展在1992年之前出现波动，随后出现好转，并在1999～2002年达到高峰。Lin等（2022）首先对我国各地区的生态承载能力进行测量，然后选择其他具有代表性的数据构建“生态经济-地理”异质框架，从能源投入最小化的角度，测度并分析了2006～2019年我国生态全要素效率的时空特征。

2.4.2 生态对全要素生产率的影响

对全要素生产率影响因素的扩充也体现了自然生态方面的特征。王兵等（2010）研究发现资源和环境对各省全要素生产率存在显著影响。还有学者利用面板数据分析我国进行污染治理活动对环境效率和生产率的影响，结果表明有明显的负向影响（Kumar和Managi，2010；Shimizu，2022）。但也有学者得出了相反的结论，即“节能减排”能够促进绿色全要素生产率增长（王兵、刘光天，2015）。

针对环境规制对全要素生产率的影响，许多学者都进行了相关的研究，比如，原毅军、谢荣辉（2015）研究了环境规制对工业绿色全要素生产率的影响，结果表明环境规制显著促进了其增长，一定程度上验证了“波特假说”的成立。王兵等（2008）针对亚太经合组织17个国家和地区进行研究，也得出了相同的结论，即考虑环境规制后全要素生产率增长水平提高。李斌等（2013）同样进行了相关研究，并发现环境规制的促进作用存在门槛效应。

除了环境规制外，基础设施建设也成为全要素生产率影响因素的研究热点，比如罗斯炫等（2022）研究发现农业基础设施是农业全要素生产率增长的重要解释因素；蒋帅男（2021）则对工业绿色全要素生产率进行了相关研究，发现交通基础设施也是其重要影响因素，并且影响存在差异性。同样，程中海、柴永乐（2021）研究发现交通基础设施显著促进全要素生产率水平提升。能够促进环境和能源效率的智慧城市建设也对绿色全要素生产率的提高有显著的促进作用（申洋等，2021）。

还有许多学者分析了制度因素（陈诗一，2010）、结构因素、管理能力以及公众意识等（王兵等，2010）对我国环境或绿色全要素生产率产生的影响和作用。

2.4.3 生态产品与全要素生产率

生态产品包括自然生态系统提供的生态服务和物质产品，绿化水平与生态产品具有密切关联，进而使得生态产品与全要素生产率具有了理论和现实的逻辑关联。“生态产品”是我国在工业文明向生态文明进阶的背景下提出的具有中国特色的一个词，在2010年国务院《全国主体功能区规划》中生态产品被首次提及，界定为“维系生态安全、保障生态调节功能提供良好人居环境的自然要素，包括清新的空气、清洁的水源和宜人的气候等”。国务院的这一定义在后续的研究中被广泛的运用，并且成为众多关于生态产品定义中的通用定义（曾贤刚等，2014）。生态产品本身是自然的产物或组成部分，生态农产品、生态工业品等只能被称为生态友好型产品，严格意义上不算真正的生态产品（孙庆刚等，2015）。但部分学者认为生态产品应该是更为宽泛的概念，将广义层面的生态产品界定为源自生态系统自然过程的或者生态系统与人类社会生产共同作用的，能够为人类社会及自然界持续增进福祉的产品和服务（王金南等，2021），考虑到现阶段增加生态产品供给的现实需求，生态产品着重强调“产品”属性，那些通过减少对生态资源消耗如清洁生产、循环利用、降耗减排等途径生产出来的物质产品，包括有机食品、绿色农产品、生态工业品等也应该算作生态产品（李庆，2018）。国外研究中生态系统服务可以视为生态产品的理论源泉（孙庆刚等，2015）。生态系统服务是生态系统能够提供的维持和满足人们生活需求的各种环境基础与效用（Daily，1997），是生态系统提供的产品和服务的统称，被看作人类从生态系统中获得的各种惠益（Costanza 等，1998）。联合国千年生态系统评估计划在此基础上进一步细分，将生态系统服务分为供给服务、调节服务、文化服务、生命支持服务。《生态产品总值核算规范》中也将生态产品划分为物质供给、调节服务和文化服务三类。生态产品具有独特的社会经济属性。首先，学界普遍认为生态产品是一种公共物品。生态产品作为公共物品具有非竞争性和非排他性，在使用和消费过程中容易产生“搭便车”的行为（曾贤刚等，2014）。其次，生态产品由自然生态系统产出，具有正外部性。生态产品的正外部性使市场机制不能很好地发挥资源配置作用，进而导致生态产品供给不足，解决办法主要在于将其外部性内部化（高晓龙等，2020）。最后，生态产品价值具有多维性。在生态、经济、社会、文化每个维度上，生态产品价值都有所体现，促进生态产品实现价值就是谋求经济、生态、社会效益的统一（黎元生，2018）。

从不同视角出发可以对生态产品进行多种分类。以人类社会系统参与程度作为划分依据，生态产品被分为初级生态产品和衍生性生态产品，初级生态产品直接产生于自然生态系统，衍生性生态产品是对初级生态产品加以开发经营（廖茂林等，2021）。或者将生态产品细分为自然要素产品、自然属性产品、生态衍生品、生态标识产品四类（潘家华，2020）。以公共产品属性作为划分依据，生态产品被分为纯公共产品性质的生态产品、准公共产品性质的生态产品和私人性质的经营性生态产品（张林波等，2019）。再加之地理特性，还可以进一步划分为全国性的公共生态产品、区域或流域性的公共生态产品、社区性公共生态产品和“私人”生态产品（曾贤刚等，2014）。

从上述文献梳理中可以看出，学界对生态产品没有形成明确统一的概念，但对生态产品的内涵建立了基本的共识。从不同的研究目的、研究对象出发，生态产品的概念有所变化，狭义的生态产品更接近生态系统服务，广义的生态产品更强调产出生态产品所必需的投入和生态要素的价值。无论是狭义生态产品还是广义生态产品，它们都是在经济社会发展与自然环境保护的矛盾日益突出、人民对优美环境的诉求日益升级的背景下产生的，其并存并不冲突。此外，区别于生态学、环境科学重视生态系统内部演化机理，经济学对生态产品的阐释突出了人类社会从生态系统取得的各种收益和效用，生态产品社会经济属性的多样性，也决定了生态产品供给的复杂性，需要从多角度、多层次开展研究，特别是与全要素生产率的关联机理。

生态产品供给水平的空间差异会影响不同区域的全要素生产率。这种空间差异是多维度概念，受到多方因素影响呈现各异的空间特征，既有文献大部分都是从经济系统、社会系统中提炼出生态产品供给影响因素，从不同的研究领域和研究目的展开分析。从经济系统出发，冷哲（2016）认为地区经济发展水平、财政分权和人口密度是影响农村公共产品供给效率的主要因素。Zeng 等（2021）认为影响生态农产品供给的因素包括产业结构、生产技术等经济社会因素和气候变化等自然环境因素。李庆（2018）提出居民绿色消费能将生态偏好从消费环节转到生产环节进而带动供给侧释放生态效益，促进生态产品供给能力提升和绿色发展新动能培育。刘江宜和牟德刚（2020）认为生态产品的价值实现往往伴随着生态产品供给，包括政府主导的转移支付、生态税费、生态补偿和市场主导的生态项目特许经营、权属交易、绿色金融等。从社会系统出发，彭文英和尉迟晓娟（2021）指出，在国土空间质量评价中突出生态产品供给的相关内容，能够缓解生态产品供给区域分割、系统性不足的矛盾，推进国土空间优化，整体提升生态产品供给能力。Manes 等（2016）认为快速城市化带来的土地利用变化改变了生态系统服务价值，对生态系统服务供给产生了严重影响。高晓龙等（2020）认为改善生态产品供给不足需要盘活生态产品价值实现机制，利用政策工具和交易平台扩大生态产品市场化供给，使生态产品的价值得到真实反映。由此可见，生态产品与全要素生产率之间存在千丝万缕的联系。

2.5 本章小结

本章主要对既有研究进行分析，提出需要扩充的研究内容，从而为本书后续章节的分析奠定基础。人类作为自然生态环境的重要组成部分，同自然的联系密不可分，对自然的认识也不断深入。伴随着这一进程的是人类活动区域尤其是各省市的绿化建设不断发展，服务对象从统治阶级发展为向民众开放再到全民共享，建设的理念、方法也不断进步。

城市绿地的演变。城市绿地的发展展现出与社会经济发展和人类文明进步相互呼应的演进轨迹。按照城市绿地发展演化轨迹和研究进展，结合不同时期各领域的专家学者对城市绿地的研究，将城市绿地的发展和研究进程划分为以下四个阶段。思想萌芽阶段，在这个阶段，城市中的园林绿地往往是随着城市发展和人们喜好的变化而零散建立起来的，缺乏整体性和系统性。随着城市的不断扩张和工业化进程的加速，人们逐渐开始重视城市绿地的规划与设计，为未来的城市发展奠定了基础。思想雏成阶段，在这个时期，城市绿地规划开始注重绿地结构的系统性、绿地属性的自然性以及绿地功能的娱乐性，这样全面而详尽的认识使得城市绿地规划开始朝着科学化和专业化的方向迈进。此外，各地还进行了创新，不断改进城市绿地规划，以满足不断变化的城市发展需求。实践发展阶段，在这一阶段，城市绿地在城市更新中显得尤为重要，它们被用来点缀和美化城市中心环境，激活城市中心的生机和活力，具体体现在新建或更新已有广场、街道上的绿地，这些绿地不仅可以改善城市环境，还能促进人们进行户外休闲活动，此外，它们还为城市居民提供了一个亲近大自然的机会，改善了人们的居住环境。这一阶段的经验教训成为城市规划发展的宝贵财富，为建设宜居、绿色、人文的城市环境提供了重要借鉴和启示。顶部设计阶段，在这个阶段，城市绿地规划建设的理念和方法的革新，转变了绿地在城市建设中的从属地位，使得城市绿色空间不再被认为是次要的，而成为城市不可或缺的组成部分，倡导人与自然之间的和谐共生，不再被简单地视为城市美化的手段，而是被赋予了更深层次的功能和意义。在这种理念下，城市绿地不再是简单的装饰品，而是被赋予了更深层次的生态和社会功能。通过将人工构建和自然因素相融合，城市绿地成为连接城市与自然的纽带，为城市居民提供休闲、健康、社交等场所，提升了城市整体环境质量和居住品质，更重要的是实现了城市自然与人文的有机融合，为城市的可持续发展和生态保护提供了坚实支撑。未来，城市绿地的发展将继续秉承人与自然和谐共生的理念，不断探索创新，实现城市绿地与城市发展的良性互动，为打造宜居、健康、可持续的现代城市环境作出更大贡献。

绿化的效益。首先是绿化的生态效益，绿化水平的提高具有重要的生态效益。绿化对水环境的净化作用十分显著，绿化地面减少了径流速度，能够有效地减少土壤侵蚀，除此以外，绿化建设能够显著影响碳氧平衡；另外绿化对保护和丰富生物多样性具有促进作用。其次是绿化的社会效益，绿化水平的提高，会增加生态系统的服务和调节功能，进而使得社会系统更加获益，对社会系统的健康具有明显的促进作用，特别是城市绿地的社会健康效益，体现在社会交往、社会关系、社会支持和社会联系方面，同时还包括社会凝聚力和社会资本，城市绿地通过物理特征、感知和使用等渠道作用于这些因素。城市绿化项目增加，使城市园林绿化项目需要更多的管理者、维护者和施工者，城市绿化的建设和维护涉及多个工程和领域，因此绿化项目的开展可以为当地社区创造就业机会，提高居民的获得感和幸福感。最后是绿化的经济效益，绿化作为一种环境资本，实际上是潜在的生产力，在整个社会生产过程中发挥着重要作用，并且在人类活动区域，绿化能够提供更多种类的服务，因而拥有独特的价值和生产力的社会中介性质，能够直接或间接地产生经济效益。

全要素生产率。全要素生产率一直是经济学研究的重点内容，以其为研究的核心内容，可以延伸至整个经济系统的分析，为此，既有研究对其进行了深入的分析，得出非常多的真知灼见。全要素生产率指经济增长中扣除资本和劳动要素之外的“剩余”，可以被用来衡量一个地区经济的整体效率，在研究初始阶段，这部分“剩余”被等同于技术进步，但实际上还包括政策制度、产业结构、资源配置、管理效率以及随机因素等多种因素。基于收集到的文献，较多研究者将全要素生产率的提高归因于技术增长效应，除此之外，对外贸易、产业发展、人力资本、基础设施、城市形态和社会文化等也会使全要素生产率产生变动。还有一些研究从气候变化的角度考察了其对全要素生产率的影响。既有研究对全要素生产率采取了多种测算方法。在当前的研究中，生产函数法被广泛应用于测算全要素生产率，它是一种重要的评估方法。基于生产函数的不同估计方法衍生出了多种全要素生产率估计方法，包括索洛余值法、随机前沿生产函数法、数据包络分析法和代理变量法。这些方法在评估全要素生产率时各有特点和适用场景，通过这些方法的运用，可以深入了解生产过程中各要素的贡献和效率，为优化生产方式、提高生产效率提供重要的分析工具和决策依据。

绿化与全要素生产率。生态产品包括自然生态系统提供的生态服务和物质产品，绿化与生态产品具有密切关联，进而使得生态产品与全要素生产率具有了理论和现实的逻辑关联。

3 概念界定和理论基础

概念界定和理论基础是后续实证分析的基础。绿化水平与全要素生产率之间的关联机理涉及跨学科的内容，多种理论能够为其奠定理论基础，其中的主要概念包括绿化水平、全要素生产率、生态产品。主要的理论基础包括可持续发展理论、公共产品理论、生态系统服务理论、马克思自然力理论、习近平生态文明思想。

3.1 概念界定

本节从绿化水平、全要素生产率、生态产品这三个核心概念的界定开始分析，以确定后续实证分析的范围和边界，进而奠定本书后续章节的逻辑起点。

3.1.1 绿化水平

“绿化水平”是一个比较宽泛的概念，它用来反映一个地方城市园林绿地建设和环境保护的程度，城市规模、经济发展水平、城镇化程度、居民环境意识等宏观因素，以及城市规划政策执行力度、绿化投入力度、园林管理水平等微观因素，都会对一个城市或区域的绿化水平产生重要影响。在既有研究中对绿化水平还没有统一的概念界定，但是呈现出两种界定的方法，为本研究提供了参考，这两个界定方法分别是过程导向型和结果导向型。

过程导向型的界定方法，就是从进行绿化建设水平的视角加以界定，例如由各地区进行的绿化投资、绿化工程、气候条件、相关人员专业性等构成不同的指标，进而实现对绿化水平的界定。

结果导向型是从各地绿化最终呈现的水平高低与情况好坏来进行界定的。这种界定方法也是目前较为常用的方法，它能够更直接地反映绿化的实际效果和对环境的影响，通常包括数量、质量、结构、功能指标，比如绿地面积、绿地率、绿化覆盖率、三维绿量、减少污染物等环境效应。

由此可见，无论哪一种界定方法，都包括了不同的指标，进而构成一个指标体系，由于绿化水平是一个复杂的概念，单一指标无法准确有效地囊括绿化水平。因此，我们需要综合考虑各种指标，以获得更全面、准确的绿化水平评估结果。总而言之，绿化水平是一个没有统一界定的概念，但可以从过程导向型和结果导向型两个不同的角度进行界定。过程导向型的界定方法关注绿化建设过程中的各个方面，而结果导向型的界定方法则关注绿化最终呈现出来的水平和情况。无论选择哪种界定方法，都需要考虑多个指标，构成一个完整的指标体系，以更准确地评估绿化水平。

为了更好地研究绿化水平与全要素生产率的作用和影响，本研究选择结果导向型界定方法。

3.1.2 全要素生产率

全要素生产率是衡量一个国家或地区经济效率的重要指标，它反映了一个国家或地区利用有限生产要素取得最大经济效益的能力。生产率实质上度量的是每单位投入能得到的产出水平，也就是投入产出之比；全要素生产率是指经济增长中扣除劳动（就业人口）和资本要素（固定资本投资额）之外的“剩余”，基于多个要素投入，在研究初始阶段，这部分“剩余”被等同于技术进步，但实际上还包括政策制度、产业结构、人力资本积累、经济结构调整优化、产业升级等宏观因素，以及企业管理水平、创新能力和资源配置效率等微观因素在内的多种因素的影响。

经济效率可以理解为在给定投入下，实际产出与最优产出的比值（产出导向型），或者是给定产出下实际投入与最优投入的比值（投入导向型），本研究选择采用数据包络法，基于效率测算全要素生产率指数，以刻画全要素生产率的水平。数据包络法是一种常用的评估绩效和效率的方法，可以用来评估各种经济单位的相对效率，它基于线性规划模型，通过比较各个单位的输入和输出，确定哪些单位在给定的资源约束条件下是最有效率的。通过数据包络法可以测算出全要素生产率指数，用来描述全要素生产率的水平，这个指数可以反映经济单位在技术、资源利用、管理和运作等方面的综合效率，它可以帮助我们了解不同单位之间的相对效率，并提供改进效率的方向。

3.1.3 生态产品

生态产品是我国在工业文明向生态文明进阶的背景下提出的具有中国特色和时代特征的一个概念。既有文献基于各自的领域和视角对生态产品的定义进行了丰富的研究，并且随着研究不断深入，界定范围也逐渐扩充。

（1）生态产品的内涵

狭义的生态产品。2010 年 12 月国务院发布的《全国主体功能区规划》中提出，生态产品指维系生态安全、保障生态调节功能、提供良好人居环境的自然要素，包括清新的空气、清洁的水源和宜人的气候等。在此基础上，学者研究认为生态产品是维持生命支持系统、保障生态调节功能、提供环境舒适性的自然要素（曾贤刚等，2014）。生态学、环境经济学领域的大量研究都是基于这种概念。

广义的生态产品。在狭义的内容之外，广义的生态产品还包括以减少自然生态资源消耗生产出来的物质产品，如采用清洁生产、循环利用、降耗减排等途径产出的有机食品、绿色农产品、生态工业品等（武卫政，2012）。强调生态产品的“产品”属性，可以充分认识到生态要素本身所具有的价值以及为了生产生态产品所必需的投入，有助于社会资源和自然生态资源的结合。该定义将“生态产品”视为通过生态友好型方式生产或消费的物质产品，与绿色产品、有机产品类似，符合一定的环保标准生产的产品，通过了相关机构的认证，具有各类绿色环保的“标签”，具有清晰的产权，可以和其他各类商品一样在市场上进行销售。因其具有的环境友好型特征，在整个生命周期内对自然生态系统的扰动属于可控范围，所以称之为“生态产品”。

2022 年 9 月由国家发展和改革委员会、国家统计局出版的《生态产品总值核算规范》中提出“生态产品指的是生态系统为经济活动和其他人类活动提供且被使用的货物与服务贡献，包括物质供给、调节服务和文化服务三类”（如表 3. 1 所示）。相较于《全国主体功能区规划》强调自然生态系统的调节和维持服务，《生态产品总值核算规范》将物质供给和文化服务纳入了生态产品范畴。

表 3. 1　　生态产品内涵

类别	释义	举例
物质供给	生态系统为人类提供并被使用的物质产品	如木材、粮食、油料、蔬果、中草药、花卉等生物质产品
调节服务	生态系统为维持或改善人类生存环境所提供的惠益	如水源涵养、空气净化、水质净化、防风固沙、固碳、局部气候调节等
文化服务	生态系统为提高人类生活质量提供的非物质惠益	如精神享受、灵感激发、旅游观光、休闲娱乐、美学体验等

综上所述，基于既有研究成果，加之研究视角和研究目的，本研究将生态产品界定在与宏观政策层面密切相关的范围：生态产品是能够持续维系自然生态环境的安全、持续保障生态系统的有效调节功能，同时可提供人类所需要的环境的自然产品，其产权难以明晰且具有典型的公共产品或者准公共产品特征。

（2）生态产品的分类

2021 年 12 月，我国自然资源部颁布文件对生态产品的界定进行细化，提出了“三大类型”的生态产品，可以视为将生态产品的内涵和外延进行了综合概括。

生态产品联系着自然生态系统、人类经济系统和社会系统，在这三大系统的共同作用之下，促进人类社会经济系统的有效运作，是广大民众必不可少的需求。在这个框架之下，自然资源部将生态产品进行了细分。首先是公共性生态产品。这类生态产品与2010年12月国务院发布的《全国主体功能区规划》中生态产品的概念相同，强调自然生态环境的供给水平，产权难以明晰，具有典型的公共产品特征。自然资源部还特别举例如“清新空气”和“宜人气候”等，这些产品也是既有研究中频繁提及的生态产品，是维系国家生态安全以及广大人民群众基本福祉的公共性生态产品。其次是经营性生态产品。自然资源部将其界定为具有明确的产权并且可以和其他商品一样直接进行市场化交易，属于私人所有的产品类型，包括各类符合标准的农产品以及各类旅游产品等。这种界定方式与既有研究中的广义生态产品是一致的，具有典型的商品特征。再次是准公共性生态产品。自然资源部将这类生态产品界定为具有公共产品的特征，通过法律以及政府的规制管理，进而可以创造交易需求，并在一定程度上进行市场交易的产品，还特别举例如“碳排放权”和“排污权”。这类生态产品在既有研究中有所涉及，因其与自然生态环境系统密切相关，特别是与公共性生态产品和经营性生态产品都密切相关，所有也具有生态特征，但同时在人为规制的引导下又可以具有商品的特征，可以说是介于公共性生态产品和经营性生态产品之间的一大类产品。最后是优质生态产品。当某种类型的产品或服务与其他同类的产品或服务比较质量更高时，该种类型就被评价为优质。其优质体现在两个方面：一方面是使用价值的“优质”，由于该种产品在生产时比其他同类产品投入了更高强度的社会劳动、耗费了更多原材料、具有更高的技术含量，该种产品的使用价值就变得更优。另一方面是主观效用上的“优质”，即该种产品在满足消费者需求时带来了更多效用（付文飙等，2012）。在大多数情况下，优质的评价是主观的，消费者对某类产品或服务满意度较高就被认为是优质，客观评价需要寻找一个现实的可行性标准（吴良志，2020）。以实际问题为导向，优质生态产品就是能够满足人民对优美生态环境需要的生态产品。这里的美好生活需要包括生态系统的持续健康发展，即通过水土保持、水质净化、氧气制造、二氧化碳吸收、气候调节等生态功能维持生态安全，还包括长期有效地为人类社会提供福祉，即提供优良的空气、干净的水源、安全的土壤等（李忠、刘峥延，2020）。

优质生态产品突出其优质的特点，生态环境质量标准兼具事实上的技术属性和规范上的法律属性，为生态环境质量状况提供了对比依据，是评价“优质”的现实可行性标准（吴良志，2020）。因此，优质生态产品是由品质优良的环境要素组合形成，属于生态产品中的“优质类型”，即基于无污染的或者污染在其承载自净能力范围内源自自然生态系统的生态产品。可结合经济、技术、受众主观感受等因素和生态环境质量标准对生态产品是否优质进行综合评价，而未达到生态环境质量标准的生态产品不能认定为优质。举例来说，空气作为一大关键性生态产品，由于受到人类社会系统的污染，使有些地方的空气在有些时段变得不适合人类健康地呼吸，这类空气便不具有优质的特征。空气优质程度的评判依据是《环境空气质量指数技术规定》（HJ 663—2013），该标准以空气质量综合指数（AQI）进行区分，具体情况如表 3.2 所示。诸如此类，水源的优质界定依据《地表水环境质量标准》（GB3838），土壤的优质界定依据《土壤环境质量、农用地土壤污染风险管控标准》（GB 15618—2018）等。

表 3.2　　　　空气质量等级划分标准

等级	Ⅰ级	Ⅱ级	Ⅲ级	Ⅳ级	Ⅴ级	Ⅵ级
AQI	0 ~ 50	52 ~ 100	101 ~ 150	151 ~ 200	201 ~ 300	> 300
空气质量	优	良	轻度污染	中度污染	重度污染	严重污染

优质生态产品供给。供给是经济学中的基本概念之一，与需求密切相关，指在特定时期，与销售价格相对应的、生产者愿意并且可以供应的商品数量。从该定义可见，直接套用经济学的供给概念，并不适合优质生态产品的供给。如“生产者”并不完全适用于自然生态环境，还有“销售价格”，尽管现在有各种方法对优质生态产品的价格进行估计，诸如支付意愿等，但是要对所有的优质生态产品进行销售价格的衡量很难实现精准定价（唐潜宁，2017）。因此，优质生态产品的供给只能是参照经济学的供

给概念，将自然生态环境视为其供给源泉，在特定的时期，自然生态系统能够在承载范围之内提供的优质生态产品。优质生态产品供给取决于自然生态系统本身的要素禀赋，还取决于人类经济社会对自然生态系统的投入。图 3.1 描述了人类经济社会系统与自然生态系统的交互作用。人类经济社会系统从自然生态系统中取得初始资源投入到生产活动，然后又将人类生产消费过程中产生的废弃物排放到自然生态系统中，进而对生产优质生态产品的能力造成影响。这种影响表现为两个方面：一方面，人类经济活动不当或过度对自然生态系统产生负向冲击。对自然资源的过度消耗和产生废物规模的增加，很多时候甚至已经超过自然环境自我消融的能力，这会对生态系统修复功能造成不可逆的损害。另一方面，人类社会主动修复生态环境，扩大生态资源存量产生正向冲击。人类社会向自然生态系统投入人力物力智力等，维护、改善和扩大自然生态资源存量，增强生态系统的可持续性。因此，原本属于自然要素的生态产品通过人类经济社会对自然生态系统的这种正向冲击，被赋予了“人工”成分，在这个意义上，人类经济系统也能够生产或提供部分优质生态产品（孙庆刚等，2015）。

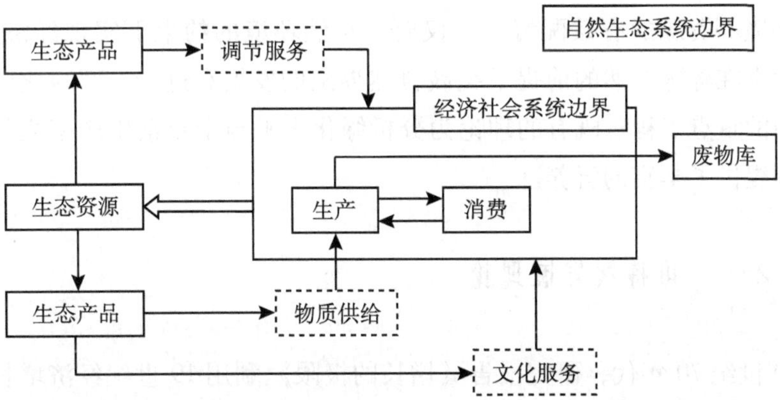

图 3.1　经济社会系统与自然生态系统的交互作用

优质生态产品供给中所包含的自然生态系统生产作用，将生态产品与纯粹的人类社会系统生产的经济产品区分开来。而优质生态产品供给中所包含的来自人类经济社会系统的生产作用，使人类经济社会也成为生态产品的供给者。生态产品中包含的自然生态系统生产体现了生态产品供给中人与自然的关系，包含的人类劳动则体现了生态产品供给中人与人之间的社会关系（高晓龙等，2020）。这也丰富了人类劳动的内涵和范围，将人类对自然生态系统的保护恢复和管理经营纳入生产劳动的范围，使人类生产劳动从原料生产加工、商品交换流通等过程扩展到环境保护和污染治理的层面，为分析优质生态产品供给和优质生态产品价值实现提供了经济学理论基础（张林波等，2021）。

3.2 理论基础

绿化水平与全要素生产率之间的关系，归根结底是可持续发展的问题。中国古代就已经有可持续思想的萌芽，如天人合一、仁爱万物等，同时，可持续发展同经济学的高度适配性，促使可持续发展经济学开始蓬勃发展。与一般的经济学研究面向资源稀缺性的同代间资源优化配置不同，可持续发展经济学还以代际之间的公平和发展为目标（任保平，2004），研究自然、环境等资源的有效配置，不仅要在自然环境的约束下实现经济增长，更要力求在尊重自然的前提下突破自然界限的发展和进步，而绿化建设就是其中的重点工程。既有的理论为分析绿化水平与全要素生产率之间的关联机理提供了丰富的营养。

3.2.1 可持续发展理论

20 世纪 70 年代，研究报告《增长的极限》利用 19 世纪经济增长数据构建地球模型，指出如果世界经济生产和资源消耗的趋势完全不改变，全球经济增长会在未来百年内达到极限，出现生产力不可控制的衰退和下降。学界开始认识到可持续发展的重要意义。1987 年，布伦特兰的报告《我们共同的未来》（Our Common Future）对可持续发展作出了正式阐释，即“既满足当代人的需要，又不对后代满足其需要的能力构成危害的发展”

（王之佳，1997）。可持续发展理论是围绕着环境、经济和社会而进行讨论的，主要包括生态与可持续发展、经济与可持续发展、社会可持续发展三个部分。第一，生态与可持续发展强调为人类生存发展提供优质的生态环境，生态经济学家提出了“外部经济内部化”的观点，要将生态社会福利损失加入企业生产成本中，通过信贷、税收、赔偿和价格机制等经济杠杆，使自然生态环境受到保护。第二，经济与可持续发展强调在经济发展与环境保护中寻求平衡，转变发展观念并将创新技术应用于经济发展，如优化工业农业生产环节、采用节能技术和可再生资源替代等。第三，社会与可持续发展强调要关注城市化、人口老龄化、教育和社会结构的完善等问题，贫困与饥饿会迫使人类为了生存掠夺性地消耗资源和破坏环境，因而可持续发展要注重解决贫困引致的生态恶化问题。要关注人的全面发展，注重代际之间发展的公平性，不应让当代经济发展问题造成的严重后果影响后代人的生存与发展。可持续发展理论为提高优质生态产品供给水平提供了重要的价值指引。围绕可持续发展理论的基本内容，优质生态产品供给要坚持全民立场，促进代内、代际生态产品高质量共享，不断满足各群体的优质生态产品需求，促进区域间深层次的供给合作，实现区域生态文明协调发展。

可持续发展理论与环境承载力理论密切相关。环境是人们生存和发展所必须依赖的一个巨大系统，它能够在一定范围内维持自身的稳定状态，为人类各项活动提供空间、资源以及容纳和处理废弃物，因此，环境系统是人类生存发展的必要前提。但由于组成环境系统的物质、资源在数量上是有限的，同时在时间与空间的维度上也有其特定的分布和生产规律，因此这一系统对人类生存和活动的支持是存在一个限度的，或者说存在一个临界值，这个临界值即环境的承载力（唐剑武等，1997）。确切地说，环境的承载力是指在某一环境系统状态下，某一时段和区域该环境系统对人类各项社会、经济活动承载能力或者说支持能力的临界值。环境系统的稳定性是在不断的物质交换和能量运动中得以维持的，其内部的结构和功能就表现为外在的环境承载力。环境承载力存在主观性与客观性或绝对性相结合的特点（张志强等，1999）。客观性表现为在既定的环境系统状态下，其承载力是确实存在的一个临界值；主观性则是表现在这一临界值是会发生变化的，尤其是在人类活动的影响下，将产生正向或负向的影响，改变环境承载力的大小。同时在不同的区域和时间范围内，其环境系统的承载力也不同。如今频频发生的环境问题大多是因为人类社会经济活动超过了相应环境承载力的上限。当这种情况发生时，环境系统不再能处理和维持其自身的稳定运行，就会表现为各种各样的环境冲突与事件。因此环境承载力是衡量人与自然生态是否协调发展的重要依据。

外部经济理论是可持续发展理论的重要支撑。马歇尔最早提出了外部经济这一概念，是指代表整个产业的产量都扩大时，这个产业中每个企业的平均生产成本会下降，因此也被称作规模经济或范围经济（沈满洪、何灵巧，2002）。现在外部经济多指某个体或单位自身的行为对社会或者其他部门带来了一定影响，但并没有获得相应的回报或者承担相应的义务。外部经济可以分为正的外部经济和负的外部经济，前者会使他人或社会在不花费任何代价的情况下受益，后者则会造成无效或者效率低下的资源配置。环境问题和环境行为具有十分强烈的外部效应。环境改善如进行绿化建设能够为所有经济社会主体带来利益，反之，环境遭到破坏时造成的影响也是具有公共性的，由社会大众共同进行承担（陈玉玲，2014）。同时，环境改善的成本并非由所有经济社会主体承担，而是由一部分人承担。比如，在河流上游植树造林进而防治水土流失，受益的却是河流下游，这时如果没有相应的激励或补偿机制，就会发生环境保护“搭便车”的行为，即经济社会主体都基于自身利益的考虑不愿意承担成本，而是寄希望于坐享其成。在这种情况下，由于外部性的影响，在市场机制的作用下，环境保护或环境改善的供给是严重不足的，市场主体都因为不愿承担成本或者因为不能得到所有的好处而不愿意使社会福利达到最大化，结果便是市场失灵和资源配置效率低下。此时需要政府的介入，使得在经济不断发展的过程中，环境质量也能够得到充分的保障（李世涌等，2007）。

绿色经济理论构成了可持续发展理论的重要内容。绿色经济最早是指基于自然生态和社会条件建立的可以承受的经济，也就是不因为人类追求经济扩张导致生态危机或社会动荡，也不因为资源的稀缺导致经济的不可持续。国际绿色经济协会将这一概念更加具体化，明确了绿色经济是以经济、社会、环境三者协调共同发展为目标，以低碳、绿色和循环的产业发展为基础，以可持续发展为表现形式，实现生态文明转型的经济发展模式（唐啸，2014）。绿色经济区别于其他经济模式的一个重要特征就是其对生态系统所提供的资源或服务的直接估价，并外化为社会经济发展中的成本或收益。这一点同生态财富观不谋而合，财富是经济学中的一个重要概念，可持续发展则对其进行了创新。新时代已经形成了“绿水青山就是金山银山”的共识，但要真正实现这一转变，关键在于要逐渐建立生态财富观。对于我国现阶段发展而言，必须坚持以经济、社会和生态三者为价值导向的绿色经济，以经济效率、社会公平以及生态系统稳定三者共赢为核心，在兼顾自然环境和公平效率的基础上实现人民共同富裕和全面发展（诸大建，2012），寻求技术突破、因地制宜使用适合的政策工具，最终实现生态文明转型。

生态城市理论是可持续发展理论的重要应用领域。随着人类文明不断进步，人们对人与自然之间的关系也在不断深入探索，生态城市这一概念由此被提炼出来。城市作为人类生存的主要空间和人类活动的主要载体，承载了人类对自然的认识和价值观的体现。生态城市作为一个能够自发组织、协调的共生复合系统，兼具了经济发达、社会繁荣、人民安居乐业以及生态良好发展四个维度的协调统一，具有和谐、高效、持续、整体和区域平衡等特点，拥有优美的环境、高素质的生态文明、合理的经济结构与产业体系以及高水平的基础设施（赵清，2007；黄肇义、杨东援，2001），能够最大限度地发挥人的生产力与创造力。城市化和经济发展催生了对生态城市的需求，从某种程度上来说，在可持续发展成为人类行使主观能动性的前提和条件的情况下，生态城市是未来城市发展的必然选择，城市绿化也必将跟随生态城市发展的脚步，回归以人为中心，助力打造科技、生态、人文为一体的生态城市。

3.2.2 公共产品理论

绿化包括优质生态产品在内都具有公共产品的特征，在某种程度上可以将其归为“自然型公共生态产品”。无污染的空气、优质水源等即是典型代表（沈田华，2021）。这类产品的真实价值通过市场价格无法有效且准确地度量，通常都具有非排他性。因此，公共产品理论为分析绿化水平与全要素生产率之间的关系奠定了理论基础。

公共产品是西方公共经济学的核心概念。公共产品指向全体社会成员提供消费或使用的产品或服务，是一个与私人物品相对应的概念。Samuelson（1954）在《公共支出的纯理论》中将“集体消费品”（Collective Consumption Goods）严格定义为“每个人对这种物品的消费，不需要从其他人对它的消费中扣除”，这被视为对“什么是公共产品”给出的较为明确且在理论界基本达成共识的答案。他归纳了公共产品的非竞争性和非排他性两个本质特性。其中，非竞争性是某种公共产品的供应不会因为某个使用者的消费而减少，而非排他性指在该物品消费中使用者不会受到限定。现实生活中符合公共产品严格定义的产品或服务不多，学界把它们看作纯公共产品。后来，布坎南（1993）在其著作《民主财政论》中将公共产品的范围进一步扩大，集体提供的产品也被纳入公共产品之中。他认为，公共产品意味着资源的集体运用，其成本应该由集体成员共同承担，其收益应该由集体成员共同分享，而准公共产品就是不能严格满足消费上的非竞争性和非排他性特征的物品。

公共产品还具有外部效应，《现代公共经济学》认为公共产品的外部效应表现为一个主体的经济活动对其他不直接参与该活动的主体产生的影响，具体分为正外部性（外部经济）和负外部性（外部不经济）。外部性的存在会引致市场失灵，因为公共产品供给的市场主体能够收获额外大于或小于私人收益的社会回报收益，使公共产品供给不足。公共产品的非排他性、非竞争性和正外部性带来更大的受益范围、更广的受益人群，作为公共利益代表的各级政府需要在供给中发挥主导作用，同时政府可以通过采购、补贴、授权经营等方式引导市场力量参与公共产品供给。

3.2.3 生态系统服务理论

绿化可以带来生态系统服务的增加与改善，提升绿化水平的正效应，其背后的理论基础之一就是生态系统服务理论。

生态系统服务的概念在20世纪70年代被提出，学界还没有对其有过明确统一的定义，较为认可的有Daily（1997）提到的生态系统服务是生态系统及其中所存在的生物资源组成的满足人类生活的全部环境条件和过程。之后，联合国“千年生态系统评估”（MEA）对生态产品服务进行了具有更广泛意义的总结，将生态系统服务界定为人类从自然生态系统中获取到的各种好处，其功能包括供给服务、调节服务、支持服务和文化服务四类。谢高地等（2010）基于我国国情，将生态系统的服务功能划分了九类，包括产出原料、调节气候、涵养水源、保持生物多样性等。

生态系统服务供给与人类福祉紧密相关。生态系统服务供给包括自然生态系统维持的生态过程，如养分循环等，被看作潜在供给，是自然生态系统在特定时间和空间范围内能供给生态系统服务的最大阈值。还包括人类能够实际消费享受到的由自然生态系统提供的生态系统服务，被看作是实际供给。由于人类获得生态系统服务的可达性条件和偏好等不同，多数情况下潜在供给要大于实际供给。Boyd等（2007）总结了经济学意义上生态系统服务产品的产出函数：

$$A = A(M, N) \tag{3.1}$$

其中，A表示生态系统服务最终产品产出水平。生态系统服务产品产出过程被看作自然生态系统与人类经济社会系统相互作用的生产过程，最终服务产品产出函数中，生态系统服务投入包括来自自然生态系统的非市场投入N（Non - Market Input），也被称作生态资本投入，反映生态系统服务商品流的自然资本存量，还包括来自人类经济社会系统的市场投入M（Market Input），反映生态系统服务商品流的经济投入等。

生态系统服务价值量评估在当下意义重大。人类社会需求和生态系统服务供给大多数情况在空间上并不匹配，对生态系统服务价值量进行科学定量评估，可以从不同维度揭示生态系统服务在空间上的产生与传递，进而用于指导政策决策。在《生态系统服务功能价值评估的理论、方法与应用》中，评估生态系统服务价值的方法被总结为三类：第一类，经济学价值评价法，具体包括市场价值技术、替代市场评估技术（影子价格法、机会成本法等）

和模拟市场评估技术（条件价值法等）。第二类，能值评价法，也被称作能值核算，是指采取一定转换方式，将无法使用经济核算的生态系统服务价值进行转换后评价其价值。第三类，效益转化法，是指采取一定的技术方法，将一个地区评估的经济价值转换到另一地区（李文华，2008）。

生态系统服务的功能具有非常重要的价值，是不可或缺的生存基础，正是这些功能奠定了生态产品的价值基础。从效用价值理论而言，生态系统的服务可以带给人们不同程度的效用满足，比如休闲娱乐、美学享受等。从劳动价值理论而言，价值源于人类无差别的劳动，经典的劳动价值理论认为空气等生态产品是没有价值的，但是，随着历史环境的变化，特别是由于人为因素的扰动导致生态系统服务功能受损，使其无法提供正常的服务功能，需要人为保护或者修复，提供优质的生态产品（如无雾霾污染的空气），需要消耗无差别的人类劳动，使得生态系统的服务具有了劳动力价值的特征。因此，绿化、优质生态产品的价值源自生态系统服务功能的价值，需要基于生态系统服务理论分析绿化与全要素生产率之间的关联机理。

3.2.4 马克思自然力理论

马克思自然力理论在《资本论》中有着丰富的阐述。在马克思的语境下，自然力表示来源于自然界、作用于自然界但在人类社会的生产活动中得到广泛应用的一种无法被替代的推进动力，即“一切生产力都归结为自然界”。《资本论》中自然力被划分为三个部分，分别是人身自然力、社会劳动自然力与自然界自然力，这三者共同构成了马克思的自然力思想体系（王朝科等，2022）。

第一，人身自然力。马克思认为，为了在对自身生活有用的形式上占有自然物质，人就使他身上的自然力——臂和腿、头和手运动起来。也就是说，人类本身就是一种自然力，人类作为自然界的产物之一，具有与其他产物相似的属于自然界的特性，同时人类还具有主观能动性，能利用有意识的实践活动改造客观的物质世界，这便是人自身具有自然力。

第二，社会劳动自然力。马克思认为，由协作和分工产生的生产力，不费资本分文，它是社会劳动的自然力。马克思的这一论断使得社会劳动自然力从自然界自然力中脱离出来，尽管社会劳动自然力与自然界自然力一样是无偿提供的，不需要付出分文就可以得到，但是在转化或使用自然界自然力时生产主体还需要社会自然力参与，如新的技术应用或者社会分工的优化等。因此，可以把社会自然力看作一种中介性质的自然力，在生产过程中，社会自然力能够促进人身自然力和自然界自然力转化为生产力，它自身并不具备独立的使用或消耗性。

第三，自然界自然力。自然界自然力是普遍存在于自然界的、由那些未知的或已知的资源和资源组合形成的功能或动力，这种功能或动力的发挥不依赖任何人类劳动或任何人工介质，是独立于人自身的自然力、社会劳动的自然力存在的，如土地、河流、湖泊、高山、森林、生物多样性、矿藏、大气、洋流等（王朝科等，2022）。马克思认为自然界自然力并不是无限的，逐利本质的资本主义生产力发展会垄断并破坏自然界自然力，最直接的表现方式就是对人身自然力与社会劳动自然力的剥削与控制（赵睿夫，2021）。此外，自然界自然力神秘莫测，人类目前的认知仅限于自然力系统中的小部分，还有很大部分的未知领域等待人类的探索，因此，在面对庞大的自然界自然力时，必须心存敬畏与尊重，这就是人与自然和谐共生的伦理基础和自然基础。

马克思自然力理论内涵丰富、意蕴深远，对当下供给优质生态产品和推进生态文明建设具有重要启益。要认清人的主体能动性的限度，反思人类社会对自然力的利用，开展生态修复，减少自然生态系统功能透支，平衡自然力的再生产和再使用，在利用自然力的同时注重保护自然力，提升优质生态产品生产力。要协调人与自然的关系，规避资本主义式的“人类中心主义”观念下对自然力的过度使用，以自然力利用促进绿色发展良性循环，打造人与生态环境间互动、互构、互益的良序生态系统。

3.2.5 习近平生态文明思想

习近平生态文明思想为分析绿化水平与全要素生产率的关系提供了具

有时代特征的理论基础，是研究的出发点以及对策的落脚点。

“两山”理论是习近平生态文明思想的代表，是有效衔接自然生态系统和经济社会系统之间和谐发展的桥梁，使生态系统的结构功能与产品、服务相联系，是优质生态产品的理论渊源。绿水青山与金山银山是能够辩证统一的，没有绿水青山就不会有金山银山，经济发展绝不能建立在透支和破坏生态系统的基础之上，保护自然生态系统就是自然资本价值增值的过程；既要绿水青山，也要金山银山，人与自然和谐友好相处，才能实现生态建设与经济发展的双赢。绿水青山与金山银山可以相互转化，生态价值能够转化为经济价值，经济价值又将投入生态建设中。“两山”理论体现着经济增长阶段与发展模式不断变化、发展理念不断革新的过程，深刻诠释了生态产品与经济价值之间的关系。

建设资源节约型、环境友好型社会是习近平生态文明思想中人与自然、人与人、人与社会和谐共生的本质要求。资源节约型社会在于减少资源耗费，降低投入到经济社会系统的能量流、物质流强度，实现最大限度的利用。环境友好型社会在于要在社会发展中坚持生态在战略布局中的优先性，做到有所为、有所不为，大力推进生态文明建设。发展循环经济是一项系统工程，为了减轻污染和高效利用资源，要把循环经济贯穿于区域、企业、产业、社会等不同层面，因为循环经济同资源节约型、环境友好型社会建设不可分割。

山水林田湖草生命共同体的系统观是习近平生态文明思想的科学论断。习近平总书记指出“人的命脉在田，田的命脉在水，水的命脉在山，山的命脉在土，土的命脉在树”，阐明了山水林田湖草这些自然要素普遍联系、相互依存、相互影响的内在规律。从本质上看，国土空间是构建山水林田湖草生命共同体的物质基础，山水林田湖草每一类要素的存在都依附于自然生态空间，都在国土空间这个整体系统下交互影响，并维持着人类经济社会的生产生活需求，因而要用生态系统观为我国的国土空间治理提供指引。

生态兴则文明兴，生态衰则文明衰是习近平生态文明思想的生态社会主义观。2018 年 5 月，习近平总书记在全国生态环境保护大会上强调“生态兴则文明兴，生态衰则文明衰”，深刻剖析了社会历史发展同自然生态系统之间的内在联系。这体现了习近平生态文明思想中炽热的民生情怀，保护生态环境就是保障民生，优美的生态环境关乎公众生活质量，关乎公众对美好生活的期盼，也关乎社会的持续稳定与健康发展。自然生态环境的变化影响着文明兴衰的演变更替，必须大力推进美丽中国建设，满足人民的优质生态产品需求。

3.2.6 人力资本理论

现代以来，美国经济学家舒尔茨（1960）从理论上系统阐述了人力资本的概念，他认为人力资本是个体的体力、知识、技能、健康水平等之和，同时代的贝克尔也从在职培训的角度对人力资本进行分析，从而丰富和发展了人力资本理论（杜育红，2020）。人力资本理论认为，人的知识、技能和健康状况等非物质资产，也是生产要素之一，对经济增长和企业生产都有重要影响，从这个理论视角来看，绿化水平通过影响人力资本积累，可以促进全要素生产率的提高。

具体来说，首先，良好的绿化环境可以改善人们的心理健康状况，研究表明，绿化环境可以缓解工作压力，减轻疲劳，提升工作满意度，这对于提高工作积极性和创造力都很重要，同时，绿化也可以防止空气和噪声污染，这对保护和提升工人的身体健康也很有利。其次，绿化环境可以吸引和留住优秀人才，在选择工作单位时，人们往往会考虑工作环境的宜人程度，良好的绿化设施能够吸引更多高素质人才愿意为企业长期服务，这对企业人力资本的累积和提升很重要。同时，绿化还可以促进知识积累和技能提升，优美的工作环境有利于培养员工的学习意愿，企业也更易开展在职培训，通过学习培养，员工的综合素质和专业技能能得到不断提升，这将直接提高其生产效率。总之，从人力资本理论出发可以看出，提高绿化水平可以从多个方面提升企业员工的心理和身体质量，吸引和留住优秀人才，促进知识和技能的积累，这将对提高企业全要素生产率产生积极影响。因此，发展绿化对提高一个地区或企业的整体竞争力具有重要意义。

3.3 本章小结

本章从绿化水平、全要素生产率、生态产品这三个核心概念的界定开始分析，确定后续实证分析的范围和边界。绿化水平是一个比较宽泛的概念，它用来反映一个地方城市园林绿地建设和环境保护的程度，城市规模、经济发展水平、城镇化程度、居民环境意识等宏观因素，以及城市规划政策执行力度、绿化投入力度、园林管理水平等微观因素，都会对一个城市或区域的绿化水平产生重要影响。在既有研究中对绿化水平还没有统一的概念界定，但是呈现出两种界定的方法，分别是过程导向型和结果导向型。为了更好地研究与全要素生产率的作用和影响，本书选择结果导向型界定方法。

全要素生产率是衡量一个国家或地区经济效率的重要指标，它反映了一个国家或地区利用有限生产要素取得最大经济效益的能力。通过数据包络法可以测算出全要素生产率指数，用来描述全要素生产率的水平，这个指数可以反映经济单位在技术、资源利用、管理和运作等方面的综合效率，它可以帮助我们了解不同单位之间的相对效率，并提供改进效率的方向。

狭义的生态产品是指 2010 年 12 月国务院发布的《全国主体功能区规划》中提到的“生态产品指维系生态安全、保障生态调节功能、提供良好人居环境的自然要素，包括清新的空气、清洁的水源和宜人的气候等”。广义的生态产品还包括以减少自然生态资源消耗生产出来的物质产品，如采用清洁生产、循环利用、降耗减排等途径产出的有机食品、绿色农产品、生态工业品等。强调生态产品的“产品”属性，可以充分认识到生态要素本身所具有的价值以及为了生产生态产品所必需的投入，有助于社会资源和自然生态资源结合。2022 年 9 月由国家发展和改革委员会、国家统计局出版的《生态产品总值核算规范》中提出“生态产品指的是生态系统为经济活动和其他人类活动提供且被使用的货物与服务贡献，包括物质供给、调节服务和文化服务三类”。生态产品是能够持续维系自然生态环境的安全、持续保障生态系统的有效调节功能，同时可提供人类所需要的环境的自然产品，其产权难以明晰且具有典型的公共产品或者准公共产品特征。优质生态产品突出其优质的特点，生态环境质量标准兼具事实上的技术属性和规范上的法律属性，为生态环境质量状况提供了对比依据，是评价"优质"的现实可行性标准。因此，优质生态产品是由品质优良的环境要素组合形成，属于生态产品中的"优质类型"，即基于无污染的或者污染在其承载自净能力范围内源自自然生态系统的生态产品。优质生态产品供给，不仅取决于自然生态系统本身的要素禀赋，还取决于人类经济社会对自然生态系统的投入。

理论基础包括可持续发展理论、公共产品理论、生态系统服务理论、马克思自然力理论、习近平生态文明思想、人力资本理论。其中公共产品理论为分析绿化水平与全要素生产率之间的关系奠定了理论基础。绿化可以带来生态系统服务的增加与改善，提升绿化水平的正效应，其背后的理论基础之一就是生态系统服务理论。马克思自然力理论内涵丰富、意蕴深远，对当下供给优质生态产品和推进生态文明建设具有重要启益。习近平生态文明思想为分析绿化水平与全要素生产率的关系提供了具有时代特征的理论基础，是研究的出发点以及对策的落脚点。人力资本理论认为，人的知识、技能和健康状况等非物质资产，也是生产要素之一，对经济增长和企业生产都有重要影响，从这个理论视角来看，绿化水平通过影响人力资本积累，可以促进全要素生产率的提高。

4　绿化水平对全要素生产率作用机理的理论分析

生态系统是由生物和非生物环境组成的一个复杂、动态的综合系统，包含了微生物、动植物，自然也包含了人类。生态系统内部之间以及同外部无时无刻不在发生各种物质、能量交换，并发挥着各种各样的功能，直接或者间接地为人类各项活动提供有形或无形的服务。绿化建设作为人类同生态系统沟通、联系以及改造的重要手段，通过生态系统这一桥梁反作用于人类活动，提供多样化的保障与服务。可以说，生态环境作为一种十分重要的生产要素，是人类包括政治、经济、社会、文化、交往等各方面在内的一切活动的基础和前提，因此全要素生产率的变化同样会受到绿化水平的影响。本章将对其中的机理进行分析，从理论上论证二者之间的关联。

4.1　提供生态服务，保障经济发展

绿化建设可以增加生态产品的供给，这种供给包括物质产品、调节服务和支持，还有审美功能。物质产品是满足人类生产活动的基础条件，包括土壤、初级生产以及能源燃料等。调节服务主要是对人类生存环境条件进行调节，以求实现更好的技术创新和生产力的进步，主要包括调节气候和净化空气等。支持服务主要是维持整个生态系统的平衡，尤其是在人类

进行社会经济活动的介入后，加快生态恢复或者提高环境承载力，包括物质循环和能量流动，以及信息传递。绿化建设所提供的供给、调节、支持等各项生态服务能够为生产力发展和技术进步提供条件和保障，是必要且十分重要的基础条件。

4.1.1 基本原料的供给

（1）土壤形成和保护

土地是人类生存和发展的基础性资源和根本性保障，也是人类经济活动的重要载体和运行空间，是进行技术创新和生产力发展的根源。我国虽然土地资源总量较大，但伴随着生产生活各项活动的开发和利用，可用的尤其是优质的土地资源越来越少。我国作为农业大国，农业和畜牧业对土地的利用以及消耗一直保持在一个较高的水平，土地利用过度等现象也时有发生，土壤沙漠化、荒漠化以及土地污染等问题也越发严重。同时随着城镇化进程的不断推进，城市圈不断向外扩展，大量人口涌入，各种建设用地需求增多，土地资源承载能力堪忧。

绿化建设能够增加绿色植被，截留大气降水，减缓地表径流，增加雨水往地下渗透，涵养水源，保持水土（李树然，2018）。同时土地本身包含着丰富多样的微生物，植物根系以及枯枝落叶等可以增加土地养分，形成良好的共生关系，提高土地活性和营养成分。除此之外，人工造林工程重新固沙成土，实现了土地资源的重新恢复和利用，这些在一定程度上能够缓解土地资源存在的各种问题，为技术创新和生产力发展提供保障。

（2）初级生产

初级生产是指绿色植物或者部分微生物等通过光合作用对太阳能的固定，除提供自身所需的能量和营养物质之外，也通过食物链等方式的传导将物质和能量提供给其他生物，它对生态系统起到基础性作用，也对人类生存和社会经济活动提供了基础条件（崔向慧，2009）。

人类作为生态系统中的重要组成部分，能够发挥主观能动性，通过实践认识自然规律、利用自然资源和改变自然生态。绿化建设能够有效增加绿地以及森林在生态系统中的占比，对初级生产力和生产效率起到直接并且显著的促进作用，为技术创新和生产力发展提供基础的物质条件。

（3）生物质燃料

能源作为人类社会经济向前发展的一项至关重要的资源，也伴随着整个社会进程而不断发展和变化。传统能源如木材、煤炭、石油和天然气等已经得到了广泛的开发和利用，其中木材作为最古老的燃料或者说能源之一，与绿化建设是密不可分的。

但日益枯竭的传统能源燃烧过程中产生的烟尘、可吸入微粒以及温室气体等对环境造成了不可逆转的破坏。在可持续发展的呼声越发高昂的今天，其他生物质能源也逐步走上能源利用的舞台，常见的包括松木颗粒、杂木颗粒以及生物乙醇等，它们能够实现在绿化建设的同时，一定程度上解决资源逐渐枯竭的问题，同时通过人工和科技能够实现部分树种的快速生长，以满足日常能源消耗，并且减少对环境的污染（田宜水等，2021）。对于森林资源丰富的区域，可以考虑发展优势资源，利用科技赋能发展清洁燃料等产业，这样既能满足经济发展的能源要求，也能实现高质量的、环境友好型发展。

（4）生物多样性

绿化环境作为天然的栖息地，为各种动植物提供了生存和繁衍的场所，这其中包括各种珍稀濒危物种，它们在绿化环境中得到了保护和繁衍，保护这些物种的多样性和数量对于维持生态平衡至关重要，对农业、渔业和畜牧业等产业具有重要支撑作用。

生物多样性在农业方面具有重要的作用。绿化环境可以提供害虫天敌的栖息地，如保护农作物免受侵害的昆虫和鸟类，这种自然的生物控制系统减少了对化学农药的需求，降低了农业生产的成本，同时减少了对环境的负面影响。另外，绿化环境还提供了众多的花朵和植物资源，吸引了各种传粉者如蜜蜂、蝴蝶、鸟类等，这对于农作物的异花传粉非常重要，能够提高农作物的结实率和品质。适当的绿化除了增加农田的美观度，还为农业生产带来了实实在在的经济效益。此外，水域周边的绿化带提供了鱼类和其他水生动物的栖息地，为它们提供繁殖和滋养的环境，同时，绿化可以改善水质，减少水污染，保护水生态系统的健康，这些因素对于渔业的可持续发展至关重要。畜牧业也受益于绿化环境的保护生物多样性，丰富的植物资源为牲畜提供了充足的饲料来源，保证其营养需求，同时，畜牧场周围的绿化环境也为牲畜提供了舒适的生活环境，有助于提高养殖效率和品质。

保护生物多样性不仅对农业、渔业和畜牧业等产业具有支撑作用，还对其他产业产生重要影响。例如，吸引游客前来观赏和研究生物多样性，可以促进生态旅游的发展，推动经济增长。此外，保护生物多样性还为新药开发和生物技术领域提供了丰富的资源，促进相关创新产业的发展。

4.1.2 生态环境的调节

(1) 调节气候

气候是一个复杂多变的综合系统，全球变暖虽然一直存在，但因为有了人类活动，全球变暖的步伐加速，尤其是工业革命之后各国不加限制地以盲目利用资源和严重破坏环境为代价的经济扩张，加剧了全球变暖等气候问题，并且这一问题在未来很长时间内都将持续存在。全球变暖导致海平面上升、极端天气和灾害频发以及生物多样性不断减少等，最终将影响人类社会经济活动的发展。除了全球气候变暖之外，局部气候尤其是城市居住地区的微气候问题也日益凸显，比如越发受到人们重视的城市热岛效应，夏秋两季居高不下的环境高温已经逐渐影响到人们的日常生活。

解决气候问题不仅要通过节能减排的方式，开源也是重要的一环，比如绿化建设就成为调节气候变化的一个重要手段和途径，它能够通过加强蒸腾作用、改变太阳辐射的反射率和到达地表的阻力、增强土壤保持水分的能力等降低地表温度，增加热量和水汽的散发（叶清等，2008），实现降温效果。绿化建设可以使单个公园白天平均降温 0.94℃（Bowler 等，2010），每增加 10% 乔木林地的覆盖面积，区域温度可以降低 1.03℃（周雯等，2020），不管是全球气候的调节还是城市局部气候的调节，都为人类生产生活提供了良好的环境，进而促进技术进步和生产力发展。

（2）净化空气

当前，PM_{10}、$PM_{2.5}$、雾霾等已经成为家喻户晓的名词，空气污染指数已经成为人们出行前关注的重点。雾霾的成因有许多，汽车排放的尾气、工厂排放的废气、冬季燃烧取暖排放的二氧化碳等污染物、地面的灰尘甚至人们的衣服带有的大量化学纤维元素都会造成空气污染，再加上空气不流动、人车流动等，导致空气中的微小颗粒不断聚集，并附着大量的对人体有害的污染物。这些颗粒物被吸入呼吸系统，部分可在人体自行作用下排出，但更多的是沉积在肺泡等区域，造成呼吸系统损伤，尤其是患有支气管炎、阻塞性肺部疾病等呼吸系统疾病的患者，更是存在病情发作或加重的风险（陈仁杰、阚海东，2013）。由于 $PM_{2.5}$ 等空气污染常是缓慢、逐渐地发生作用，如果长时间不重视其影响会造成严重的后果。

还有研究表明，雾霾对经济发展存在显著的负面效应，尤其是对大中型城市来说（陈诗一、陈登科，2018）。目前已有许多研究表明，绿色植物可以制造氧气并且吸收有害气体，许多树种能够吸附灰尘、吸收硫等有害元素、吸滞 $PM_{2.5}$ 等可吸入颗粒物，甚至能够释放对人体有益的抗生素等物质（刘琴等，2018），真正做到净化空气和改善空气质量，从根本上改善劳动力的工作环境，促进劳动力使用价值的快速恢复，为实现生产力进步创造良好条件。

（3）防灾减灾

生态系统具有缓冲和抵抗自然灾害的能力，如森林和湿地能够减轻风灾、洪涝、滑坡等灾害带来的破坏，保护湿地和河流生态系统有助于减少洪水的威胁，维护海岸带的生态系统有助于抵御风暴潮的袭击。通过提升绿化水平，保护生态环境，增强生态系统对自然灾害的抵抗能力，不仅有利于减轻灾害对生产活动的影响，还能提高生产效率，促进全要素生产率的提升，实现产业可持续发展和经济增长的良性循环。

首先，绿化水平的提升有利于改善生态环境，增强生态系统对自然灾害的防御能力，从而减轻灾害对生产活动的破坏。例如，适当绿化的城市和农田能够降低城市内涝和农田水患的风险，减少洪涝灾害对居民和农作物的影响，进而保障生产和生活的正常进行。绿色植被还能减缓风速，降低风灾风险，帮助稳定土壤和减少滑坡、泥石流等地质灾害的发生，保护农田和人类居住区的安全。其次，良好的生态环境和森林覆盖能够有效缓解气候变化带来的极端天气，如台风、龙卷风等自然灾害，适度的绿化可以调节气候、降低气温，减轻气候变化对生产活动的影响，对于极端天气的频发区域，通过适当绿化，可以减少自然灾害风险，提高生产安全和稳定。此外，绿化水平的提高有助于保护湿地和河流等生态系统，减少洪水造成的灾害。湿地具有良好的吸水保水能力，能够调节水文循环，吸收并缓解洪水的冲击，有效防止城市内涝和农田水害的发生，通过保护和修复湿地、河流生态系统，可以降低水灾风险，维护生产活动的正常进行。

4.1.3 精神文化的满足

(1) 景观与休闲场所

绿化环境通过提供景观与休闲场所，不仅满足了人们的精神文化需求，更重要的是提供了舒适宜人的工作环境，促进了人们心理健康、团队合作和身体健康，这些都有利于提高员工的工作效率和生产力，从而对全要素生产率的提高产生积极的影响。因此，注重绿化环境的建设与管理，为员工提供良好的景观与休闲场所，对于企业的可持续发展和生产力的提升具有重要意义。

首先，绿化环境提供的景观与休闲场地是人们休息放松的重要场所。在绿树成荫、花香满园的环境中，人们可以在工作间隙通过散步、休息、沉思，缓解工作压力和焦虑情绪，改善工作状态和提高工作效率，增强他们的工作积极性和幸福感。其次，景观与休闲场所也为人们提供了交流互动的平台，在自然环境中，他们更容易放松心情、增进彼此之间的情感联系，促进团队之间的沟通和合作，良好的团队氛围有助于团队成员之间的互相支持和协作，进而提高整个团队的凝聚力和战斗力，从而促进企业的生产效率和竞争力提升。最后，绿化环境为人们提供了锻炼身体的场所，在绿色环境中进行户外活动、锻炼身体，有助于增强体质、提高免疫力，减少疾病发生，健康的员工更具活力和创造力，能够更好地应对工作挑战，发挥出更高的工作绩效，进而提高全要素生产率。

（2）文化与教育平台

绿化环境通过提供文化与教育平台，满足居民的精神文化需求，这对于促进全要素生产率的提高具有重要的作用。文化传承和教育的提升以及环保意识的强化等方面的影响，都有助于提高人们的工作效率和生产力。

首先，绿化环境为居民提供了文化传承和教育的重要平台，公园、植物园、自然保护区等绿化环境不仅是人们休闲娱乐的场所，也是自然文化的载体，这些绿化场所中的植物、动物和景观都反映了地方的历史文化和自然特色，有助于激发人们对自然、生态和文化的兴趣和认识，例如，一些公园内设有文化展示馆、历史遗迹，供人们了解和学习地方文化，这种文化教育的提升不仅能够丰富人们的精神生活，还可以提升审美能力和创造力。同时，绿化环境中常设有图书馆、学习中心等教育设施，提供了丰富的教育资源和学习机会，人们可以在绿化环境中学习、阅读、参与培训等，提升自身的知识和技能水平，通过教育的提升，人们将具备更多的专业知识和技能，提高工作质量和效率，促进全要素生产率的提高。

其次，绿化环境通过环保意识的强化，对促进全要素生产率的提高起到重要作用。绿化环境的营造和环保意识的强化使得人们更加关注环境的保护和减少污染的行为发生，在绿化环境中工作和生活，通过观察和体验环境的美好，能够深刻理解环境资源的宝贵性和稀缺性，他们会更加注重减少资源的浪费，提高资源利用的效率，例如，他们在工作和生活中会更加节约省用水资源、纸张等，也会更加注重减少生产过程中产生的有害物质和污染物的排放，积极参与企业的环保活动，例如，人们会更加注重正确分类和处理废弃物。环保意识的强化还会促使企业转型升级，加大对环保技术和绿色创新的研发投入。员工在这样的环境中工作，会积极参与到创新活动中，提出更多环保和可持续发展的创新方案，通过引入绿色技术和创新，实施低碳生产和循环经济，企业可以提高生产效率和经济效益，同时，这也促进了企业在市场竞争中的地位提升，进一步推动全要素生产率的提高。

（3）创意与灵感来源

绿化环境不仅能够提供优美的景观和宁静的氛围，还能够成为创意与灵感的重要来源，创意激发与思维开拓、促进团队合作与交流、提供心灵寄托与情感支持、提供学习与培训的环境，这些方面的影响都有助于提升人们的创造力、创新能力和学习能力，进而促进全要素生产率的提高。

首先，绿化环境中的自然元素和多样的植物景观可以激发人们的创造力和思维开拓。绿色的环境可以使人们缓解压力，舒缓情绪，从而更容易进入创意思维的状态；植物的自然形态和多样性可以启发员工的想象力，激发出新的创意和思路，从而提高创新能力，推动全要素生产率的提高。其次，绿化环境可以提供一个自然和谐的场所，有利于促进团队合作和交流。员工可以在绿化环境中轻松的交流和互动，增强团队的凝聚力和默契，促进知识的共享和合作，因此更容易打破思维的边界，跨部门和跨岗位进行合作创新，促进全要素生产率的提高。最后，绿化环境中的自然元素和景观可以激发学习的兴趣和动力，增加学习的效果和吸收的深度，企业可以在绿化环境中举办各类培训活动，让员工在充满活力和创意的环境中学习和成长，员工可以通过与自然互动和观察，提高对环境保护和可持续发展的认知和意识，通过学习与培训，员工的知识水平和专业能力得到提升，全要素生产率也随之提高。

4.1.4 助力生态系统平稳运行

（1）物质循环和能量流动

物质循环和能量流动是维持生态系统运行的两个重要基石，前者即生态系统中化学元素不断交换循环；后者则是固定的太阳能在各个营养级之间，通过食物链和食物网进行着不断消耗、逐层递减的流动（蒋志刚，1986）。人工绿化建设形成的生态系统有其特有的属性。首先，其以人作为主体，有一定的独立性，人类是绿化建设形成的生态系统的建设者、改造者和消费者，因此绿化建设形成的生态系统高度依赖于人类的活动和其他生态系统的参与。其次，其与城市的经济社会发展的活跃性高度相关，两者存在相互促进、共同发展的联系，城市经济社会越活跃，绿化建设以及人文生态越会有较好的表现。反过来也是如此。

因此绿化建设形成的生态系统或者农田生态系统是整个自然界物质循环和能量流动的有益补充，尤其是在城市释放超过自然环境本身承载力的物质，比如大量二氧化碳或大量氮氧化物时，绿化建设形成的生态系统可以在一定程度上降低物质循环的压力或增加物质循环的上限，促进碳循环、氮循环等的平衡。同时，在能量流动过程中，有害物质的生物富集的现象越发严重，而其稳定不易分解的性质导致在生物体内难以被排出，对人体或动物造成危害，尤其人类的营养级较高，富集的浓度也就越高，绿化建设形成的生态系统也能够在一定程度上提高对重金属、化学农药等的分解、降解，进而能够一定程度上缓解由于经济发展导致的问题，提高劳动力质量，并且提高整个生态系统的资源承载力，为技术创新提供良好的环境基础和保障。

（2）信息传递

信息传递包括物理、化学和行为等各种信息的传递，是维持生态系统协调稳定的关键环节。候鸟迁徙却找不到方向，“龟群产卵”却找不到地方，人类活动占据了太多其他种群的生存空间和必需的生存资源，尤其是造成了生态环境的破碎化，严重阻碍了自然生态系统中本应正常进行的各种信息传递，再加上外来物种引入、农业种植等，造成部分生物的次生灭绝，生物多样性锐减（姜必亮、王伯荪，2000）。城市绿化生态系统在一定程度上能够增加被割裂或被边缘化的各个生态系统之间的关联性，恢复各个生物群落之间的正常信息交流（张秋岭等，2008）。同时，对人类自身来说，人工绿化建设形成的生态系统同样能够传递许多信息，比如四季更替，再如雪松遇到二氧化硫或者氟化氢就会发黄甚至焦枯，秋海棠对二氧化碳也有同样的表现，叶片出现斑点甚至呈现灰白色，不能再正常开花，植物本身的性状发生改变，说明环境发生变化，因此，生态系统也是传递环境变化信息的重要工具。生物资源和环境变化等信息是人类经济社会活动的重要影响因素，信息传递能够指引人类更好进行生产发展，推动技术创新。

4.2 增加生态产品供给，提升环境资本生产要素

绿水青山就是金山银山。一方面，环境作为自然资源，本身就是一种生态财富，是生产、生活资料的重要源泉，是社会财富的重要组成部分，始终为生产力不断提高和高质量发展提供条件和基础。因此进行绿化建设实质上是在不断使生态财富保值增值，是实现可持续发展的必然要求。另一方面，人们对生态环境认识的转变，以及对优质生态产品的需求，也促使资本的态度发生改变。从前资本可能更多集中在赚快钱或热钱的领域，但生态文明地位不断提高以来，企业越发重视生态环境保护和绿色技术创新，环境产业或衍生的相关业态也开始蓬勃发展，同时其风险低、收益周期长等优点也逐渐显现，从而使更多资本愿意进入环境行业。进行绿化建设仅靠政府是不够的，需要做好公益属性与营利属性的平衡，提高信息沟通，让资本更有效地参与。

4.2.1 生态环境与产业发展有机融合

近年来，生态旅游和娱乐已经成为人们出行游玩的热门选择，生态旅游是一种将生态文明建设同产业建设两者有机结合的经济发展模式，对于构建我国环境友好型社会有着重要意义（鲍志平，2018）。

目前不仅是自然本身所有的特色景观被人们所喜爱，人工打造的绿色生态环境也逐渐成为人们娱乐休闲的重要场所。比如天津的桥园项目，采用填埋和挖方技术构造局部地形形成海绵体，既能够收集酸雨，中和碱性土壤，又能够修复城市土地，形成自我发展循环的生态系统，同时也打造成了美丽的城市公园，为城市增绿。湖北宜昌运河公园将原来的鱼塘打造成了水体净化器，引入栈道、丛林、廊桥和亭台楼阁等，使之成为城市的生态海绵，净化水体的同时也缓解城市内涝，同时也保留了居民对鱼塘的

记忆，为周边人群提供别样的休憩、娱乐空间。海南利用优质旅游资源发展生态旅游，比如三亚的红树林生态公园，重点打造红树林根部健康生态，建立适合红树生长的环境，将人工种植同自然生长相结合，并分区域分级别保护，形成健康稳固的红树林生态系统，还引入休闲游憩功能，打造集生态涵养、休闲娱乐于一体的红树林生态乐园，实现高质量经济发展和生态文明建设的和谐统一。

4.2.2 生态文明助推经济持续发展

生态兴则文明兴，生态衰则文明衰。进行绿化建设不仅是为了家园的美丽和谐，更有利于激励和教育下一代。我国在生态文明建设之路上的一步步脚印，已经向我们证明了保护生态环境的意义所在。更何况，望得见山，看得见水，承载了中国人民的浓浓乡愁和中华民族五千年的文化血脉。

只有大力发展绿化，促进绿化建设，才能更好激励所有人共同努力，还山川以葱茏，还河流以碧色，还天空以蔚蓝，开创人与自然和谐共生的美好未来。逐渐兴起的各类亲子农场，大多在城市的近郊，作为孩子们成长的大自然课堂，既增加了城市绿化建设，又通过各种互动形式增进小孩对大自然的亲近与认知，实现激励和教育功能，为今后的经济发展与生态良好共促打下坚实基础。生态文明与经济的可持续发展在本质上是一致的，二者之间具有显著的互相促进关系，而绿化水平的提高就是生态文明的题中之义。

4.2.3 传统产业实现绿色发展

随着经济的不断向前发展，人们对良好生态和精神文明的需求不断提高，最集中的表现则是体现在对居住环境的要求，地产绿化成为发展较为突出的领域。首先，人们对居住环境的要求逐渐提高，绿化率、环境优良以及通达性好等越来越成为人们购房时的重要考虑因素，促使各个房地产商开发时更加考虑绿化景观建设，实现环境友好与开发并重并举（任志翔，2021）。其次，这种生态绿化式的房地产开发能够节约能源，降低成本，实现生产者与消费者的共赢（陆梦碟、黄忠华，2020）。最后，也是最重要的一点，目前地产逐渐商业化，并不单纯指住房，而是伴随着城市建设和发展的进程，逐渐有了新的范围和定义。因而房地产业的生态化一方面催生了更多新兴的环境产业，比如景观设计、园林树种培育等，优化产业结构。另一方面，如此潜力巨大并且长期利好，甚至目前还处于较为空白市场也激励着企业进行绿色技术创新，不断提高生产力。

4.3　生态产品供给差异与全要素生产率

绿化水平的高低，通过生态产品的供给数量和质量可以进行衡量，由于各个区域的自然地理条件、经济发展水平等因素的差异，导致生态产品的供给也存在差异，这种差异会作用于全要素生产率。

4.3.1　生态产品的供给机制

生态产品的供给在国外文献中，基本围绕生态系统服务供给进行研究。生态系统服务供给是生态系统为人类提供产品与服务的过程（Burkhard 等，2012），该过程维持了人类社会生存的环境条件和物质基础（Costanza 等，1998）。然而掠夺性的社会经济活动加剧了生态系统供给服务与其他服务间此消彼长的权衡关系，造成了生态系统服务供给数量锐减和分布萎缩（Liu 等，2020）。故而必须对生态系统服务进行有效管理和适当开发，识别生态系统服务供给的价值量并评估其供给潜力，进而优化环境资源配置和推动人类经济社会可持续发展。

国内文献对生态产品的多元供给路径进行了诸多探讨。就供给主体而言，生态产品由多个主体协同供给。生态产品源自自然生态系统，相较于直接“生产”生态产品，人类社会更偏向于从自然生态系统中“租赁”生态产品（王金南等，2021）。人类社会系统通过两种渠道对自然生态系统供给生态产品的水平造成影响，一种是掠夺性的经济活动对生态系统产生负向冲击，另一种是主动修复生态环境扩大生态资源存量产生正向冲击，这两种冲击综合决定了某一区域生态产品生产水平的高低（孙庆刚等，2015）。就供给模式而言，我国生态产品供给普遍采取政府主导的模式（唐潜宁，2017）。生态产品的自然属性和公共产品属性决定了政府供给的主导性，政府不仅在生态产品供给中具有政策、资金等优势（华章琳等，2016），而且能通过调节生态产品使用中存在的代际分配关系来实现分配公平（洪传春等，2017）。在实践中，政府主导体现为政府制定合理的生态规划、举办生态公共工程以及引导生产方式生态化转变等（李繁荣等，2016）。与此同时，市场供给模式被认为是实现生态产品价值的最优路径。市场对生态产品供求的引导作用能提高生态产品的生产水平，解决政府供给模式中难以革除的弊病，如效率低下、缺乏激励和创新、权力寻租等。我国生态产品市场供给的具体方式包括直接市场经济交易、生态项目特许经营和生态购买等（曾贤刚等，2014）。从上述文献梳理中可见，生态产品供给是涉及环境、经济、社会等多方面的系统工程，需要不断探索政府主导、多方参与、市场化运作、长期可持续的生态产品供给路径。将生态资源作为核心要素，以政府供给确保国家生态安全，鼓励市场发展与优质生态产品相关的产业形态，立足具体资源禀赋生产出更多优质生态产品，形成协同互补、共建共享的优质生态产品供给格局。

4.3.2 生态产品供给水平及空间差异

国内研究中直接以生态产品供给为研究对象的文献大部分是定性讨论，聚焦于对生态产品供给机制和价值实现路径的阐释，实证研究相对较少。由于生态产品的概念复杂，学者们都是通过构建综合指标体系来进行测算。指标体系的组成部分基于不同研究目的各有不同，指标权重的确定方法也各有差异，主流的方法有主成分分析、熵值法、层次分析法以及反向传播神经网络法等。王金南等（2021）构建了生态产品产业发展评价指标体系，将与生产生态产品或服务相关的产业形态看作第四产业。李蔓婷（2019）

从省际尺度上研究了优质生态产品供给能力和调控策略。李忠和刘峥延（2021）提出了生态产品质量评估体系框架。林黎（2016）从供给主体的视角，研究生态产品供给的博弈模型并表明建立多中心治理机制是博弈之后的最优选择。国外文献主要测度了生态系统供给服务的价值，期望通过供给服务的货币价值呈现提高人们的环保意识，增进环保投资，从而促进生态系统服务良性发展。Costanza 等（1998）对全球 16 种不同环境类型提供的 17 种生态系统服务进行价值核算，结果显示整个生态系统服务价值为平均每年 33 万亿美元。Zeng 等（2021）基于土地利用规划情景，模拟评估了不同情景下，全球 16 种不同环境类型的生态系统服务总价值。此外，部分学者还探讨了生态系统服务在不同空间的供需格局，Fisher 等（2009）研究生态系统服务供给与需求在空间上的流转方向，划分了生态系统服务的供给区和受益区。Serna 等（2014）测算了生态系统服务的受益区从特定供给源获得生态系统服务的流转比率。Zodere 等（2019）研究识别生态系统服务供需集群，从不同利益相关者的角度分析了生态系统服务供需的空间错配模式。Silvia 等（2014）认为生态付费和适当补偿可以解决国际生态系统服务供应不足的问题。

国内外学者对于空间差异的探讨由来已久，研究空间差异的方法运用也较为丰富和成熟，具体可分为以下几种：

（1）选用统计学指标主要是基尼系数、泰尔指数、变异系数等来研究空间差异。张卓群等（2022）采用 Dagum 基尼系数方法测算了我国 284 个城市及重大战略区域碳排放强度的区域空间差异。张扬等（2022）运用 Dagum 基尼系数方法探讨了我国经济高质量发展的空间非均衡格局及其成因。姬志恒（2021）运用 Dagum 基尼系数方法分析了我国农业农村高质量发展空间差异。姚永玲和王雅蓁（2023）运用泰尔指数的三阶嵌套分解方法，在八大综合经济区、省级、地级和县级空间尺度上分解了我国区域发展空间差距。（2）构建引力模型、修正引力模型研究空间差异和空间结构。赵鑫等（2020）利用引力模型对河北省各市旅游经济空间联系强度进行测算，对比分析各城市旅游经济对周边区域的辐射能力。吴志才等（2020）利用修正的引力模型研究分析了大湾区城市旅游经济关系的空间差异演化。

(3) 运用社会网络分析法来研究空间结构。Boschma 等（2009）认为社会网络分析法是定量探讨地区间或地区内各个组成部分空间结构的方法，能够揭示区域空间关系的差异性。宋冬林和齐文浩（2018）运用社会网络分析法研究了东北地区 34 个地级市之间的经济联系强度，探讨了该地区的经济空间特征的演变情况。卢晶等（2022）借助修正的引力模型构建新型城镇化发展空间关联矩阵，在此基础上采用社会网络分析法对新型城镇化发展空间的关联性进行了研究。

从上述的文献梳理中可见，既有研究中丰富的研究方法凸显了生态产品供给研究的学科交叉特性，为我们提供了丰富的洞见，但仍存在一些局限：其一，学者们根据自身的研究目标和研究背景构建指标体系来衡量生态产品供给，指标选取带有一定的主观性。其二，大部分文献或是以湿地、森林、农田等单一类型的生态产品为研究对象，或是将范围限定在特定区域内，研究虽具典型性，但缺乏综合性和整体性。其三，当前从空间差异角度研究生态产品供给的研究较为缺乏。我国现阶段区域发展不平衡，需要在科学测度优质生态产品供给水平空间差异的基础上，充分考虑不同地区发展的特殊性。

4.3.3 二者的作用机理

本节试图厘清优质生态产品供给水平空间差异的影响机理，阐明供给主体与供给模式，梳理来自自然、经济、社会系统的影响因素，分析影响因素对优质生态产品供给水平空间差异的影响路径，以及最终作用于全要素生产率的机理，作为后续实证研究的理论基础。

(1) 生态产品的供给主体

党的十九届五中全会通过的《关于建立健全生态产品价值实现机制的意见》中强调“健全生态产品经营开发机制、生态产品价值实现保障机制”，要求主动扩展政府主导、企业和社会共同参与的生态产品多元供给路径，提升生态产品供给的动力。研究认为，优质生态产品的供给主体主要包括生态系统、政府、企业等。生态系统是核心供给方，政府是关键主导方，企业是市场供给方，同时公众参与生态环境保护修复也可以成为生态产品的供给方（王金南等，2021）。

①生态系统。生态系统是由生物环境包括植物、动物和微生物群落及其他非生物环境共同作用形成的受到空间范围限制的功能整体，主要类型有森林、草地、湿地、农田、荒漠、海洋以及城市等。除原始的自然生态系统，生态系统也包括建立在自然生态作用之上的人工复合的生态系统（王金南等，2021）。2010 年 12 月国务院发布的《全国主体功能区规划》中提出“生态功能区提供生态产品的主体功能主要体现在吸收二氧化碳、制造氧气、涵养水源、保持水土、净化水质、防风固沙、调节气候等。”潘家华（2020）的研究指出，完全由生态系统供给的自然物产，公共产品特性明显，缺乏一定的稀缺属性。

②政府。良好的生态环境是最公平的公共产品，是最普惠的民生福祉。优质生态产品带来的生态效益和生态功能是公共的，是人类赖以生存的生活必需品，这决定了政府要承担优质生态产品供给主体的角色，使人民美好生活需要得到满足。政府成为供给主体具有明显的优势：第一，具有供给优质生态产品的管理优势，能够制定与生态修复保护相关的政策，并且政府作为公共利益的代表，政府主导供给在一定程度上保障了优质生态产品供给的公平性，能够促进自然生态环境持续健康发展（曾贤刚等，2014）。第二，能够投入公共财政资金开展生态系统性修复保护，扩大生态资源存量，同时利用生态执法权监管并处罚破坏自然环境的不当行径。第三，优质生态产品的使用涉及代际分配问题，当代人为了经济增长掠夺性地消耗自然资源和排放废弃物，会透支生态系统自我修复和自我消融的能力，导致后代人可能无法享受优质生态产品，政府主导供给能够保障优质生态产品使用的代际公平（李繁荣、戎爱萍，2016）。

③企业。在公众对优质生态产品需求迫切、市场经济逐步完善以及生态环境资源的产权制度逐步建立的背景下，由企业等市场主体供给优质生态产品成为可能。政府出于公共利益考虑允许市场部门进入生态产品生产领域，给予相关政策引导，并对生态产品市场交易行为进行监管和规制。市场部门在明晰生态产权的基础上，投入物质资源、技术资源和劳动力等，

产出生态产品，在市场竞争中通过技术手段不断改进生产工艺，减少资源消耗和环境污染，对政府和消费者负责。消费者则按照“受益者付费”原则为使用生态产品、享受生态服务支付一定费用，显化并提高生态产品价值（曾贤刚等，2014）。

（2）生态产品的供给模式

①政府主导的供给模式。在优质生态产品供给过程中，政府始终占据主导地位，体现在政府制定相关政策并进行监管，在优质生态产品供给的各环节中都处于重要的地位（华章琳，2016）。政府从生态环境和生态系统运行实际情况出发，综合考虑社会经济发展现实以及公众对生态产品迫切需求等，确定生态产品供给的总量和结构，以及不同类型生态产品的供给方式，划分供给过程中不同级别的政府所需要承担的具体职责。政府主导的供给模式弊端在于效率低下的问题。首先，优质生态产品本身的特征会造成政府供给方式的低效。优质生态产品大多具有公共产品的性质，人们在消费过程中容易出现“搭便车”行为，使政府无法确定最优供给数量，并且优质生态产品不是纯粹经济产品，也没有确切的交易价格，其价值量难以评估，政府无法获取真实信息，这些客观因素导致政府主导的供给模式效率低下。其次，政府主导的优质生态产品供给大多采取垄断的方式，缺乏适当的竞争和激励机制，还难以对垄断的供给方式采取充分的监管，进而无法评估政府主导模式下的供给效率。最后，作为“经济人”的地方政府官员追求自身利益最大化，如果以经济增长为政绩指标，会将有限的预算用在经济增长的领域，如果以生态产品为政绩指标，也可能占用过多预算过度供给生态产品，过程中还可能存在利益集团寻租问题，这些都会降低供给效率，进而降低社会整体的净效益。

②市场合作的供给模式。政府主导的供给模式存在效率低的问题，在一定程度上表明优质生态产品供给在实践中需要与市场合作，对政府主导的供给模式进行补充。因此，政府开始逐渐出台积极的政策鼓励和支持企业等市场主体参与，基于优质生态产品的稀缺性和人们的迫切消费需求，“有偿”供给优质生态产品，获得经济利益。既有研究提及较多的生态产品供给政府与社会资本合作（PPP）模式就是在政府供给中引入市场竞争

主体的供给模式。PPP 模式是公共产品供给的最新模式，指政府与市场合作提供公共产品或服务而建立的公私合作模式。由政府部门牵头，通过签订长期协议，委托企业或其他社会组织进行公共基础设施建设或向公众提供公共服务。在优质生态产品供给中，主要包括供给项目外包、供给项目特许经营、生态购买等。其中，供给项目外包多用于全国性的生态产品项目，例如重点生态功能区生态建设、对生态脆弱区的污染治理和生态修复等，政府与企业或社会组织签订长期合同，委托其进行建设和维护。供给项目特许经营也被视为生态资本产业化经营，具有营利的性质，不过不同于其他特许经营，优质生态产品供给项目特许经营中取得特许经营权的企业和社会组织必须将生态保护作为前提条件，按照协议的生态保护规定从事特定生态产品的生产活动，先保证生态效益再获取经济效益，如经济林业、生态旅游等。至于生态购买，主要是企业或社会组织先进行某类优质生态产品的生产，再由政府向其支付相关费用，并在生产过程中监管合同协议的履行，在一些偏远贫困地区，生态购买的方式还可以改善生态产品生产者的生活水平。

（3）生态产品供给水平空间差异的影响因素

从上述分析可知，优质生态产品供给是多种因素综合互动的过程，该过程的实现反映着自然生态系统、经济系统、社会系统间复杂的动态关联。因此，优质生态产品供给水平空间差异会受到多种因素影响，基于既有研究和实地调研，本书总结了优质生态产品供给水平空间差异的影响因素，将其分类为直接影响因素和间接影响因素（如图 4.1 所示）。

直接影响因素指在生态文明背景下，不同地区与优质生态产品密切相关的生态环境状况的差异性直接影响了优质生态产品供给水平的空间差异。间接影响因素指不同地区在提升优质生态产品供给水平的过程中，所处的外部环境差异性间接影响了优质生态产品供给水平的空间差异。

①直接影响因素。

生态资源存量。生态资源是优质生态产品的自然本底和生产载体，是自然生态系统在一定空间范围内历经长时间的积累所构成的被赋予了生态生产能力的存量，而生态产品就是这些具有生态生产能力的生态资源存量

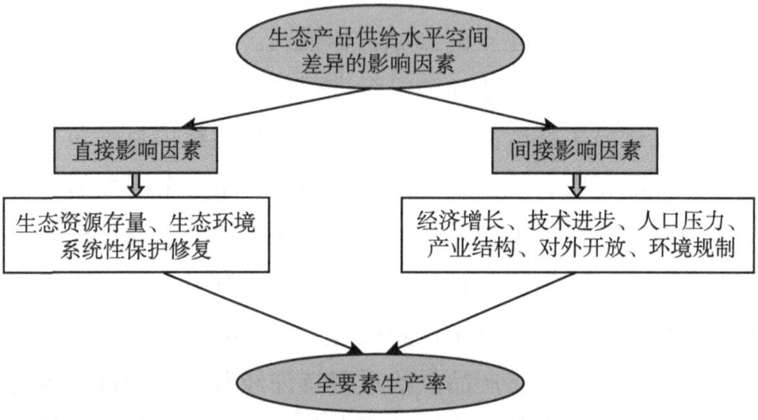

图 4.1　生态产品供给水平空间差异的影响因素

所流出的流量（王金南等，2021）。也就是说，生态资源的存量是生态产品供给的前提条件，是优质生态产品供给水平空间差异形成的基础。我国幅员辽阔，不同地区在地理区位条件和自然资源禀赋上存在着较大的差异，这使得我国各地区生态系统的生态资源存量以及从生态系统功能中获取的对人类有用的福祉也存在较大差异，从而形成了优质生态产品供给水平空间差异。

生态环境系统性保护修复。除了生态资源的存量外，优质生态产品供给还取决于持续健康发展的生态系统功能，扩大优质生态产品供给，就是投入人力、物力、智力等增强生态系统的可持续性，通过生态环境系统性保护修复，恢复和重建被人类社会系统干扰甚至破坏的生态系统功能，利用生态系统的自我恢复和自我消融能力，以人工措施为辅助手段，使受到严重干扰的生态系统重新启动良性循环（周宏春，2017）。优质生态产品供给在实践中体现为基于生态环境系统性保护修复的工程建设行动，这是优质生态产品可持续再生产的关键和保障。我国生态环境系统性保护和修复工程在各地得到积极落实，但是由于经济发展现状和生态建设目标不同，各地区生态环境系统性保护修复的力度不同，投入的实物、技术、资金等也不同，这使得各地区的生态环境系统性保护修复成果存在较大差异，这也导致优质生态产品供给水平空间差异的形成。

②间接影响因素。

优质生态产品供给水平空间差异受到多重因素影响，除了上述直接影响因素外，还有间接相关的社会经济系统因素，该类因素属于优质生态产品供给水平空间差异形成中的外部影响因素，通过影响优质生态产品的供给机制对优质生态产品供给水平空间差异形成影响。

经济发展。经济发展能够为优质生态产品供给提供必要的物质基础，经济发展除了消耗自然资源等生产要素，也能带来可供使用的经济资源，为生态环境的改善创造条件，间接增强了生态环境系统的稳定性和耐受力，供给更多优质生态产品。在不同发展阶段，生态环境状况也处于不同的状态，表现出不同的特征，经济发展较成熟阶段有更多的资金可以投入生态环境建设中，供给更多优质生态产品，供给水平的提升又将更好实现优质生态产品的经济价值，使人居环境质量不断改善，吸引人才和绿色投资，为经济发展带来新动能。然而有的地区在经济发展中注重发展速度，以破坏生态环境为代价，这种短视的发展模式造成该地区优质生态产品严重不足，供需矛盾突出。经济发展存在差异的情况下，优质生态产品供给水平相关资源的空间分布也随经济运行的空间分布变化，进而经济发展会间接影响优质生态产品供给水平的空间差异。

技术进步。技术进步是生态修复治理的动力引擎，Acemoglu 等（2001）将技术进步视作解决生态环境问题的长期有效途径，原因在于技术进步可以通过减少污染排放、提高资源利用率以及直接催生绿色产业等方式促进地区的绿色转型发展。随技术创新能力的提高，污染密集的传统生产部门将被淘汰，使用可持续清洁能源的新兴生产部门将被建立，环保无污染的绿色创新技术将被广泛应用，进而优质生态产品的供给水平将得到较大提高。由于我国创新要素在空间上分布不均衡，区域内和区域间创新能力差距较大，并非所有的地区都能通过创新驱动优质生态产品供给。创新要素较为缺乏的地方难以从传统生产快速转向绿色生产、为生态治理提供技术创新保障，进而难以通过创新驱动提高优质生态产品供给水平。这种技术进步的非均衡将进一步影响优质生态产品供给水平的空间差异。

人口压力。一定地域范围内，自然生态环境基础和社会经济发展共同决定了人口的空间分布，而人口结构和数量的变化也会影响该区域自然生态环境和社会经济发展水平。人口对生态环境的压力并非人口数量的简单增减，人口的绝对数量只有同一定的经济发展水平、一定的环境保护相结合才能对生态环境造成影响。我国区域人口压力存在较大的差异，这是地理环境要素多样性，加之社会、经济、历史、文化的差异性所共同决定的。一般来说，当人口压力增大时，人们的消费需求会使生产活动规模扩大，能源资源消耗激增，优质生态产品供给与需求在空间上无法匹配，供需矛盾突出，进而影响优质生态产品供给水平的空间差异。

产业结构。王金南等（2021）认为可以将产业形态中以生态资源作为核心要素，涉及生态产品生产和消费的经济活动、体现生态产品价值实现的部分归类并单独划分为“第四产业”，将其称为生态产品服务产业。在工业文明向生态文明进阶的背景下，产业结构高级化和产业结构生态化是大势所趋，环境和能源约束不断驱使产业结构向环境污染较小、高碳能源占比相对较低的产业演进，不断推动新能源及各类绿色低碳产业的发展，促进主导产业由第一产业向第二、第三产业梯次演进，促使资本、劳动、技术等生产要素更加合理地流动，降低生态成本损耗。因此，产业结构高级化和生态化将间接影响优质生态产品供给水平的空间差异。

对外开放。对外开放是丰富生态实践场域的重要条件，开放的外部环境和生态资源，能够扩展供给优质生态产品的空间向度。对外开放影响优质生态产品供给水平的空间差异有“走出去”和“引进来”两条途径，即外贸开放和外资开放。在“走出去”方面，由于国际贸易中存在绿色壁垒，企业会主动改善技术、提高效率，从而提升商品服务的绿色化水平，供给更多优质生态产品。在“引进来”方面，引进国外绿色产业先进的技术、管理经验，将发挥学习效应，提升本地的绿色生产力，而接收国外高耗能产业转移，将会导致本地成为“污染避难所”，使环境成本发生转移（张平等，2016）。由于我国各区域对外开放发展不均衡，部分地区对外开放较早，能够对标国外绿色、高质量的高新技术领域，以国际环保标准倒逼本地不断增强优质生态产品供给水平，然而部分地区对外开放的主要领域是劳动密集型产业，甚至是能耗高、污染大的产业，形成了市场在外污染在内的局面。无论是“引进来”还是“走出去”，这种对外开放的不均衡都将间接影响优质生态产品供给水平的空间差异。

环境规制。某国加强环境规制时，该地区的污染企业会迁移到环境规制强度较低的国家，降低企业的生产和治理成本，所以开展环境规制总会出现“污染避难所”现象。具体到我国地方政府开展环境规制与供给优质生态产品实践中，李永友和沈坤荣（2008）研究认为，地理相邻的城市为了保住本地资源和竞争流动资源，地方政府的环境规制行为会展现出一种“逐底竞赛”的特征，地方政府大多从自身利益最大化出发，并不会对称地执行环境规制政策，这种环境规制的差异加剧了污染企业的空间自选择效应，导致区域优质生态产品供给水平的空间差异不断变化。如广东省内地方政府的环境规制行为使污染企业由珠三角向粤北地区转移（沈静等，2012），江苏省内地方政府的环境规制使污染密集型产业由苏南向苏北转移（仇方道等，2013），长江三角洲区域的环境规制使污染密集型产业由中心区向外围区扩散（崔建鑫、赵海霞，2015）。此外，研究认为公众环境关注有效发挥了非正式环境规制的约束作用，能助推地方政府供给更多优质生态产品。如郑思齐等（2013）认为公众环境诉求能够有助于改善城市的环境保护与污染治理，李欣等（2017）的研究显示网络舆论有助于降低雾霾污染等。总之，当一个地方环境规制较强时，污染生态环境的企业在此地布局将会面临巨大的风险，对于生态资源禀赋较差且环境规制也较弱的地方，优质生态产品供给水平的空间差异又会被进一步拉大。

影响生态产品供给水平空间差异的这些因素构成了一个复杂的网络，包括自然系统、经济系统和社会系统，而特定区域的全要素生产率正是受制于这些因素的影响，因而使得二者之间具有了千丝万缕的关联。

（4）生态产品供给水平空间差异的影响路径

从前述分析可知，来自自然生态系统、经济系统和社会系统的因素直接或间接地影响着优质生态产品供给水平的空间差异。其中，自然生态系统的影响因素生态资源存量直接作用于优质生态产品供给水平空间差异，具有特定的自然属性和空间格局。其他影响优质生态产品供给水平空间差异的因素来自经济系统和社会系统，基于不同的供给模式在政府和市场的作用下影响优质生态产品供给水平的空间差异。本部分具体分析来自经济系统和社会系统的因素影响优质生态产品供给的水平空间差异的路径。

①基于政府作用的影响路径。优质生态产品政府供给模式中，中央政府及各级地方政府出台并执行与优质生态产品相关的规划，不断扩大优质生态产品供给，使公众需求得到满足。中央政府从全国空间尺度上，基于生态文明发展目标、国家全局和整体利益等，自上而下作出与优质生态产品供给相关的战略性思考，出台保护生态环境的政策。在自然资源治理视角下，对山水林田湖草沙等生态系统要素及经济社会等系统进行整体规划，以强化战略引领与刚性管控作为关键点，比如通过划定生态保护红线、永久基本农田、城市绿线等方式保障生态产品的可持续供给。再如，开展山水林田湖草系统修复工程的主要目标就是提供更多的优质生态产品，该工程由中央政府着眼全局，根据区域特征和存在的生态问题统筹规划，工程基本涵盖京津冀水源涵养区、西北祁连山、东北森林带、黄土高原、川滇生态屏障和南方丘陵山地等生态功能区。因此，中央政府通过发挥政府宏观调控的重要作用，合理统筹引导优质生态产品供给空间格局的构成。地方政府立足于本地自然生态基础和生态文明建设情况，出台符合地方发展实际、发挥地方比较优势的方案。在优质生态产品供给全局中，不同地区发挥不同的功能、处于不同的位置，进而形成了优质生态产品供给的空间差异。各地政府的重视程度存在差异，其有关生态环境保护、污染治理等方面的地方财政支出也不同。此外，从地方政府竞争的角度来看，地方官员作为“经济人”角色，若以经济增长作为晋升的政绩指标，就可能将生态环境作为换取经济增长的代价。随着中央对地方生态环境保护工作越发重视，自然资源资产离任审计等制度得以推行，生态环境保护在考核体系中所占的比例将不断提高，地方政府竞争将会促进生态福利绩效的提升，扩大优质生态产品供给（魏鹏等，2022）。在中央政府和地方政府的共同作用下，来自经济社会系统的影响因素发生了差异化的流动，随着各地在统筹治理中承担的功能角色和地方政策的不同，经济社会系统的影响因素表现出非均衡的分布特点并作用于优质生态产品供给水平的空间差异。尤其是在政府主导的供给模式下，政府综合考虑社会经济发展现实以及公众

对生态产品迫切需求等方面，确定生态产品供给的总量和结构，确定各种不同类型生态产品的供给方式，并据此投入不同的相关资源，如不同力度的绿色技术支持资金、产业发展门槛以及环境规制政策等。

②基于市场作用的影响路径。市场主体参与优质生态产品供给中，市场机制的自我调节会形成优质生态产品供给水平的空间差异。根据帕累托最优理论，从社会总体福利的角度来看，供给的扩大满足了消费者对优质生态产品的需求，在增加了社会总体福利的同时给消费者带来了更高的效用。首先，市场需求与供给引导着资本、劳动力、技术等与优质生态产品供给相关的生产要素在空间上流动。具有优美生态环境需要的消费者希望通过在市场上购买到优质生态产品，提升自己的生活品质，而市场机制下只要消费者有需求，就会有相对应的优质生态产品供给产生，这是市场经济发展内在逻辑的体现。其次，市场作用下不同地区会结合自身的比较优势在市场分工中承担不同的角色。例如，为供给更多优质生态产品，保障生态安全和修复生态系统功能，生态补偿机制要求开发建设者及生态受益者向生态利益受损者或生态利益贡献者进行合理补偿（成德宁，2022）。不同地区由于地理条件禀赋不同，自然资源和生态环境各异，在生态修复和经济发展中的突出的主体功能和承担的责任不同。某些地方被赋予了重要生态保护任务，成为重点生态功能区，其首要目标就是主动保障生态环境持续健康发展。最后，市场机制的竞争性、平等性和开放性的特征，会使区域内、区域之间形成一定的分工与协作，在优质生态产品供给及经济价值转化发展过程中形成地区与地区之间的竞合伙伴关系。由于不同地区优质生态产品供给水平不同，供给水平较高的地区能够对供给水平低的地区起到一定的示范作用，最终促进区域优质生态产品供给水平的协同提升。因此，市场供需引导优质生态产品供给水平相关生产要素进行空间流动，在不同地区形成不同分工，地区之间产生竞争与合作，形成了优质生态产品供给水平的空间关系与空间布局，进而参与形成优质生态产品供给水平的空间差异。这是经济社会系统的因素空间配置的重要力量，随着持续且多样化的优质生态产品需求不断产生，为各类资源提供了潜在的盈利可能，为了逐利，经济社会影响因素的空间分布必然与优质生态产品市场参与供

给模式的运行相匹配，发生差异化的空间流动，进而影响优质生态产品供给水平的空间差异，从而最终作用于不同地区的全要素生产率。

4.4 绿化建设可能存在的负向作用

不可否认，绿化建设在提高生产力、促进经济发展方面发挥着积极的效益和作用，但绿化建设挤占了土地和空间，同时需要花费大量成本，尤其在后期的养护过程中需要有持续的支出，因此对全要素生产率可能存在一定的负向作用。

4.4.1 可能抑制城市发展空间

现代城市建设使得土地资源已经到了十分稀缺的程度，土地资源是城市规模扩张和城市建设的首要条件，但绿化建设在一定程度上挤占了城市其他建设用地，并且在传统看来，绿化仅仅是公益属性，因此限制了城市的继续扩张。同时，对于现代城市来说，交通的建设和通达度要求远超以往，甚至是决定一个城市发展程度和城市功能区布局的首要原因，各个城市根据交通建设情况呈现带状、条状、环状、星状或者放射性向外部发展，这时绿化建设的规划就显得尤为重要，一方面其可能造成交通建设成本增加，或阻碍交通路线建设（洪礼阳，2020），另一方面要考虑如何提高城市发展效率，而非盲目地、摊大饼式地向外扩张。例如英国社会学家霍华德所提出的田园城市理念，倡导通过建设永久性的绿化带来影响城市的发展进程，这在英国之后的新城建设计划中得到了广泛的实施和运用。

4.4.2 成本可能大于收益

尽管绿化的效益非常明显，但同时也需要清楚不同形式绿化的功能和效率相差是巨大的（邱娜娜，2015），比如相比乔木等树种来说，草坪在涵养水源、净化空气等方面的作用差了很多，但草坪对人类的休闲和游憩价值可能相较于单独的乔木又高许多。目前很多城市在进行绿化建设时只是简单地铺开大片的草坪，点缀几棵树木，不仅产生了高额的保养和维护的费用，而且也达不到预期的绿化效果（李利改，2018），其提供的服务和生态功能远远不及由林、灌、草地、山林、湖水等共同构成的系统生态群落，成本远远大于收益。

除此之外，城市绿化建设过程中也可能会存在“过敏”现象，包括对植物花粉过敏，引进树种对当地环境不适应甚至凋亡，抑或过分繁殖挤占本土动植物生存空间，还有与公共基础设施如道路建设、交通和行人安全形成一定矛盾和隐患（洪礼阳，2020），这些负的外部效应一定程度上形成了经济发展的负担。

4.5 本章小结

本章旨在完成绿化水平对全要素生产率作用机理的理论分析。提供生态服务，保障经济发展。基本原料的供给：土壤形成和保护、初级生产、生物质燃料、生物多样性。生态环境的调节：调节气候、净化空气、防灾减灾。精神文化的满足：景观与休闲场所、文化与教育平台、创意与灵感来源。助力生态系统平稳运行：物质循环和能量流动、信息传递。生态环境与产业发展有机融合；生态文明助推经济持续发展；传统产业实现绿色发展。

生态产品供给差异与全要素生产率，绿化水平的高低，通过生态产品的供给数量和质量可以进行衡量，由于各个区域的自然地理条件，经济发展水平等因素的差异，导致生态产品的供给也存在差异，这种差异会作用于全要素生产率。生态产品的供给机制，生态产品供给水平及空间差异。

优质生态产品供给水平空间差异的影响机理，阐明供给主体与供给模式，梳理来自自然、经济、社会系统的影响因素，分析影响因素对优质生态产品供给水平空间差异的影响路径，以及最终作用于全要素生产率的机理，作为后文实证研究的理论基础。生态产品的供给主体，生态产品的供给模式包括政府主导的供给模式和市场合作的供给模式。优质生态产品供给是多种因素综合互动过程，该过程的实现反映着自然生态系统、经济系统、社会系统间复杂的动态关联。因此，优质生态产品供给水平空间差异会受到多种因素影响，基于既有研究和实地调研，本书总结了优质生态产品供给水平空间差异的影响因素，将其分类为直接影响因素和间接影响因素。其中，直接影响因素指在生态文明背景下，不同地区与优质生态产品密切相关的生态环境状况的差异性直接影响了优质生态产品供给水平的空间差异。间接影响因素指不同地区在提升优质生态产品供给水平的过程中，所处的外部环境差异性间接影响了优质生态产品供给水平的空间差异。影响生态产品供给水平空间差异的这些因素构成了一个复杂的网络，囊括的自然系统、经济系统和社会系统，而特定区域的全要素生产率正是受制于这些因素的影响，因而使得二者之间具有了千丝万缕的关联。

绿化建设可能存在的负向作用。绿化建设在提高生产力、促进经济发展方面存在着积极的效益和作用，但同样，绿化建设挤占了土地和空间，同时需要花费大量成本，尤其在后期的养护过程中需要有持续的开支，因此对全要素生产率可能存在一定的负向作用。可能抑制城市发展空间，现代城市建设对土地的需求已经到了十分稀缺的程度，土地资源是城市规模扩张和城市建设的首要条件，但绿化建设在一定程度上挤占了城市其他建设用地，并且在传统看来，绿化仅仅是公益属性，因此限制了城市的继续扩张和扩大规模。

成本可能大于收益。尽管绿化的效益非常明显，但同时也需要明确清楚的便是不同形式的绿化其功能和效率相差是巨大的，除此之外，城市绿化建设过程中也可能会存在“过敏”现象，包括对植物花粉过敏，引进树种对当地环境不适应甚至凋亡，抑或过分繁殖挤占本土动植物生存空间，还有对公共基础设施如道路建设、交通和行人安全造成一定矛盾和隐患。

5　绿化水平及生态产品供给空间差异与全要素生产率指数测算

绿化水平的综合评价以及全要素生产率指数的计算是进行实证分析的基础，为后续定量模型奠定变量基础，主要包括绿化水平的测算、生态产品供给水平空间差异的分析，以及全要素生产率指数的测算。

5.1　绿化水平综合评价

我国自1956年发起了“绿化祖国”的号召，1978年将绿地规划纳入绿化祖国的考核指标，1992年开始实施园林城市评选计划并于1996年进行调整和扩充，2001年国务院发布通知要求加强城市绿化建设，2004年开始考虑生态建设，提出创建“生态园林城市”，2010年再次修订园林城市标准，2012年出台相关意见促进园林绿化健康发展，2015年增加了宜居性方面的评价内容，2017年修订《城市绿化条例》。由此可以看出，我国绿化事业正在不断向更高水平发展。

5.1.1　指标体系构建

区别于传统采用单个指标评价绿化建设水平，本研究基于绿化水平最终呈现的结果导向进行综合评价指标体系的构建。为了较为科学和全面地评价各省区市的绿化水平，基于文献分析，本部分进行评价指标的选择。目前的文献主要从绿化建设的数量、质量、功能三个方面进行绿化水平的评价（如表5.1所示）。

表5.1　　　　绿化水平综合评价备选指标

一级指标	二级指标	来源
数量指标	城市绿地面积	苏泽群（2013）；简兴等（2014）；张金（2020）；刘旭升，李锋（2005）
	绿地率	
	绿化覆盖率	
	森林面积	
	森林覆盖率	
	绿量	
质量指标	乡土树种比例	杨静怡（2011）；薛艳杰（2010）
	生物丰富度	
	降温增湿能力	
	滞尘能力	
	固碳效应	
功能指标	公园数量	张利华等（2011）；刘滨谊、姜允芳（2002）
	公园面积	
	人均公园绿地面积	
	自然保护区面积	

在咨询相关专家意见后，在数据可获得性的基础上，本研究综合选择了31个省区市2004~2018年绿化建设中城市绿地面积、公园绿地面积等10项指标（如表5.2所示）。其中，城市绿地面积包括城市公共绿地、居住区绿地、防护绿地等面积；公园绿地面积是指公园内部的绿地面积；人均公园绿地面积是公园绿地面积与各省区市人口之比；建成区绿地率是城市建成区绿地面积与建成区面积之比；建成区绿化覆盖率是指城市建成区的绿化覆盖面积占建成区的百分比；公园数量和公园面积是各省区市拥有的公园数量和面积大小；森林面积是森林覆盖面积；森林覆盖率是森林覆

盖面积与土地总面积之比；自然保护区面积是各省区市拥有的自然保护区面积。这10个指标既有总量又有人均，既考虑建成区也考虑各省区市所有范围情况，同时将森林、自然保护区等绿化情况纳入指标范围，尽量做到考虑绿化水平评价指标的直接性、全面性和均衡性。

表5.2　　　　绿化水平综合评价指标体系

绿化水平评价指标	单位	符号
城市绿地面积	万公顷	X_1
公园绿地面积	万公顷	X_2
公园数量	个	X_3
公园面积	万公顷	X_4
建成区绿化覆盖率	%	X_5
人均公园绿地面积	平方米	X_6
森林面积	万公顷	X_7
森林覆盖率	%	X_8
自然保护区面积	万公顷	X_9
建成区绿地率	%	X_{10}

本研究选取这10个指标作为绿化水平评价指标是为了全面反映城市绿化情况的多方面特征，以更准确地了解城市绿化水平的现状和未来发展方向，从而为城市绿化工作的规划和改进提供科学依据，最终促进城市生态环境的改善和城市居民生活质量的提升。其中，城市绿地面积是评价城市绿化水平的基础指标之一，较大的绿地面积可以提供更多的生态空间；公园也是城市绿化的关键组成部分，较大的公园绿地面积和较多的公园数量可以提供更多的绿化场所；建成区绿化覆盖率和建成区绿地率是评价城市建成区绿化情况的重要指标，高绿化覆盖率和绿地率可以改善城市环境，提升城市的生态品质；人均公园绿地面积能够反映城市绿地资源的供给水平，以及居民享受绿地资源的程度，较高的人均公园绿地面积意味着有较多的绿地资源可以满足居民的需求；森林作为城市的重要绿化资源，可以提供丰富的生态服务，森林面积和森林覆盖率的增加有利于改善城市的生态环境、促进空气质量改善和调节气候；自

然保护区作为重要的生态保护区域，对维护城市周边的生态平衡和生物多样性具有重要意义。

5.1.2 数据来源与描述性统计

由于部分地级市绿化水平各评价指标数据缺失，如儋州、内江、金华、佛山、肇庆、呼伦贝尔等，还有部分地级市如沈阳、大连、南宁、贵阳等固定资产指标数据也存在缺失，即使以2004年为起始研究年份，数据仍然空缺，因此本研究将目标定位在各省区市。以我国31个省区市为基本研究单元，不包括香港、澳门、台湾地区。评价体系中的各个指标数据均来自国家统计局、各省区市统计年鉴以及《中国环境统计年鉴》(2004～2019)。

对原始数据进行描述性统计可以帮助我们提前了解我国绿化水平大概的基本特征，集中趋势、离散程度等，为后续指标权重的确定和综合得分的计算打下基础。

①平均数。各省市各个指标的平均值在一定程度上可以反映全国的基本情况。如表5.3所示，城市绿地面积扩大了130.5%，但建成区绿地率仅提高了41.11%，建成区绿化覆盖率同样只提高了34.67%，虽然绿地面积总量提升较多，但人均面积却仍需发力，这符合我国人口众多、城镇化快速扩张的形势。同时各省市平均拥有公园数量表现良好，公园面积增长了268.3%，人均公园绿地面积增长近1倍，说明公园建设得到较好发展。各省市森林面积从2004年的694.33万公顷提高到了2018年的778.88万公顷、森林覆盖率从2004年的30.02%提高到了2018年的34.43%，总量和覆盖率增长都较为缓慢。

表5.3　各指标平均值（2004～2018年）

年份	X_1	X_2	X_3	X_4	X_5	X_6	X_7	X_8	X_9	X_{10}
2004	4.26	0.81	207.32	0.43	29.83	6.84	694.33	30.02	478.15	25.97
2005	4.74	0.92	228.29	0.51	30.76	7.31	694.33	30.02	483.71	26.88
2006	4.26	1.00	222.84	0.67	33.13	7.92	694.33	30.02	488.83	29.00

续表

年份	X_1	X_2	X_3	X_4	X_5	X_6	X_7	X_8	X_9	X_{10}
2007	5.56	1.09	257.32	0.66	34.14	8.63	694.33	30.02	489.94	30.26
2008	5.69	1.17	278.16	0.71	35.29	9.17	694.33	30.02	480.46	31.50
2009	6.43	1.30	291.94	0.76	36.70	10.06	738.04	32.38	476.60	32.81
2010	6.89	1.42	321.13	0.83	37.32	10.62	738.04	32.38	482.07	33.45
2011	7.24	1.56	347.74	0.92	37.75	11.48	738.04	32.38	482.94	34.00
2012	7.64	1.67	374.32	0.99	38.46	11.83	738.04	32.38	483.19	34.72
2013	7.83	1.77	400.03	1.06	38.13	12.28	738.04	32.38	471.97	34.25
2014	8.15	1.86	420.55	1.14	39.34	12.79	778.88	34.41	474.18	35.38
2015	8.61	1.98	446.26	1.24	39.10	12.98	778.88	34.41	474.21	35.39
2016	8.99	2.11	495.81	1.35	39.17	13.19	778.88	34.41	475.97	35.52
2017	9.42	2.22	504.29	1.43	39.81	13.48	778.88	34.41	474.61	36.34
2018	9.83	2.33	539.84	1.59	40.17	13.60	778.88	34.43	486.05	36.64

②标准差。如表 5.4 所示，从标准差的情况来看，各个指标离散程度差异较大，其中城市绿地面积、建成区绿地率、建成区绿化覆盖率，以及公园面积和人均公园绿地面积表现较好，与平均数偏离较低，较为集中，并且建成区绿化覆盖率和绿地率的标准差出现了下降，说明各省区市建成区绿化发展较好。但公园数量、森林面积、森林覆盖率和自然保护区面积标准差较大，离散程度较高，尤其是公园数量的标准差 15 年来偏离较大，说明各省区市在公园建设上存在较大差距。

表 5.4　各指标标准差（2004～2018 年）

年份	X_1	X_2	X_3	X_4	X_5	X_6	X_7	X_8	X_9	X_{10}
2004	5.43	0.72	233.85	0.47	5.38	1.96	609.42	17.64	880.04	5.19
2005	6.42	0.86	285.63	0.57	5.38	2.04	609.42	17.64	878.11	5.09
2006	4.53	0.96	282.36	1.07	5.27	1.55	609.42	17.64	882.43	5.16
2007	6.26	1.03	373.72	0.77	4.50	1.55	609.42	17.64	881.74	4.08
2008	7.05	1.08	396.60	0.80	4.54	1.77	609.42	17.64	885.63	4.13
2009	7.60	1.14	416.63	0.91	4.80	2.04	626.91	18.15	887.09	4.74
2010	7.94	1.23	478.99	1.03	5.02	2.46	626.91	18.15	887.09	4.86

续表

年份	X_1	X_2	X_3	X_4	X_5	X_6	X_7	X_8	X_9	X_{10}
2011	7.87	1.36	503.74	1.08	4.66	2.54	626.91	18.15	885.23	4.44
2012	7.86	1.46	543.37	1.10	3.83	2.52	626.91	18.15	884.70	4.03
2013	8.19	1.55	584.64	1.21	5.24	2.62	626.91	18.15	873.84	5.55
2014	8.39	1.63	609.69	1.28	3.76	2.66	659.30	18.66	873.12	3.44
2015	8.64	1.74	627.57	1.26	3.67	2.69	659.30	18.66	872.45	3.58
2016	8.93	1.88	707.84	1.41	3.67	2.88	659.30	18.66	873.61	3.64
2017	8.98	1.94	590.22	1.37	3.35	3.03	659.30	18.66	873.26	3.35
2018	9.45	2.04	623.69	1.52	3.16	2.87	659.30	18.67	895.86	3.16

③极值。如表5.5和表5.6所示，从最大值和最小值来看，各个指标都存在较大差异，各省区市绿化建设存在不均衡的情况。2004~2018年，各指标最小值都集中在天津、甘肃、西藏，尤其是西藏，不管是在绿地还是公园建设上都同其他省区市存在较大差距，但自然保护区面积较高，这与其独特的地形、气候等有关。天津虽然是直辖市，但与同是直辖市的北京相比绿化建设差距较大，应进一步加强。最大值方面，各个省区市各有自身优势和突出的地方，其中广东表现较好，尤其是在公园建设方面较为突出。

表5.5　　　　各指标最小值（2004~2018年）

年份	X_1	X_2	X_3	X_4	X_5	X_6	X_7	X_8	X_9	X_{10}
2004	0.00	0.00	2.00	0.01	18.33	0.48	5.97	4.00	9.40	16.86
2005	0.01	0.00	5.00	0.01	21.00	0.42	5.97	4.00	9.40	19.63
2006	0.16	0.03	16.00	0.04	21.40	5.49	5.97	4.00	9.40	17.56
2007	0.20	0.02	19.00	0.04	24.10	5.89	5.97	4.00	9.40	21.75
2008	0.20	0.03	19.00	0.04	25.10	5.64	5.97	4.00	9.40	22.99
2009	0.22	0.04	20.00	0.05	27.30	6.13	6.81	4.20	9.10	23.27
2010	42.04	5.85	2682.00	5.83	46.65	16.18	2487.90	66.00	4150.30	44.61
2011	0.29	0.05	26.00	0.07	24.10	7.01	6.81	4.20	9.10	23.20
2012	0.34	0.05	26.00	0.07	30.00	7.08	6.81	4.20	9.10	26.40
2013	0.36	0.06	29.00	0.06	18.10	7.10	6.81	4.20	9.00	12.50

续表

年份	X_1	X_2	X_3	X_4	X_5	X_6	X_7	X_8	X_9	X_{10}
2014	0.42	0.07	29.00	0.07	30.80	7.33	8.90	4.90	9.10	27.60
2015	0.53	0.09	41.00	0.10	29.80	7.62	8.90	4.90	9.10	27.20
2016	0.62	0.09	44.00	0.10	31.10	7.83	8.90	4.90	9.10	29.00
2017	0.52	0.04	36.00	0.04	32.50	5.85	8.90	4.90	9.10	29.70
2018	0.60	0.10	48.00	0.08	33.50	8.49	8.90	4.90	9.10	29.70

表 5.6　　　　各指标最大值（2004～2018 年）

年份	X_1	X_2	X_3	X_4	X_5	X_6	X_7	X_8	X_9	X_{10}
2004	27.37	3.18	1195.00	2.57	40.20	10.49	2366.40	63.10	4097.10	41.70
2005	33.30	3.99	1492.00	3.13	42.50	11.00	2366.40	63.10	4097.10	42.05
2006	21.85	4.56	1506.00	6.16	44.40	12.77	2366.40	63.10	4097.10	42.39
2007	27.47	4.76	2054.00	4.25	42.80	13.33	2366.40	63.10	4097.60	38.42
2008	37.70	5.02	2171.00	4.42	42.50	14.20	2366.40	63.10	4140.30	38.85
2009	40.16	5.32	2294.00	5.06	47.70	15.09	2487.90	66.00	4140.30	45.71
2010	42.04	5.85	2682.00	5.83	46.65	16.18	2487.90	66.00	4150.30	44.61
2011	41.06	6.80	2811.00	6.08	46.80	17.87	2487.90	66.00	4136.90	43.50
2012	40.17	7.40	3032.00	6.18	46.20	18.13	2487.90	66.00	4136.90	45.00
2013	41.20	7.89	3258.00	6.68	47.10	18.04	2487.90	66.00	4136.90	45.60
2014	42.19	8.32	3408.00	7.02	49.10	18.80	2614.85	66.80	4136.90	45.30
2015	43.84	8.96	3512.00	6.53	48.40	19.28	2614.85	66.80	4136.90	45.80
2016	45.27	9.75	3986.00	7.41	48.40	19.77	2614.85	66.80	4136.70	46.10
2017	45.58	9.99	3219.00	7.18	48.40	19.66	2614.85	66.80	4137.10	46.70
2018	48.54	10.58	3414.00	8.25	48.40	20.38	2614.85	66.80	4137.10	46.20

5.1.3 指标权重的确定

指标权重的确定是计算的关键环节，尽管有多种方法可以计算权重，但是考虑到权重的客观性，本研究利用熵值法对各个指标进行赋权。首先进行数据标准化处理，公式如下：

正向指标标准化：

$$x'_{ij} = \frac{x_{ij} - x_j^{\min}}{x_j^{\max} - x_i^{\min}} \tag{5.1}$$

负向指标标准化：

$$x'_{ij} = \frac{x_j^{\max} - x_{ij}}{x_j^{\max} - x_j^{\min}} \tag{5.2}$$

为避免出现负值或数值较小的情况，进行平移处理，其中平移幅度（H）取1：

$$x''_{ij} = H + x'_{ij} \tag{5.3}$$

对数据进行无量纲化：

$$y_{ij} = \frac{x''_{ij}}{\sum_{i=1}^{n} x''_{ij}} \tag{5.4}$$

其次，计算第j个指标的熵值：

$$e_j = -\frac{1}{\ln n}\sum_{i=1}^{n} y_{ij}\ln y_{ij} \tag{5.5}$$

第j个指标差异系数：

$$g_i = 1 - e_j \tag{5.6}$$

其中，$j=1,2,\cdots,p$

最后，得到了第j个指标的权重：

$$\omega_j = \frac{g_j}{\sum_{j=1}^{p} g_j} \tag{5.7}$$

其中，$j=1,2,\cdots,p$

通过上述计算，确定各指标权重如表5.7所示。

表5.7　　　　权重确定

指标	单位	属性	熵值	差异系数	权重
城市绿地面积	万公顷	正向	1.00	0.00	0.09
公园绿地面积	万公顷	正向	1.00	0.00	0.07

续表

指标	单位	属性	熵值	差异系数	权重
人均公园绿地面积	平方米	正向	1.00	0.00	0.06
建成区绿地率	%	正向	1.00	0.00	0.05
建成区绿化覆盖率	%	正向	1.00	0.00	0.06
公园数量	个	正向	1.00	0.00	0.06
公园面积	万公顷	正向	1.00	0.00	0.07
森林面积	万公顷	正向	1.00	0.00	0.17
森林覆盖率	%	正向	1.00	0.00	0.20
自然保护区面积	万公顷	正向	1.00	0.00	0.16

根据权重值的大小可以看出，森林覆盖率、自然保护区面积和森林面积占较大比重，对城市绿化水平的评价具有较大的影响力，这意味着城市中的森林资源和自然保护区的面积对于评价城市的整体绿化水平起着重要的作用，森林覆盖率和森林面积的权重值较高，说明保护和增加城市的森林资源对于提高城市绿化水平也很重要。在城市中，公园绿地面积、公园面积、人均公园绿地面积和公园数量的权重也较高，显示了公园绿地在城市绿化中的重要性，公园作为城市绿地空间的重要组成部分，对于改善城市居民的生活品质和提供休闲娱乐场所至关重要，增加公园数量和面积对于促进城市绿化具有积极意义。此外，建成区绿化覆盖率和建成区绿地率的权重较低，分别为0.06和0.05，但仍然对评价城市绿化水平有一定的影响，提高建成区的绿化覆盖率和绿地率可以改善城市环境质量，增加城市绿色空间，减少城市热岛效应，提升城市居民的生活品质。综合来看，要想全面评价城市的绿化水平，需要综合考虑各项指标的权重以及其相互关系，通过合理规划和管理城市绿地资源，加大森林保护和公园建设力度，提高绿地覆盖率，才能有效提升城市绿化水平，改善城市环境，提升人民群众的生活质量。

利用标准化的数据与权重相乘得到综合得分（如表5.8所示）。

$$Z_i = \sum_{j=1}^{p} \omega_j x'_{ij} \tag{5.8}$$

表 5.8　　各省区市绿化水平综合得分（绿化指数）

省份	2004 年	2005 年	2006 年	2007 年	2008 年	2009 年	2010 年	2011 年	2012 年	2013 年	2014 年	2015 年	2016 年	2017 年	2018 年
北京	0.24	0.25	0.25	0.21	0.22	0.29	0.28	0.28	0.29	0.30	0.34	0.36	0.36	0.36	0.36
天津	0.10	0.11	0.10	0.10	0.10	0.10	0.11	0.12	0.12	0.13	0.13	0.14	0.14	0.16	0.15
河北	0.19	0.19	0.20	0.20	0.22	0.24	0.27	0.27	0.27	0.27	0.29	0.29	0.29	0.30	0.30
山西	0.11	0.12	0.13	0.14	0.15	0.18	0.19	0.19	0.20	0.20	0.22	0.22	0.22	0.23	0.23
内蒙古	0.32	0.31	0.33	0.35	0.36	0.38	0.39	0.40	0.41	0.42	0.45	0.45	0.46	0.46	0.46
辽宁	0.26	0.27	0.27	0.28	0.29	0.30	0.31	0.32	0.32	0.33	0.33	0.34	0.32	0.34	0.34
吉林	0.24	0.25	0.25	0.25	0.26	0.27	0.28	0.29	0.29	0.28	0.31	0.31	0.31	0.31	0.33
黑龙江	0.34	0.34	0.35	0.39	0.38	0.40	0.41	0.42	0.42	0.42	0.43	0.43	0.43	0.43	0.43
上海	0.10	0.09	0.13	0.13	0.13	0.15	0.15	0.15	0.15	0.15	0.17	0.17	0.17	0.18	0.17
江苏	0.19	0.21	0.21	0.23	0.24	0.26	0.26	0.27	0.28	0.28	0.29	0.30	0.31	0.31	0.31
浙江	0.32	0.33	0.33	0.35	0.36	0.37	0.38	0.39	0.40	0.40	0.41	0.42	0.42	0.43	0.44
安徽	0.16	0.17	0.20	0.21	0.22	0.23	0.24	0.25	0.25	0.26	0.27	0.28	0.28	0.29	0.30
福建	0.34	0.35	0.35	0.36	0.37	0.39	0.40	0.41	0.41	0.42	0.42	0.43	0.43	0.44	0.44
江西	0.32	0.33	0.34	0.36	0.38	0.40	0.42	0.42	0.42	0.42	0.43	0.43	0.43	0.44	0.44
山东	0.20	0.21	0.23	0.24	0.26	0.27	0.28	0.28	0.29	0.31	0.32	0.32	0.33	0.34	0.35
河南	0.16	0.18	0.18	0.19	0.19	0.21	0.21	0.21	0.22	0.22	0.24	0.24	0.25	0.26	0.27

续表

省份	2004 年	2005 年	2006 年	2007 年	2008 年	2009 年	2010 年	2011 年	2012 年	2013 年	2014 年	2015 年	2016 年	2017 年	2018 年
湖北	0.23	0.23	0.25	0.25	0.25	0.29	0.29	0.30	0.30	0.30	0.31	0.31	0.32	0.32	0.33
湖南	0.28	0.30	0.30	0.30	0.31	0.33	0.33	0.33	0.34	0.34	0.36	0.36	0.37	0.37	0.38
广东	0.41	0.44	0.46	0.47	0.51	0.53	0.56	0.57	0.58	0.59	0.61	0.62	0.64	0.64	0.66
广西	0.32	0.32	0.34	0.34	0.34	0.37	0.38	0.39	0.39	0.40	0.42	0.42	0.42	0.43	0.44
海南	0.27	0.26	0.29	0.30	0.30	0.31	0.32	0.32	0.32	0.32	0.32	0.31	0.32	0.32	0.32
重庆	0.16	0.16	0.17	0.21	0.23	0.26	0.28	0.30	0.31	0.31	0.32	0.33	0.33	0.33	0.33
四川	0.33	0.34	0.35	0.35	0.36	0.37	0.38	0.39	0.40	0.40	0.41	0.42	0.44	0.44	0.45
贵州	0.19	0.19	0.20	0.20	0.20	0.22	0.23	0.24	0.25	0.26	0.30	0.31	0.32	0.33	0.33
云南	0.33	0.33	0.34	0.36	0.36	0.39	0.40	0.41	0.42	0.41	0.45	0.44	0.45	0.46	0.46
西藏	0.29	0.29	0.32	0.33	0.33	0.35	0.33	0.34	0.36	0.31	0.40	0.40	0.36	0.37	0.38
陕西	0.22	0.22	0.25	0.26	0.27	0.29	0.30	0.30	0.31	0.31	0.32	0.33	0.33	0.34	0.33
甘肃	0.13	0.14	0.14	0.14	0.14	0.15	0.15	0.15	0.17	0.18	0.19	0.19	0.20	0.21	0.21
青海	0.14	0.15	0.17	0.17	0.18	0.19	0.19	0.20	0.20	0.20	0.21	0.20	0.20	0.21	0.24
宁夏	0.05	0.06	0.09	0.12	0.14	0.16	0.16	0.16	0.16	0.17	0.17	0.17	0.18	0.19	0.19
新疆	0.21	0.21	0.20	0.21	0.21	0.24	0.24	0.24	0.24	0.24	0.25	0.26	0.27	0.28	0.28
全国	0.23	0.24	0.25	0.26	0.27	0.29	0.29	0.30	0.31	0.31	0.33	0.33	0.33	0.34	0.34

可以看出，我国各省区市绿化水平虽然存在一定波动变化，但整体呈现上升趋势，2004年之后生态园林城市的建设开始广泛兴起，由之前追求数量的增长转变为追求质量和数量的同步增长，将生态这一有机概念融合于绿化建设过程中，绿化水平不断提高，但2007年和2008年受金融危机的影响，部分地区绿化水平得分有所降低，但2009年再次回升，之后基本保持增长态势。

5.1.4 评价结果与分析

(1) 绿化指数等级特征

计算后得出绿化水平综合得分最大值为0.66，最小值为0.046，利用分组将各省区市绿化指数分为5个等级，分别是高水平（绿化指数>0.538）、较高水平（0.415<绿化指数<0.538）、中等水平（0.292<绿化指数<0.415）、较低水平（0.169<绿化指数<0.292）、低水平（绿化指数<0.169），以此分析我国各省区市绿化水平的变化特征（张金，2020）。

①全国绿化水平等级分析。如图5.1所示，2004~2018年全国绿化综合得分平均为0.294，处于中等水平。整体呈现上升趋势，最低为2004年，绿化指数为0.23，为较低水平，最高为2018年，绿化指数为0.34，为中等水平，相比2004年增长了49%。31个省区市中平均绿化水平高于全国平均水平的有13个，占比41.94%，从数量上来看处于等级分布不均衡的状态。

②各省区市绿化水平等级分布及变化。如表5.9所示，2004年我国31个省市中绿化处在高水平、较高水平、中等水平、较低水平、低水平5个等级的分别有0个、0个、10个、12个、9个，都处于中等偏下的水平；到2010年低水平绿化的省区市数量减少，其他等级都有所增加，并且出现了高水平和较高水平的绿化地区，5个等级的省区市数量分别为1个、1个、12个、13个、4个；到2018年，低水平绿化的省区市数量进一步减少，较低水平绿化的省区市也出现了减少，较高水平的省区市增加较多，5个等级对应省区市数量分别为1个、8个、14个、7个、1个。可以看出，

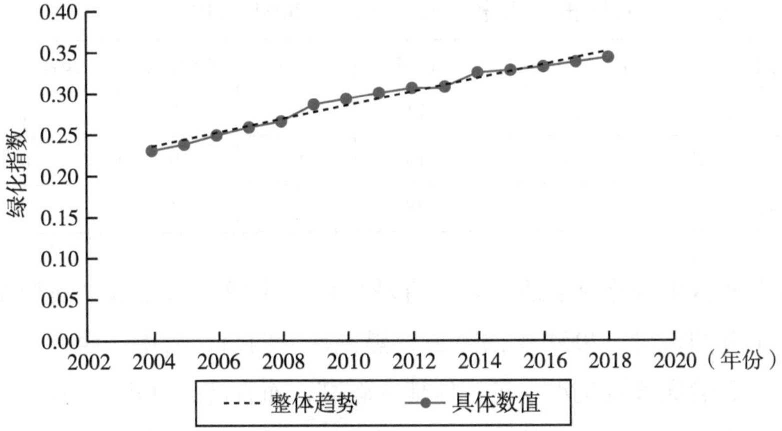

图 5.1　我国绿化指数（2004～2018 年）

随着我国经济发展和城市化规模不断扩大，绿化建设水平也在不断提高，2004 年绿化水平仍集中在低水平和较低水平，到了 2018 年转变为以中等水平和较高水平的省区市为主，绿化水平整体有了明显的提升。

表 5.9　各省区市绿化水平等级分布（2004～2018 年）　单位：个

年份	高水平	较高水平	中等水平	较低水平	低水平
2004	0	0	10	12	9
2010	1	1	12	13	4
2018	1	8	14	7	1

如表 5.10 所示，从等级变化情况来看，2004～2010 年有 11 个省区市绿化水平发生了等级转移，占比 36.7%，2010～2018 年有 19 个省区市发生变化，占比 61.29%，2004～2018 年只有 3 个省区市绿化水平没有发生变化，分别是天津、西藏和新疆，变化的省区市占了 90.32%，值得一提的是，所有绿化水平等级发生变化的省区市都是向高等级转移，没有变差的情况。从等级转移的层级来看，将跨一级转移定义为递次转移，将跨越两个及以上等级转移定义为跨越式转移，2004～2010 年有 1 个省区市实现了跨越式转移，即广东，这与广东改革开放后的飞速发展相适应，2004～2018 年有 3 个省区市实现跨越式转移，分别是安徽、广东和重庆。

表 5.10　各省区市绿化水平等级变化（2004～2018 年）

期间	等级发生变化	提升	下降	递次转移	跨越式转移
2004～2010 年	11	11	0	10	1
2010～2018 年	19	19	0	19	0
2004～2018 年	28	28	0	25	3

③各省区市绿化时空演变。从省域尺度上来说，绿化水平演变基本呈现稳定上升的格局。2004 年内蒙古、黑龙江、四川、云南、西藏、广西等地区由于天然优势绿化水平较其他地区较高，而青海、甘肃、河南、安徽、重庆等地由于地理位置以及气候等原因绿化水平较低。到了 2010 年，只有甘肃、宁夏等地绿化还处于低水平，并且广东和江西绿化建设快速发展，广东率先迈入高水平阶段。发展到 2018 年，低水平绿化的省区市只有 1 个，并且增加了云南、黑龙江、江西、福建、四川、浙江、广西等多个较高水平绿化的省份。但新疆、青海、甘肃、河南、山西等地的绿化仍处在较低水平，还需要因地制宜加快绿化建设。

（2）区域绿化指数

将各省区市分为东部、中部和西部地区进行区域间差异分析，其中东部地区包括北京、天津、河北、辽宁、上海、江苏、浙江、福建、山东、广东和海南 11 个省份；中部地区包括山西、吉林、黑龙江、安徽、江西、河南、湖北、湖南 8 个省份；西部地区包括四川、重庆、贵州、云南、西藏、陕西、甘肃、青海、宁夏、新疆、广西、内蒙古 12 个省份。计算平均值得到各区域的绿化指数如表 5.11 所示。

表 5.11　各区域绿化指数（2004～2018 年）

年份	东部	中部	西部	全国
2004	0.24	0.23	0.22	0.23
2005	0.25	0.24	0.23	0.24
2006	0.26	0.25	0.24	0.25
2007	0.26	0.26	0.25	0.26

续表

年份	东部	中部	西部	全国
2008	0.27	0.27	0.26	0.27
2009	0.29	0.29	0.28	0.29
2010	0.30	0.30	0.29	0.29
2011	0.31	0.30	0.30	0.30
2012	0.31	0.31	0.30	0.31
2013	0.32	0.31	0.30	0.31
2014	0.33	0.32	0.32	0.33
2015	0.33	0.32	0.33	0.33
2016	0.34	0.33	0.33	0.33
2017	0.35	0.33	0.34	0.34
2018	0.35	0.34	0.34	0.34

利用变异系数（Cv）来衡量东部、中部、西部三大区域与全国绿化水平的离散程度。在单位或平均值不同时，归一化的标准差也就是变异系数能够消除均值的影响，较好地反映不同数据集的波动大小，变异系数越大则表示差异越大。

如图5.2所示，从变异系数的计算结果来看，我国绿化水平差异呈现不断下降的趋势，从2004年的0.39下降到了2018年的0.31，下降了21.1%。中部和西部下降较为明显，分别从2004年的0.36和0.43下降到了2018年的0.22和0.29，降幅分别为38.78%和32.47%。但东部绿化水平变异系数下降不明显，从2004年的0.40下降到了2018年的0.39，基本上没有变化，甚至在2008年时还上升到了0.42。对比分析东部、中部和西部三大区域，2004年时西部绿化水平变异系数最大，东部高于中部，但从2005年开始，三大区域的变异系数一直呈现东部高于西部，西部高于中部的态势，在2018年时东部和中部变异系数相差达到最大，为0.17，2004年时这一差值仅为0.04，翻了4倍多，最主要的原因是中部、西部变异系数在不断缩小，但东部仍保持较大差异。

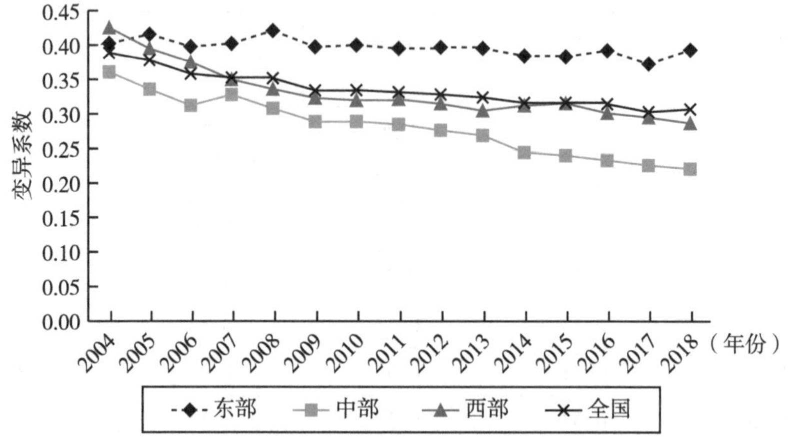

图 5.2　绿化指数变异系数（2004～2018 年）

5.2　生态产品供给水平空间差异测算

绿化水平的高低直接影响着生态产品的供给，因而会间接与全要素生产率产生密切关联。生态产品供给水平的空间差异会导致全要素生产率出现差异，因此，有必要对其进行测算。

5.2.1　生态产品供给现状

（1）森林生态环境

我国总体森林资源丰富，但分布不均，主要分布在东北、内蒙古、西南一带，仅内蒙古自治区、黑龙江省、四川省和云南省的森林资源面积就占到全国森林资源总面积的 41.27%。我国森林资源占世界的 61%，由于我国的人口总量较大，因此人均水平仅有 17.55%，人均占有量低。如表 5.12 所示，近年来通过人工造林、飞机播种、封山育林等方式，我国在宜林荒山荒地、宜林沙荒地、无立木林地、疏林地和退耕地等新建或恢复森林、林木、灌木林等，绿色植被覆盖率不断提高。如表 5.13 所示，我国森林总面积、森林覆盖率和森林蓄积量均有较大提高，森林面积、森林蓄积量连续多年一直持续保持增长，森林面积世界第五，森林蓄积量世界第六，人工林面积一直位居世界第一，森林蓄积量的提升能够突出反映我国森林生态环境的好转。

表 5.12　　　　我国植树造林情况

方式	2021 年	2020 年	2019 年	2018 年	2017 年	2016 年	2015 年
人工造林	1085. 1	3000. 1	3458. 3	3677. 9	4295. 9	3823. 7	4362. 6
飞机播种	172. 2	151. 5	125. 6	135. 4	141. 2	162. 3	128. 4
封山育林	1235. 1	1774. 6	1898. 3	1785. 1	1657. 2	1953. 6	2152. 9

数据来源：国家统计局。

表 5.13　　　　我国森林资源情况

期间	森林面积（亿公顷）	人均森林面积（公顷）	森林覆盖率（%）	森林蓄积量（亿立方米）	人均森林蓄积（立方米）
2014 ~ 2018 年	2. 20	0. 16	22. 96	175. 60	12. 35
2009 ~ 2013 年	2. 08	0. 15	21. 63	151. 37	11. 12
2004 ~ 2008 年	1. 95	0. 14	20. 26	137. 21	10. 16

数据来源：历次全国森林资源清查数据。

（2）土壤生态环境

土壤是陆地自然生态系统的基底，然而当前我国人地矛盾突出，土壤退化问题严峻。根据《全国土壤污染状况调查公报》，我国土壤污染超标率为 16.1%，土壤环境状况令人担忧，耕地土壤环境质量、工矿业废弃地土壤环境问题亟待解决。从区域上看，南方地区的土壤污染情况比北方地区更为严重，长江三角洲、珠江三角洲地等普遍存在不容乐观的土壤污染问题，西南、中南地区土壤问题表现为重金属超过标准。

（3）水资源状况

我国水资源总量丰富，水资源总量世界排名第 6，但人均占有量较低，占有量不足世界平均水平的 1/4。根据水利部数据，2021 年全国水资源总量为29638.2亿立方米，人均水资源量为2100立方米，可以看出，我国的水资源相对匮乏。此外，我国水资源供需关系紧张，南方地区和北方地区的地理地势条件不同，水资源拥有量悬殊，水资源在空间上与人口的配置并不匹配，供需矛盾突出。长江流域及其以南地区水资源占全国的80.95%，但是人口占全国53.6%，耕地面积更是仅占全国的34.7%。与此相反，北方地区（不包括内陆河）水资源只有全国的14.5%，但是人口占44.3%，耕地面积占59.6%，处于人多地多但水资源短缺的状态。

（4）空气质量

空气质量与人类生存密切相关，优良的空气质量是人们美好生活的关键性优质生态产品。根据2021年全国339个地级及以上城市的空气质量监测状况，全国范围内有64.3%的城市环境空气质量达标，全部被监测城市的空气质量平均优良天数比例为87.5%，平均超标天数为12.5%。如表5.14所示，我国城市空气质量虽然还未处于较为优良的状态，但五项空气污染物的浓度均值一直处于下降趋势，呈现逐渐改善的局面。

表5.14　城市环境空气质量污染物平均浓度　单位：微克/立方米

年份	$PM_{2.5}$	PM_{10}	O_3	SO_2	NO_2	CO
2022	29	51	145	9	21	1.1
2021	30	54	137	9	23	1.1
2020	33	56	138	10	24	1.3
2019	36	63	148	11	27	1.4
2018	39	71	151	14	29	1.5

数据来源：生态环境部全国生态环境公报。

（5）气候变化

工业革命以来，由于人类生产生活方式发生改变，各种经济活动使得温室气体在大气环境中的浓度迅速上升，导致了一系列气候变化问题，如气温上升、极端天气、冰川面积衰减、海平面上升等。中国气象局发布的《中国气候变化蓝皮书（2022）》显示，全球变暖问题仍然非常严峻，我国的升温速率相较于同期全球平均水平较高，处于全球气候变化的敏感区。1951～2021年我国地表年平均气温不断攀升，达到每10年平均上升0.26℃，而同期全球平均升温水平为每10年上升0.15℃。2021年，我国地表平均气温达到了自1901年以来的最高值，较常年偏高0.97℃。分区域来看，地表年平均气温的升温速率存在明显的差异，青藏地区增温速率在全国排名第一，平均每10年升高0.37℃，其他排名靠前的区域分别是华北地区、东北地区和西北地区。

（6）山水林田湖草一体化保护与修复

山水林田湖草系统修复工程的主要目的就是提供更多优质生态产品，满足人民日益增长的优美生态环境需要。山水林田湖草一体化保护修复作为一个整体性、系统性的工程，涵盖了保护生物多样性、矿山生态系统修复、水环境综合治理、农田整治、矿山生态系统修复、森林草原生态系统修复等多种项目，工程量巨大且非常复杂（张惠远等，2019）。自2016年以来，我国统筹推进山水林田湖草整体保护、系统修复、综合治理，在实践中形成了一系列具体的技术策略，包括山水林田湖草一体化保护与修复涵盖重要生态系统保护修复、生物多样性保护、流域水环境保护治理、污染与退化土地修复治理、矿山生态修复、土地综合整治等多个方面（如表5.15所示），使重点生态区、生态节点的生态系统功能和结构得到了有效恢复。

表5.15　山水林田湖草生态保护修复试点工程主要技术策略

主要策略	具体措施
重要生态系统保护修复	天然林保护、防护林建设、退耕还林还草、湿地保护恢复、湖泊水体修复等
生物多样性保护	建设自然保护区、保护和恢复物种栖息地、保护野生动植物等、防治外来入侵物种等
流域水环境保护治理	增设水源涵养区、保护水源地水质、治理城市水系、恢复入河口湿地、综合治理河道、循环利用废水废物等
污染与退化土地修复治理	修复利用受污染耕地，调整农作物种植结构，治理沙化、石漠化、盐碱化土地，治理水土流失等

续表

主要策略	具体措施
矿山生态修复	防治矿山粉尘、土地复垦、治理矿山地表塌陷、处理废弃渣土、矿区绿化建设等
土地综合整治	建设生态农业示范区、建设高标准农田、保护基本农田、整治农用地、节水灌溉、生活垃圾无害化处理等

（7）国土绿化行动

近年来我国不断推进国土绿化建设，实施了“三北”防护林、天然林保护、退耕还林还草等重点工程。截至 2021 年，造林面积已经累计达到 5944 万公顷，其中人工造林面积占全部造林面积的 54.2%，达到 3222 万公顷，国土绿化成效显著。天然林保护重点工程是政府作为供给主体提供森林生态产品的代表，2000～2010 年完成了一期工程任务，2011～2020 年完成了二期工程任务，经过 20 多年的保护培育，国家投入 5000 多亿元，近 20 亿亩天然林得到全面保护，累计完成公益林建设 3 亿亩、后备森林资源培育 1651 万亩。与此同时，我国渐次推进城乡绿化工程建设工作，城市层面完成国家森林城市建设共计 152 个，农村层面建成一大批国家森林村庄。

（8）蓝天、碧水、净土三大保卫战

第一，深入推进蓝天保卫战。依据《大气污染防治行动计划》《打赢蓝天保卫战三年行动计划》，不断优化升级产业结构、能源结构和用地结构，不断健全空气治理的污染防治协作机制，不断提高可持续再生能源消费比例。2021 年我国光伏、风电装机容量和发电量均处于世界首位，建成的清洁煤电体系规模也居世界首位。第二，渐次推进碧水保卫战。实施了一系列污水治理工程，包括出台水污染防治行动计划，治理城市黑臭水体、长江保护修复等。第三，稳步推进净土保卫战。开展“无废城市”建设试点，开展长江经济带“清废行动”，清理各类固体废物 5676 万吨，顺利结束对重点行业的企业用地土壤污染状况、农用地土壤污染状况的调查。

(9) 河湖、湿地保护恢复

实施了一系列河湖、湿地保护恢复工程，包括退耕还湿、退圩（田）还湖、生态补水等，形成了由湿地自然保护区、湿地公园等多种形式组成的河湖湿地保护体系，充分保障河湖生态流量。大力推进湿地建设，根据2018年的统计数据，我国共有国家级湿地公园896处、国家级湿地自然保护区156处，全国范围内湿地保护率达到52.2%。

综上所述，我国的森林、土壤、水资源、空气质量、气候环境等生态环境状况并不乐观，优质生态产品供给不足，公众需求较为迫切，这也进一步体现了提升优质生态产品供给水平的重要性。从相关供给实践来看，在生态治理和修复措施推进下，我国生态环境状况逐渐改善，这在一定程度上证明，自然生态系统供给优质生态产品的能力会随着人类过度利用或破坏行为而下降，随着人类保护或恢复措施而提升，其中绿化水平的高低是重要的显性指标。

5.2.2 优质生态产品供给水平综合评价

研究我国优质生态产品供给水平的空间差异，首先需要客观、科学地评价优质生态产品供给水平，这是后续进行优质生态产品供给水平空间差异研究的基础。优质生态产品供给水平内涵丰富，这决定了应采用指标体系的方法进行测算，通过各指标反映优质生态产品供给水平的不同侧面。

(1) 指标体系构建思路

某一个地区的优质生态产品供给水平是在自身既定条件约束下，能够为社会和公众提供优质生态产品的能力的总和。优质生态产品的供给水平首先依赖于自然生态状况和自然要素禀赋质量，其次是人类社会生态保护修复的水平。优质生态产品的主要供给主体包括自然生态系统、政府、企业等。生态系统是核心供给方，政府是关键主导方，企业是市场供给方。社会公众通过对生态环境保护的贡献也可成为生态产品的供给方（王金南等，2021）。其一，生态系统是优质生态产品的核心供给方，是清洁水源、清新空气、稳定适宜气候等优质生态产品的“供给源泉”，生态系统不仅包括森林、草地、农田、湿地、荒漠、海洋、城市等生态系统类型，还包括以自然生态过程为基础的人工复合生态系统。其二，政府是优质生态产品的关键主导方，政府通过出台生态环境保护修复政策、优化生态产品经营管理制度，投入公共财政资金建设生态环境来保障生态产品的存量安全和品质安全，并有效监管处罚破坏优质生态产品生产的行为（曾贤刚等，2014）。其三，企业等市场主体是优质生态产品的供给方，在生态产品短缺、生态需求迫切的背景和明晰生态产权的条件下，投入物质资源、技术资源和劳动力等供给生态产品。因此，优质生态产品供给水平的评价指标体系既要涵盖以生态系统为核心的自然生态基础指标，还要将政府、企业等优质生态产品供给主体的投入水平体现出来。从自然生态系统和人类经济社会系统出发，全面衡量优质生态产品的供给水平，将评价指标体系划分为供给数量、生态修复、生态友好三个层面。

首先，供给数量是优质生态产品供给水平最直观的体现。自然生态系统是优质生态产品的核心供给者，供给数量层面指标选择主要为反映自然生态基础状况的指标。既有研究中，《生态环境保护规划》以提高环境质量为核心，以为人民提供更多优质生态产品为目标，指标体系中涵盖了空气质量、水环境质量、土壤环境质量等，涉及的评价指标为空气质量优良天数的比例、城市细颗粒物浓度下降、地表水质量达到或好于Ⅲ类水体质量的比例、受污染地块安全利用率、森林覆盖率和森林蓄积量等。可持续发展评价指标体系中，环境质量改善涉及的考核指标包括空气质量优良天数比例、地表水水质优良比例等，生态空间有效保护涉及的考核指标包括建成区绿化覆盖率、人均公园绿地面积、森林覆盖率等。彭文英等（2021）将生态产品细分为生态环境产品、生态物质产品、生态文化产品、生态空间产品四个类别，利用价值当量法计算生态产品价值量，并构建指标体系评价了京津冀地区的供给能力。

其次，生态修复是人类经济社会系统参与优质生态产品供给的关键方式，李繁荣和戎爱萍（2016）认为随着对生态产品需求加大，自然生态系统已经无法满足，人类社会必须参与优质生态产品供给，投入专项资金生产生态产品。生态修复就是通过投入人力物力智力等，扩大生态资源存量和增强生态系统的可持续健康生产的能力，生态修复水平的高低反映了优质生态产品供给水平的高低。既有研究中，生态修复指标主要集中在面向不同生态要素及退化问题的修复实践评价，不同生态系统选取的指标有所不同。《“十三五”生态环境保护规划》中生态保护修复的目标包括国家重点野生动植物保护率、新增沙化土地治理面积、新增水土流失治理面积和全国自然岸线保有率，污染治理指标包括化学需氧量、氨氮、二氧化硫和氮氧化物。张洪瑞和吕洁华（2017）评价森林生态产品供给时从“育林”“造林与森林改造”“森林保护”“自然灾害防治”与“生态工程补助”反映国有资金通过生态修复供给森林生态产品的情况。张竹村（2019）评价城市生态修复效果时设置了环境污染、生态破坏等负向限制事件，包括城市污水处理率、生活垃圾无害化处理率、水功能区水质达标率指标。

最后，生态友好是提升优质生态产品供给水平的重要组成部分，生态友好水平反映了公众在优质生态产品供给中的参与程度。既有研究中，《“十三五”生态环境保护规划》提出了扩大生态产品供给的四个方面，其中包括与生态友好紧密相关的推进绿色产业建设、构建生态公共服务网络两个方面。李忠和刘峥延（2020）构建生态产品质量评估体系时创造性地将人民群众的满意度作为重要评价标准。王金南等（2021）在生态产品第四产业框架中，从供给服务、调节服务和文化服务三个维度核算生态产品价值，文化服务维度设置了景观价值与休闲旅游两个指标。尽管学者们尝试尽可能多地将生态友好相关指标如生态文化、生态制度等纳入评价指标体系中，但选取的指标大多存在主观性强的局限，难以保证指标的代表性和科学性，并且难以在全国范围内推广，例如采取问卷调查方式获取生态环境知识普及率、人民满意度等指标的数据。目前看来，以定量指标的形式对生态友好在制度和文化层面的状况开展评价，依然是一项艰难的任务。

综上所述，参考国内外与生态产品、生态环境评价相关指标体系，学习其指标设置的维度和方法，在一定程度上保障评价指标体系的科学性和合理性，本研究选取能够被量化并且来自权威统计数据库的评价指标，从优质生态产品供给数量、生态修复、生态友好三个部分来衡量优质生态产品的供给水平。

（2）指标选取原则

科学选取指标是有序开展评价工作的重要前提，也是有效量化优质生态产品供给水平的关键步骤。因此，评价指标选取必须严格遵循准确性、完整性、可操作性、独立性和开放性原则。

①准确性原则。要以明确的概念为理论支撑，选取贴合现实供给状况的数据指标，客观反映优质生态产品的真实供给水平，同时还要注意规避双重含义和主观臆断的干扰，切实保证指标的准确性。

②完整性原则。优质生态产品供给涉及自然生态系统、经济系统和社会系统，受到多种因素的影响，所选评价指标要广泛且完整，从而对优质生态产品供给水平进行全方位综合评价，并通过分析其多个方面的空间差异提出适宜的应对策略。

③可操作性原则。可操作性原则包含指标的可度量性和数据的可获得性。要求指标能够依照相关理论进行度量，数据来源权威可靠，尽量选择来自官方统计机构公开发布的数据。所选指标可通过定量方式合理量化其具体内涵，对定性指标可以进行科学转化，避免主观臆断造成的偏差。各项指标在现有数据统计年鉴和实践调研中能够得到，并且在研究时段内统计口径一致，确保优质生态产品供给水平在各个维度上具有可比性。

④独立性原则。优质生态产品供给水平评价指标体系中指标众多，指标之间可能会出现重复交叉、相关性强的情况，这不仅不利于数据计算，还可能导致评价结果出现偏差。因此，指标选取除了要准确、完整、可操作，还要简明、直观，指标之间处于相对独立的状态，使不同指标反映优质生态产品供给水平的不同方面。

⑤开放性原则。我国各地都在积极探索如何增加优质生态产品供给，但对于如何评价生态产品质量，还没有形成明确统一的标准。应重视优质生态产品供给动态发展过程中出现的新现象、新特征，根据优质生态产品的最新研究成果，及时改进和完善评价指标体系。

（3）指标体系框架

在梳理总结既有研究的评价指标体系基础上，依据指标体系设计思路和评价指标选取原则，从供给数量、生态修复、生态友好三个维度筛选出评价指标共计16项，构建优质生态产品供给水平评价指标体系（如表5.16所示）。

表5.16　优质生态产品供给水平综合评价指标体系

一级指标	二级指标	三级指标	单位	属性	代表文献
供给数量	干净空气	空气优良天数	天	正向	于倩楠（2020）、邵超峰等（2021）
	清洁水源	人均水资源量	立方米	正向	李忠等（2020）、叶頔等（2023）
	优质土壤	耕地总资源	千公顷	正向	彭文英等（2021）、邵超峰等（2021）
	优质绿地	公园绿地面积	公顷	正向	卿青平等（2019）、邵超峰等（2021）
生态修复	生态保护	污水处理率	%	正向	卿青平等（2019）、刘强等（2016）
		生活垃圾无害化处理率	%	正向	卿青平等（2019）、刘强等（2016）
	生态投资	污染治理本年投资额	万元	正向	彭一然（2016）、夏四友等（2021）
		环境基础设施建设本年完成投资额	万元	正向	蔡文博等（2021）、夏四友等（2021）
	污染防治	工业废水排放	万吨	负向	杨燕燕等（2021）、周宏春等（2019）
		工业二氧化硫排放	吨	负向	杨燕燕等（2021）、周宏春等（2019）
		工业烟粉尘排放	吨	负向	杨燕燕等（2021）、李巍等（2016）
		一般工业固体废物综合利用率	%	正向	吴小节等（2016）、项赟等（2015）

续表

一级指标	二级指标	三级指标	单位	属性	代表文献
生态友好	绿色发明	获得绿色发明专利数量	件	正向	唐礼智等（2020）、沈光等（2020）
		获得绿色实用新型数量	件	正向	唐礼智等（2020）、沈光等（2020）
	生态参与	每万人拥有公共交通车辆数量	标台	正向	吴小节等（2016）、叶頔等（2023）
		环境和公共设施管理从业人员数量	万人	正向	蔡文博等（2021）、刘惠萍等（2021）

干净空气指标参考于倩楠（2020）、邵超峰等（2021）用空气质量优良天数来反映。根据环保部发布的《环境空气质量标准》，空气质量指数达到二级及以上标准的天数为空气质量优良天数，自 2013 年以来，依据《环境空气质量标准》（GB 3095—2012）用综合性的环境质量指数（AQI）来量化空气质量。清洁水源指标参考李忠等（2020）、叶頔等（2023）用人均水资源量来反映。我国湖泊、水库等在各个省份空间上分布不均，而水质数据一般按照水资源分区公布，不按照行政分区公布，故清洁水源使用水资源量来表征。水资源量是可供人类直接利用、能不断更新的天然淡水，不包括海水等咸水和受污染的水，这在一定程度上保证了水资源的相对优质，常见于水生态系统服务研究中。优质土壤指标参考彭文英等（2021）、邵超峰等（2021）用耕地总资源来反映。耕地总资源是衡量耕地资源是否丰富的指标，是指一个时期内一定行政区划内的耕地总量。根据《土地生态服务评估原则与要求》（GB/T 31118—2014），耕地被视作优质土壤的主要代表，作为生态系统的重要组成，耕地具有 6 个方面的生态系统服务功能，分别为保持土壤、涵养水源、固碳释氧、净化大气环境、保护生物多样性以及景观游憩。优质绿地指标参考卿青平等（2019）、邵超峰等（2021）用公园绿地面积来反映。公园绿地面积在城区扮演森林的角色，能够有效缓解城市热岛效应，具有维持碳氧平衡、吸污杀菌、滞尘、

防御放射性污染等净化环境的作用，还可以遮阳、降温、增湿和改善局地小气候等，对维系生态系统平衡具有不可替代的意义（王海涛、董雅、张昊雁，2017）。

生态保护指标参考卿青平等（2019）、刘强等（2016）用污水处理率和生活垃圾无害化处理率来表示。污水和生活垃圾都是人类经济社会系统排向自然生态系统的废物，若不经过处理就排放会降低自然生态系统生产优质生态产品的能力。生态投资指标参考彭一然（2016）、蔡文博等（2021）用污染治理本年投资额和环境基础设施建设本年完成投资额来反映。人类社会投入资源开展生态修复，污染治理本年投资额体现了当地对污染治理的重视程度和投身环保实践的努力程度，环境基础设施建设本年完成投资额指标反映了各地环境基础设施供给水平和运行效率的情况。污染防治指标参考杨燕燕等（2021）、吴小节等（2016）用工业废水排放、工业二氧化硫排放、工业烟粉尘排放和一般工业固体废物综合利用率来反映。工业废水排放、工业二氧化硫排放、工业烟粉尘排放三项指标体现了对工业污染源的监测情况，严格控制废水、废气、烟粉尘等污染排放，减少工业发展对环境的破坏；一般工业固体废物综合利用率指标体现了当地加强系统治理，提高资源利用效率的水平。

绿色发明指标参考唐礼智等（2022）、沈光等（2020）用获得绿色发明专利数量、获得绿色实用新型数量来反映。绿色发明能促进经济社会发展与生态环境保护相协调，提高资源利用效率，是优质生态产品供给水平的重要体现。是否属于绿色发明的判定标准则依据中国专利数据库专利分类和国际专利分类绿色清单进行筛选，范围包括节约能源类、替代能源生产类、废弃物管理类，据此获得绿色发明专利数量、获得绿色实用新型数量，体现企业这一重要市场主体供给优质生态产品的水平。生态参与指标参考吴小节等（2016）、蔡文博等（2021）使用每万人拥有公共交通车辆数量、环境和公共设施管理从业人员数量来反映。社会公众以生态友好行为表现出生态文化意识，生态友好行为越多生态文明水平越高，全社会追求享受优质生态产品的氛围就越浓，进而促使社会供给更多优质生态产品。每万人拥有公共交通车辆数量体现了社会参与低碳出行的情况，是重视参与生态环境保护的体现，环境和公共设施管理从业人员的数量反映当地参与生态环境管理的人数，环境管理能够促进环境质量持续改善，是完善现代环境治理体系的重要一环。

以上各项评价指标数据来自国家权威统计部门发布的 2010 ~ 2020 年《中国城市统计年鉴》《中国统计年鉴》《中国环境统计年鉴》《中国高技术产业统计年鉴》《中国能源统计年鉴》《中国林业统计年鉴》等。

（4）指标权重确定

在指标体系评价模型中，指标的权重体现了该项指标在综合评价体系中的重要程度，权重计算的合理性将直接决定评价结果的精准性。因此，要通过科学的赋值方法确定权重，将评价指标体系落到实处，使其真正发挥评估作用。国内外研究中确定指标权重的方法被分为主观评价法与客观评价法。主观评价法要求专家学者将经验判断与具体实际相结合，赋予各项指标不同权重系数，例如层次分析法、集值迭代法等。客观评价法通过挖掘指标间关系和数据本身信息决定各项指标的权重，例如熵值法、主成分分析法、CRITIC 法、变异系数法等。一般认为，主观评价法依赖评价者对各项指标的主观认识，指标权重会随着评价者关注重点不同而有所变化，而客观评价法根据指标原始数据统计处理后获得权重，独立于数据以外的信息，处理结果更为客观（杨宇，2006）。优质生态产品供给评价具有较强的系统性，为减少计算过程中主观不确定性的干扰，选用熵值法测算优质生态产品的供给水平，以样本数据特征确定权重，客观表征各项指标对评价结果的影响。作为确定指标权重的客观评价方法，熵值法广泛应用于可持续发展、生态文明建设等社会经济领域研究中。“熵”是对系统无序程度的度量，熵值的大小体现了该系统无序程度的高低，系统的无序程度越高，所包含的信息量就越少，对应的熵值也越小，相反，系统无序程度越低，所包含的信息量就越大，对应的熵值也越大（杨丽、孙之淳，2015）。在指标体系评价模型中，可以计算“熵”来反映指标信息的效用价值。具体来说，某一项指标值相差越大，熵值越小，其包含的有效信息量越大，权重也越大，而某项指标值相差越小，熵值越大，则其包含的有效信息量越小，权重也越小。熵值法基于数据本身离散特点赋权，避免了人为确定权重的主观性，同时从众多指标中标定与实际情况最为贴切的指标，克服了多指标变量信息的重叠性，采用熵值法确定评价指标的权重，较大程度上保障了评价指标体系的科学性和合理性。熵值法计算步骤如下：

步骤1：根据指标体系收集我国30个省份优质生态产品供给数据，构建初始数据矩阵。

$$A = \begin{bmatrix} X_{11} & \cdots & X_{1m} \\ \vdots & X_{ij} & \vdots \\ X_{n1} & \cdots & X_{nm} \end{bmatrix} \tag{5.9}$$

其中，X_{ij}代表第i个评价对象的第j项指标，n代表评价对象数量，m代表评价指标数量。

步骤2：标准化处理。

$$\text{正向指标标准值 } X' = \frac{X_{ij} - X_{\min}}{X_{\max} - X_{\min}} \tag{5.10}$$

$$\text{负向指标标准值 } X' = \frac{X_{\max} - X_{ij}}{X_{\max} - X_{\min}} \tag{5.11}$$

其中，$X_{\max}$和$X_{\min}$分别代表第j个指标的最大值和最小值。

步骤3：归一化处理。

$$P_{ij} = \frac{X'_{ij}}{\sum_{i=1}^{n} X'_{ij}} \tag{5.12}$$

步骤4：第j项指标的熵值（e_j）。

$$e_j = -k \sum_{i=1}^{n} (p_{ij} \ln p_{ij}) \tag{5.13}$$

其中，$k = 1/\ln(n)$，当$P_{ij} = 0$时$P_{ij} \ln p_{ij} = 0$

步骤5：第j项指标的差异系数（g_j）。

$$g_j = 1 - e_j \tag{5.14}$$

步骤6：第j项指标的权重（W_j）。

$$W_j = \frac{g_j}{\sum_{j=1}^{m} g_j} \tag{5.15}$$

步骤7：代入处理后数据，计算综合得分（I_{ij}）。

$$I_{ij} = \sum_{j=1}^{m} P_{ij} W_j \tag{5.16}$$

根据上述计算公式，测算出我国282个地级市优质生态产品供给水平，在此基础上对各地级市优质生态产品供给水平的各项评价结果进行求和，计算得到2010～2020年我国优质生态产品供给总体水平和各组成部分得分（如表5.17所示）。

表5.17　　　　全国优质生态产品供给水平得分

指标	2010年	2011年	2012年	2013年	2014年	2015年	2016年	2017年	2018年	2019年	2020年
供给数量	7.310	7.420	7.536	7.668	7.813	8.046	8.365	8.594	8.693	8.777	8.789
生态修复	6.720	6.786	6.800	6.802	6.837	6.906	6.945	7.018	7.030	7.070	7.108
生态友好	6.407	6.473	6.423	6.492	6.603	6.628	6.753	6.804	6.907	7.024	7.118
总供给水平	20.437	20.679	20.76	20.96	21.25	21.58	22.063	22.416	22.63	22.87	23.015

从得分数值上看，2020年优质生态产品供给总体水平得分为23.015，其中，供给数量的得分为8.789，生态修复得分为7.108，生态友好得分为7.118。2010～2020年，优质生态产品供给的总体水平实现了正增长，这说明从整体上看优质生态产品供给水平不断提高，在供给数量、生态修复和生态友好层面也都呈现出良好发展态势。同时，本研究还计算了2010～2020年我国优质生态产品供给总体水平和各部分得分的增长率，如图5.3所示。

全国优质生态产品供给水平得分增长最快是在2016年，增长率为2.24%，增长最慢是在2012年，增长率为0.39%。2010～2020年增长率始终为正值，表明优质生态产品供给总水平稳定增长。从各组成部分来看，供给数量得分的增长速度波动较大，2016年增长率为3.96%，2020年增长速度为0.14%。生态友好得分的增长速度在2012年为负，2017年以后实现逐年上升。生态修复的增长速度相对比较稳定，实现了稳步提升。对比2010年、2015年和2020年我国优质生态产品供给水平的空间分布特征发现，得分高的城市大多分布在东部地区尤其是东南部沿海地区，这是因为

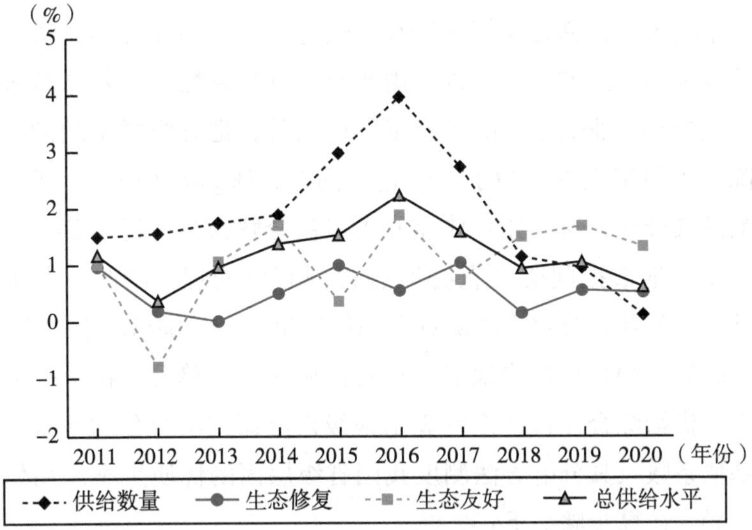

图 5.3　优质生态产品供给水平评价得分增长率的变化趋势

这些地区无论在自然地理环境和经济发展基础上都优于其他地区。得分低的城市主要分布在中部和西部地区，西部地区有少数城市的优质生态产品供给水平得分较高，这些得分高的城市呈点状分布在个别中心城市，如四川省成都市等，空间非均衡特点突出。

5.2.3　优质生态产品供给水平的空间差异

既有研究中衡量空间差异的常见方法包括基尼系数、泰尔指数、变异系数等；建立引力模型、修正引力模型讨论空间结构；采取社会网络分析方法探讨空间结构。其中，采用基尼系数、泰尔指数、变异系数等方法研究空间差异较为成熟，尤其是 Dagum 基尼系数及其分解方法，它被广泛应用于在大范围内计算内部的空间非均衡程度，如钟水映等（2016）利用 Dagum 基尼系数及其分解方法计算我国农业现代化发展水平的空间差异，张龙耀等（2021）利用 Dagum 基尼系数探究农村数字普惠金融发展的空间差异，祝志川等（2022）利用 Dagum 基尼系数研究乡村振兴与生态环境协同发展的空间差异，沈丽等（2019）通过 Dagum 基尼系数测算我国普惠金融发展的空间差异，韩兆安等（2021）通过 Dagum 基尼系数测算我国省际数字经济规模的空间差异。此外，由于经典基尼系数和泰尔指数等测算指标需要“同方差”假设、“正态分布”假设等，把分组样本间的交叉重叠部分排除在了限定之外，为了解决这个问题，Dagum（1997）提出 Dagum 基尼系数及其分解方法，让整体差异可以被分解为具有经济意义的若干个子指数，使样本数据间交叉重叠问题得到有效处理。因此，本研究采用 Dagum 基尼系数及其分解方法测算我国优质生态产品供给水平的空间差异，借鉴 Zheng 等（2022）选取地级市行政区域为观察单元，在上一节构建优质生态产品供给综合评价体系计算出地级市层面供给得分的基础上，采用 Dagum 基尼系数及其分解方法测度我国省级层面的优质生态产品供给水平的空间差异。计算步骤如下：

$$G = \frac{\sum_{j=1}^{k}\sum_{h=1}^{k}\sum_{i=1}^{n_j}\sum_{r=1}^{n_h}|y_{ji} - y_{hr}|}{2\mu n^2} \tag{5.17}$$

其中，n 表示考察期内样本总数（为 282 个地级市），k 表示考察区域总数（按省域分类），j 和 h 为区域下标，i 和 r 为地级市下标，$n_j(n_h)$ 表示第 $j(h)$ 区域内部地级市数量，$y_{ji}(y_{hr})$ 为第 $j(h)$ 区域内地级市 $i(r)$ 的优质生态产品供给水平评价得分；μ 表示所有考察地级市优质生态产品供给评价得分的平均水平。如果 $j=h$ 则两个组同在一个区域，计算结果就是 j 区域的组内基尼系数 G_{jj}。进一步将 Dagum 基尼系数分解为以下几部分：

$$G = G_W + G_{nb} + G_t \tag{5.18}$$

$$G = \sum_{j=1}^{k} G_{jj}P_jS_j + \sum_{j=1}^{k}\sum_{h\neq j} G_{jh}P_jS_hD_{jh} + \sum_{j=1}^{k}\sum_{h\neq j} G_{jh}P_jS_h(1 - D_{jh}) \tag{5.19}$$

其中，G_W 为组内差异贡献程度，G_{nb} 为组间差异贡献程度，G_t 为组间交叉影响的剩余项，即超变密度贡献程度。$P_j = \frac{n_j}{n}$代表 j 组内地级市个数占样本容量的比例，$S_h = \frac{n_h\overline{y_h}}{n\overline{y}}$代表 h 组优质生态产品供给水平得分占样本内所有地级市得分的比例，且 $\sum_j\sum_h P_jS_h = 1$。D_{jh} 为 j 区域与 h 区域之间的相对影响力，其计算公式如下：

$$D_{jh} = (d_{jh} - p_{jh})/(d_{jh} + p_{jh}) \tag{5.20}$$

$$d_{jh} = \int_0^{\infty} \mathrm{d}F_j(y)\int_0^{y}(y - x)\mathrm{d}F_h(x) \tag{5.21}$$

$$P_{jh} = \int_0^{\infty} \mathrm{d}F_h(y)\int_0^{y}(y - x)\mathrm{d}F_j(x) \tag{5.22}$$

其中，d_{jh}代表j区域和h区域间的总影响力，计算方式为两个区域中所有$y_{ji} - y_{hr} > 0$汇总值的数学期望；P_{jh}表示超变一阶矩，表示j区域和h区域中所有$y_{hr} - y_{ji} > 0$汇总值的数学期望；$F_j(F_h)$ 表示区域$j(h)$ 累积密度分布函数。

基于上一节搭建的优质生态产品供给综合评价指标体系，将指标因子权重结合实际数据，测算我国2010～2020年26个省份共计282个地级市的优质生态产品供给水平得分。在此基础上将282个地级市得分按省分类，采用Dagum基尼系数测算我国2010～2020年26个省份优质生态产品供给水平的空间差异。鉴于使用地级市数据计算省级层面的空间差异，四个直辖市未纳入计算，西藏多项指标数据完全缺失，无法通过参考历史数据对缺失数据进行合理填补，因而西藏也未纳入计算。测算结果如表5.18所示。

我国优质生态产品供给水平始终存在不平衡现象，不同地区优质生态产品供给水平差异较大。根据2010～2020年各省优质生态产品供给水平空间差异测算结果，将26个省份划分为五类，分别是空间差异大（排名位列1～5）、较大（排名位列6～10）、中等（排名位列11～15）、较小（排名位列16～20）、小（排名位列21～26）。其中，甘肃、陕西、新疆、河南和四川排在第一个梯度，优质生态产品供给水平的空间差异大；宁夏、辽宁、河北、吉林和贵州排在第二个梯度，优质生态产品供给水平的空间差异较大；安徽、湖南、青海、广西和黑龙江排在第三个梯度，优质生态产品供给水平的空间差异中等；江西、湖北、山西、云南和内蒙古排在第四个梯度，优质生态产品供给水平的空间差异较小；山东、江苏、广东、海南、浙江和福建排在第五个梯度，优质生态产品供给水平的空间差异小。从排

表 5.18 优质生态产品供给水平的空间差异

省份	2010 年	2011 年	2012 年	2013 年	2014 年	2015 年	2016 年	2017 年	2018 年	2019 年	2020 年
甘肃	0. 3331	0. 3514	0. 3595	0. 3495	0. 3403	0. 3322	0. 3321	0. 3368	0. 3307	0. 3292	0. 3281
陕西	0. 2889	0. 3186	0. 2795	0. 2832	0. 2872	0. 2937	0. 3403	0. 3661	0. 3624	0. 3362	0. 3269
新疆	0. 2488	0. 2504	0. 2527	0. 3919	0. 4465	0. 4129	0. 3572	0. 3031	0. 2707	0. 2432	0. 2165
河南	0. 2898	0. 3394	0. 3191	0. 2901	0. 2859	0. 2872	0. 2370	0. 2358	0. 2346	0. 2340	0. 2348
四川	0. 2421	0. 2528	0. 3065	0. 2971	0. 2733	0. 2615	0. 2678	0. 2794	0. 2404	0. 2413	0. 2503
宁夏	0. 2598	0. 2397	0. 2319	0. 2505	0. 2243	0. 2445	0. 2300	0. 2639	0. 2759	0. 2801	0. 2900
辽宁	0. 1930	0. 2003	0. 2060	0. 2155	0. 2227	0. 2372	0. 2519	0. 2591	0. 2707	0. 2844	0. 2954
河北	0. 2034	0. 2051	0. 2051	0. 2092	0. 2093	0. 2128	0. 2187	0. 2248	0. 2298	0. 2384	0. 2449
吉林	0. 2084	0. 2210	0. 2200	0. 0129	0. 2019	0. 2089	0. 2200	0. 2268	0. 2342	0. 2196	0. 2199
贵州	0. 2206	0. 2186	0. 2165	0. 2158	0. 2139	0. 2123	0. 2099	0. 2078	0. 2058	0. 2049	0. 1987
安徽	0. 1895	0. 1841	0. 1858	0. 1858	0. 1853	0. 1855	0. 1901	0. 1940	0. 1991	0. 2027	0. 2007
湖南	0. 2260	0. 2131	0. 2034	0. 2042	0. 2022	0. 1928	0. 1636	0. 1742	0. 1600	0. 1779	0. 1699
青海	0. 1903	0. 2125	0. 2125	0. 1786	0. 1853	0. 1993	0. 2018	0. 1826	0. 1693	0. 1714	0. 1758
广西	0. 1989	0. 1643	0. 1704	0. 0733	0. 1650	0. 1816	0. 1747	0. 1786	0. 1894	0. 2040	0. 2212
黑龙江	0. 1606	0. 2062	0. 2054	0. 2098	0. 1892	0. 1772	0. 1685	0. 1666	0. 1694	0. 1797	0. 1843

续表

省份	2010年	2011年	2012年	2013年	2014年	2015年	2016年	2017年	2018年	2019年	2020年
江西	0.1912	0.1901	0.2156	0.1963	0.1848	0.1723	0.1722	0.1521	0.1791	0.1714	0.1716
湖北	0.1976	0.1915	0.1840	0.1873	0.1832	0.1820	0.1722	0.1731	0.1632	0.1603	0.1542
山西	0.2050	0.2374	0.1798	0.1623	0.1594	0.1559	0.1512	0.1474	0.1446	0.1438	0.1418
云南	0.1410	0.1795	0.1777	0.1779	0.1764	0.1749	0.1748	0.1708	0.1174	0.1174	0.1207
内蒙古	0.1866	0.1754	0.1669	0.1494	0.1395	0.1259	0.1181	0.1113	0.1071	0.1068	0.1089
山东	0.1406	0.1499	0.1230	0.1202	0.1217	0.1344	0.1244	0.1339	0.1347	0.1345	0.1361
江苏	0.1078	0.1380	0.1406	0.1375	0.1448	0.1463	0.1365	0.1073	0.1084	0.1046	0.0957
广东	0.1140	0.1040	0.1033	0.1074	0.1099	0.0947	0.0920	0.1090	0.0911	0.0967	0.1016
海南	0.0979	0.0973	0.1031	0.1173	0.0854	0.0815	0.0753	0.0869	0.0653	0.0800	0.0781
浙江	0.1274	0.1411	0.1031	0.0952	0.0849	0.0853	0.0872	0.0773	0.0510	0.0534	0.0516
福建	0.0777	0.0794	0.0786	0.0797	0.0816	0.0806	0.0818	0.0843	0.0849	0.0888	0.0948

名上看，优质生态产品供给水平空间差异大和较大的省份大多位于我国北方，尤其是西北地区，甘肃、陕西和新疆排名最靠前；而优质生态产品供给水平空间差异小和较小的省份大多位于我国南方，尤其是东南沿海地区，海南、浙江和福建排名最末。东部地区省份排名较为靠后，可见东部地区优质生态产品供给水平的空间均衡性总体上要略优于中部和西部地区，这表明我国优质生态产品供给水平仍然存在非常明显的区域差距，在供给优质生态产品过程中需要重点关注地区差异。

空间差异测算结果和供给水平得分分布都表明我国优质生态产品供给水平空间差异大，供给水平在地区之间存在明显的不均衡现象，尤其是西部地区。我国区域内高质量发展不平衡不充分问题明显，并有进一步加剧的趋势（李林山等，2021），在生态文明建设中，各地提升优质生态产品供给水平的步调并不一致，部分地区能够从生态修复、污染治理、设施建设等多方面发力快速提升优质生态产品的供给水平，而另一些地区则受制于经济发展、历史包袱等进展缓慢。空间差异越大的地区，其内部步调不一致表现得越明显，可能的原因在于：一方面，在评价优质生态产品供给水平时，除了供给数量，还包括生态修复水平和生态友好水平，由于我国部分省份存在个别城市（一般为省会城市）“一家独大”的现象，地级及以上城市与省会城市等在污染治理力度和生态环境投入资金上存在较大差距；另一方面，站在本省利益最大化角度，部分省份会优先发展省会和中心城市，对省会、中心城市加大生态环境治理可能会间接破坏邻近地区的生态环境。正如柯善咨（2009）研究认为，在省域范围内，省会和中心城市对下级市县有显著回流效应，表现为省会和中心城市在短期内的发展建立在牺牲周边城市发展的代价之上。谢锐等（2018）研究认为，我国环境污染展现出一种反向的“局域俱乐部集团现象”，周边地区的生态环境质量会对本地区的生态环境质量产生负向作用，地理邻近的地区生态环境质量越好，本地区的生态环境质量就越差。相反，空间差异小的地区，优质生态产品供给水平提升是协同推进的，通过加强生态环境修复治理区域协作，如建立区域联合监测体系，做到联防联控，在区域内部同开发共治理，使相邻地区环境质量改善促进本地环境质量提升，省会、中心城市等优质生态产品供给水平提升产生了一定示范作用，进而促进相邻城市也提升优质生态产品供给水平。

根据 Dagum 基尼系数测算方法，将我国 2010～2020 年 282 个地级市的优质生态产品供给水平得分按地区分类，测算我国优质生态产品供给水平的总体差距、地区内差距以及地区之间差距（如表 5. 19 所示），进一步分析我国东部、中部、西部三大区域优质生态产品供给水平在区域上的空间差异。

表 5. 19　　　　优质生态产品供给水平的区域空间差异

年份	总体	组内差异			组间差异			贡献		
		东部	中部	西部	东部－中部	东部－西部	中部－西部	G_W	G_{nb}	G_t
2010	0. 3364	0. 2010	0. 1964	0. 2534	0. 3024	0. 4341	0. 2202	0. 1117	0. 1403	0. 0844
2011	0. 3204	0. 1723	0. 2058	0. 2461	0. 2962	0. 4456	0. 2364	0. 1134	0. 1463	0. 0607
2012	0. 3560	0. 1831	0. 2134	0. 2587	0. 2830	0. 4364	0. 2397	0. 1462	0. 1422	0. 0676
2013	0. 3775	0. 1965	0. 2350	0. 2831	0. 2864	0. 4114	0. 2299	0. 1244	0. 1526	0. 1005
2014	0. 3206	0. 1926	0. 2282	0. 2655	0. 2936	0. 3495	0. 2328	0. 0916	0. 1216	0. 1075
2015	0. 3461	0. 1863	0. 1959	0. 2616	0. 2897	0. 3662	0. 2341	0. 1004	0. 1399	0. 1058
2016	0. 3361	0. 1816	0. 2016	0. 2721	0. 2758	0. 3565	0. 2498	0. 1147	0. 1312	0. 0902
2017	0. 3041	0. 1621	0. 2163	0. 2597	0. 2803	0. 3435	0. 2138	0. 1181	0. 1287	0. 0573
2018	0. 2993	0. 1716	0. 2104	0. 2744	0. 2970	0. 3555	0. 2255	0. 1044	0. 1397	0. 0552
2019	0. 2873	0. 1753	0. 2088	0. 2608	0. 3050	0. 3478	0. 2220	0. 1033	0. 1323	0. 0518
2020	0. 2866	0. 1614	0. 2102	0. 2687	0. 2831	0. 3395	0. 2437	0. 0993	0. 1248	0. 0625
均值	0. 3246	0. 1803	0. 2111	0. 2640	0. 2902	0. 3805	0. 2316	0. 1116	0. 1363	0. 0767

从全国层面差异来看，我国优质生态产品供给水平的整体 Dagum 基尼系数在考察期内的均值为 0. 3246，处于较高水平，大部分时期内均呈现上升趋势，仅在样本末期和个别年份有小幅度下跌，这表明我国优质生态产品供给水平存在着较为明显的不均衡现象。可能原因在于尽管各个地区都重视生态文明建设，供给尽可能多的优质生态产品，但是由于自然资源禀

赋、生态环境改善力度和经济发展目标等因素，部分地区供给优质生态产品的发展动力不足，导致空间差距被进一步拉大，今后需要加快推进优质生态产品供给均等化进程。

从区域内差异来看，三大区域的组内 Dagum 基尼系数都低于全国的整体基尼系数，表明考察期内样本数据的整体差异主要源自区域间差异。东部、中部、西部地区 Dagum 基尼系数的均值排序从大到小依次为西部地区 0.2640、中部地区 0.2111、东部地区 0.1803。西部地区不仅在绝对数值上排在首位，增长速度也比其他地区快，空间非平衡问题最为明显。中部地区的组内差异次于西部地区，也反映了中部地区内部优质生态产品供给水平存在较大差距。东部的组内差异在 2013 年达到峰值之后开始出现下降，不平衡问题稍有缓解，这与近年来东部地区长三角、珠三角等生态环境一体化保护密切相关，随着区域生态环境共保联治能力显著增强，优质生态产品供给水平也得到提升。

从区域间差异来看，东部地区与西部地区之间的组间差异相对最大，反映出我国西部地区优质生态产品供给水平的提升进程暂时落后于东部地区，但是东部与西部的演变趋势在观测期内以波动下降为主，由 2010 年的 0.4341 下降为 2020 年的 0.3395，降幅为 21.79%。东部地区和中部地区的组间差异处于中间水平，考察期间不断波动变化，由 2010 年的 0.3024 下降为 2020 年的 0.2831，降幅为 6.37%。西部地区和中部地区的组间差异最小，考察期间不断波动变化，由 2010 年的 0.2202 增长到 2020 年的 0.2437，增长幅度为 10.67%。说明三大区域优质生态产品供给水平仍存在较为严重的区域间分化问题，且东部地区与西部地区之间的差异始终处于高位。

根据 Dagum 基尼系数分解结果，2010～2020 年优质生态产品供给的区域内差异、区域间差异和超变密度的均值分别为 0.1116、0.1363、0.0767，计算贡献率分别为 34.38%、42.10%、23.62%。由此可见，超变密度即区域间差距的交互作用对优质生态产品供给水平的空间差异贡献相对较小，区域内差异次之，区域间差异是全域内部差异最重要的来源。在供给优质生态产品过程中要重点关注区域之间的发展落差，重视解决区域间优质生态产品供给水平提升的不平衡问题。

为考察我国优质生态产品供给水平空间差异的动态演进，分析其空间非均衡状态，采用 Kernel 密度估计法进行研究。Kernel 密度估计可以构建平滑的峰值函数估计样本的概率密度，并且随时间的推移密度曲线的形态、位置和延展性会发生变化，被广泛应用于空间差异的分析中（陈银娥等，2015）。通过对比不同时期的分布曲线图，可以分析我国优质生态产品供给水平分布的动态特征。假定随机变量独立同分布，$f(X)$ 为其概率密度函数，$K(X)$ 为核函数，则：

$$f(X) = \frac{1}{Nh}\sum_{i=1}^{N} K\left(\frac{x_i - \alpha}{h}\right) \tag{5.23}$$

$$K(X) = \frac{1}{\sqrt{2\pi}}\exp\left(-\frac{x^2}{2}\right) \tag{5.24}$$

其中，N 为观测值个数；x_i 为独立同分布观测值；h 为带宽，Kernel 密度估计中一般优先选择较小的带宽来提升估计精度；$K(X)$ 为平滑转换函数，有时也称加权函数，即常见的高斯核函数。采用 Kernel 密度估计法将各地区的优质生态产品供给水平输入 Stata 软件，计算 2011 年、2014 年、2017 年、2020 年优质生态产品供给水平核密度分布，并绘制核密度分布图，如图 5.4、图 5.5 所示。

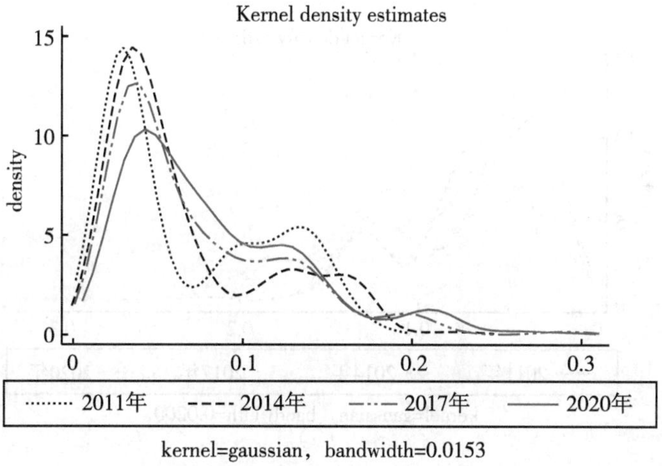

图 5.4　全国层面优质生态产品供给水平分布动态

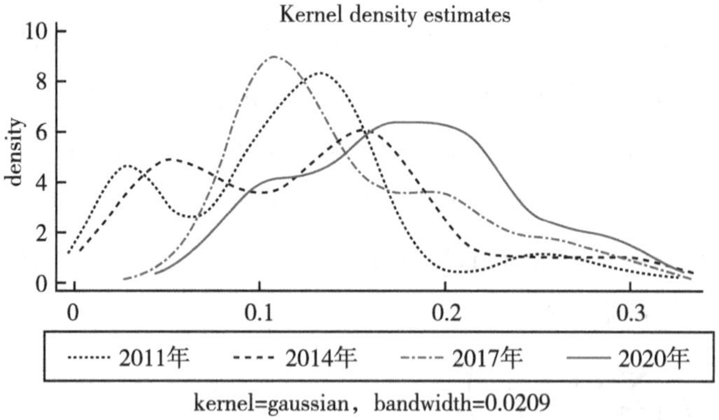

（a）

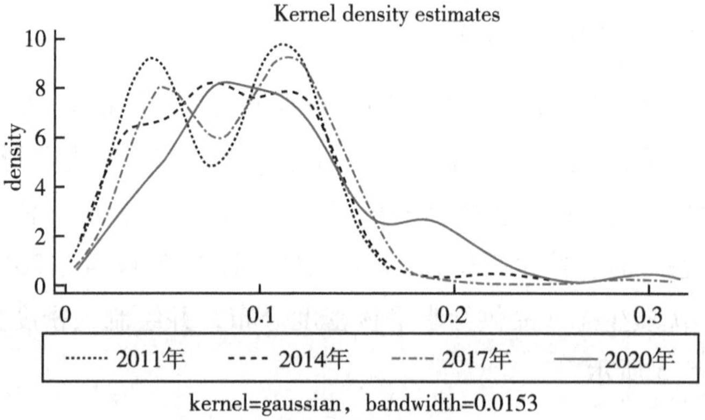

（b）

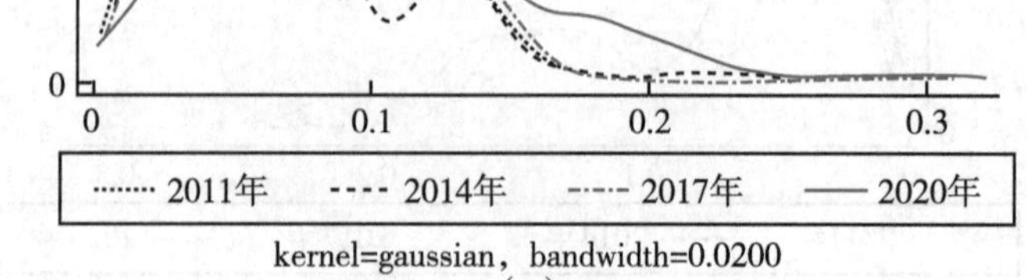

（c）

图5.5　地区层面优质生态产品供给分布动态

全国层面的分布动态。图 5.4 描述了考察期内全国层面优质生态产品供给水平的空间非均衡状态。从分布位置看，2011 年、2014 年、2017 年和 2020 年这 4 个年份的密度曲线逐渐向右偏移，虽然偏移程度较小，但在一定程度上说明了全国优质生态产品供给水平有逐渐提升的现象，增加优质生态产品供给工作取得阶段性成果。从形状上看，2011 年、2014 年呈现明显的双峰态势，说明各地优质生态产品供给水平两极分化程度高，高值区与低值区分异明显，空间非均衡性突出。2017 年、2020 年逐渐呈现多峰态势，表明我国优质生态产品供给水平出现了明显的多极分化现象。从波峰上看，相比 2011 年、2014 年，2017 年和 2020 年的波峰高度逐年下降，绝对差距扩大。从延展性来看，曲线右拖拉长，表明部分地区优质生态产品供给水平提升较快，而部分地区优质生态产品供给水平提升较慢，差距有持续扩大的趋势，实现空间均衡发展任重道远。

地区层面的分布动态。图 5.5 的（a）、（b）、（c）分别描述了考察期内东部、中部、西部地区优质生态产品供给水平的空间非均衡状态。东部地区从分布位置看，曲线整体向右移动，表明东部地区优质生态产品供给水平处于上升的变化趋势；从形状上看，密度曲线存在右拖尾现象，区域内部分地区优质生态产品供给水平高于同一区域内其他地区，到样本末期均逐渐演变为单峰，两极分化特征在整体上趋于弱化，区域内差异化程度逐渐降低。中部地区从分布位置看，曲线整体向右移动，表明中部地区优质生态产品供给水平总体提高；从形状上看，主峰高度变低且宽度拉大，意味着样本内离散程度呈现上升趋势，密度曲线的右拖尾现象突出，表明地区内部存在一定的差距。西部地区从分布位置看，曲线逐渐向右偏移，表明西部地区优质生态产品供给水平有逐渐提升的迹象；从形状上看，2011 年、2014 年、2017 年和 2020 年均呈现明显的双峰态势，说明西部地区各地优质生态产品供给水平两极分化程度高，高值区与低值区分异明显，核密度曲线出现高度下降和宽度变大，密度曲线右拖尾的现象突出，说明西部地区优质生态产品供给水平内部发展绝对差距增大，部分省份明显落后于区域内其他省份。

本部分对优质生态产品供给水平的空间差异进行测算，并深入分析了测算结果。首先，从生态环境基本情况和生态产品供给实践两个方面阐述了我国优质生态产品的供给现状。其次，构建了优质生态产品供给水平综合评价指标体系，科学评价了优质生态产品的供给水平，作为后续研究空间差异的基础。最后，通过 Dagum 基尼系数及其分解方法测算了优质生态产品供给水平的空间差异。主要结论有：①从整体上看，我国优质生态产品供给水平不断提升。优质生态产品供给水平在 2010 ~ 2020 年稳定增长，呈现出良好的发展态势。各部分得分中，供给数量得分的增长速度波动较大，生态友好得分的增长速度由负转正，并在 2017 年以后实现逐年上升，生态修复得分实现了稳步提升。②我国优质生态产品供给水平空间差异始终存在，空间发展不均衡。测算各地区内部差异结果表明，我国优质生态产品供给水平始终存在明显空间差异，各省内部发展不平衡的矛盾突出。空间差异区域分析结果表明，区域间差异是构成整体差异的最主要原因，区域内差异从大到小依次为西部、中部和东部。空间差异动态演进分析结果表明，我国优质生态产品供给水平呈现明显两极分化，高值区和低值区分异明显，空间非均衡状态不断变化，相较于东部地区和中部地区，西部地区绝对差距扩大较为明显，需要关注区域间、区域内优质生态产品供给水平发展的空间非均衡状态，促进优质生态产品供给协调发展。

5.2.4 影响因素分析

基于对优质生态产品供给水平空间差异的影响机理分析，进一步对我国优质生态产品供给水平空间差异的影响因素进行实证分析。由于直接影响优质生态产品供给水平空间差异的因素中，生态资源存量和生态环境系统性修复具有特定的自然属性和空间格局，在研究时段内的变化具有刚性特征，不适合开展实证分析。因此，主要针对间接影响优质生态产品供给水平空间差异的来自社会经济系统的因素开展实证研究。基于既有文献研究，选取了 2010 ~ 2020 年我国 26 个省份的面板数据，对优质生态产品供给水平空间差异的影响因素进行回归分析，识别关键影响因素并探寻其影响的异质性。

经济增长选用人均国内生产总值表示，并以2010年为基期计算实际人均国内生产总值。技术进步参考曾贤刚等（2020）选取地方财政中的科技投入和教育投入来表示，科技投入和教育投入是创新要素中科技资源和人力资源的智力支撑，反映了该地区所拥有的创新发展资源。人口密度计算方式为每平方千米的常住人口。产业结构选用第二产业占国内生产总值比重表示，考虑到产业结构变化中能源消费的变化，还添加了能源消费结构，计算方式为煤炭占能源消费总量比重（王少剑等，2018）。对外开放选取外贸开放度和外资开放度两个指标表示，外贸开放度为进出口总额在国内生产总值中所占的比重，外资开放度为实际利用外商直接投资在国内生产总值所占的比重。环境规制参考张华等（2016）使用环境规制强度表示正式环境规制，计算方法为工业污染治理完成投资额与工业增加值的比值，参考吴力波等（2022）使用公众环境关注度表示非正式环境规制，公众环境关注度即百度“雾霾”搜索总指数，计算方法为百度搜索引擎中PC端搜索指数和移动端搜索指数的加权和。

优质生态产品供给水平的空间差异，选用本书前面章节对我国各地区优质生态产品供给水平空间差异的测度结果作为被解释变量。

上述解释变量数据除公众环境关注度来自百度搜索指数外，其余均来源于2010～2020年的《中国环境统计年鉴》《中国科技统计年鉴》《中国工业统计年鉴》《中国统计年鉴》《中国区域经济统计年鉴》以及各省统计年鉴和统计公报等。同时采用线性插值法补齐个别年份、个别省份缺失的数据。表5.20为变量的描述性统计。

表5.20　变量的描述性统计

变量	代码	指标	单位	均值	标准差	最小值	最大值
教育投入	EDU	地方财政教育投入	亿元	792.1	519.2	91.69	3511
科技投入	SCI	地方财科技投入	亿元	118.0	117.7	3.346	584.4
产业结构	IS	第二产业占GDP比重	%	0.428	0.108	0.131	0.668

续表

变量	代码	指标	单位	均值	标准差	最小值	最大值
能源消费结构	ES	煤炭占能源消费总量比重	%	0.432	0.138	0.0837	0.717
正式环境规制	FER	工业污染治理完成投资额/工业增加值	%	0.0031	0.0029	4.44e-05	0.0245
非正式环境规制	IER	公众环境关注度	次	178.5	138.4	1.418	652.3
外资开放度	FDI	外商直接投资占 GDP 比重	%	0.0181	0.0139	0.0011	0.0776
外贸开放度	TRA	进出口总额占 GDP 的比重	%	0.209	0.214	0.00757	1.206
经济增长	PGDP	人均 GDP	元	31998	12488	569.3	75821
人口密度	DENSE	年末人口密度	人/平方千米	2502	1033	394	5152

首先通过空间自相关检验表明选择空间计量模型的合理性。莫兰指数可以测度事物的某个属性彼此间限定在某个空间范围内的相关性，常被用于空间自相关检验中。全局莫兰指数取值范围为 -1 ~ 1，0 ~ 1 表示各地区存在一定程度的空间正相关性，-1 ~ 0 则表示存在一定程度的空间负相关性，等于 0 则表示在空间上随机分布，计算方式如下：

$$I = \frac{\sum_{p=1}^{a}\sum_{q=1}^{a} w_{pq}(E_P - \overline{E})(E_q - \overline{E})}{S^2 \sum_{p=1}^{a}\sum_{q=1}^{a} w_{pq}} \tag{5.25}$$

其中，I 为全局莫兰指数，E_P、E_q 分别表示第 p 个区域和第 q 个区域的优质生态产品供给水平空间差异，$\overline{E}$ 表示优质生态产品供给水平空间差异的均值，S^2 表示方差，w_{pq} 表示采用空间邻接模式构建的空间权重矩阵。采用 ArcGIS10.6 软件中的空间自相关统计工具计算 2010～2020 年优质生态产品供给水平的空间差异的全局空间自相关莫兰指数，计算结果如表 5.21 所示。

表 5.21　2010～2020 年优质生态产品供给水平空间差异的全局莫兰指数统计量

指标	2010 年	2011 年	2012 年	2013 年	2014 年	2015 年	2016 年	2017 年	2018 年	2019 年	2020 年
莫兰指数 I	0.166	0.219	0.231	0.168	0.178	0.169	0.245	0.237	0.253	0.226	0.251
差异度	2.186	2.207	2.708	2.039	2.616	2.236	2.533	2.365	2.661	2.303	2.416
概率	0.028	0.007	0.013	0.005	0.009	0.035	0.022	0.004	0.011	0.009	0.007

根据表 5.21，考察期内优质生态产品供给水平空间差异的全局莫兰指数均通过了 10% 的显著性检验，表明在全国范围内优质生态产品供给水平的空间差异存在较强的空间正相关关系，在研究优质生态产品供给水平空间差异的回归模型中引入空间效应是有必要的。此外，全局莫兰指数均为正值，说明优质生态产品供给水平空间差异大的省份趋于集中形成高－高值聚集区，优质生态产品供给水平空间差异小的省份趋于集中形成低－低值聚集区。这主要是因为我国自然资源禀赋空间分布不均，加之实施区域一体化发展、中部崛起战略和西部大开发战略等，加强了优质生态产品供给水平空间差异的空间正相关性。本章上一节的研究表明全国范围内优质生态产品供给水平空间差异存在较强的空间正相关关系，因此，通过地理距离计算空间权重矩阵，构建空间经济计量模型对优质生态产品供给水平空间差异的影响因素进行回归分析。在对模型的选择中，分别进行了 LM 检验、LR 检验和 Hausman 检验，结果如表 5.22 所示。LM 检验结果显示空间滞后和空间误差模型均拒绝原假设，应该选择空间杜宾模型。继续通过 LR 检验来验证，LR 检验在 1% 的显著性水平下拒绝原假设，不应将空间杜宾模型简化为空间滞后模型或空间误差模型。此外，Hausman 检验在 1% 的显著性水平下拒绝原假设，应选用空间固定效应模型。

表 5.22　　空间计量模型选择的检验结果

检验方法	统计量	P 值
LM - Lag	312.236	0.000
Robust LM - Lag	28.796	0.026
LM - error	400.067	0.033
Robust LM - error	116.627	0.021
LR - SDM - SAR	135.77	0.000
LR - SDM - SEM	136.18	0.000
Hausman	58.77	0.000

结合上述讨论及基本理论模型，选择固定效应空间杜宾模型（SDM）来进行空间常系数回归分析，模型设定如下：

$$y_{i,t} = \mu_i + \tau_t + \rho W y_{i,t} + \theta x_{i,t} + \delta W x_{i,t} + \varepsilon_i \tag{5.26}$$

其中，$y_{i,t}$为被解释变量，即优质生态产品供给水平空间差异，μ_i 为个体固定效应，τ_t 为时间固定效应，W 为空间权重矩阵，$x_{i,t}$为解释变量，ε_i 为随机扰动项。运用 Stata 软件对优质生态产品供给水平的空间差异影响因素进行回归分析，结果如表 5.23 所示。

表 5.23　　模型回归结果

变量	经典回归模型（OLS）			空间杜宾回归模型（SDM）		
	系数	统计量	P 值	系数	统计量	P 值
ln*EDU*	0.0553	5.24	0.8050	0.0219	0.55	0.5794
ln*SCI*	0.0352	5.58	0.0005	0.0192	3.71	0.0000
IS	0.1157	2.99	0.0414	0.1501	4.10	0.0000
ES	0.0454	1.36	0.1761	0.0825	2.15	0.5819
FER	1.6195	1.05	0.0003	0.7306	0.56	0.0321
ln*IER*	0.0226	0.52	0.0000	0.0034	0.37	0.7111
FDI	1.1397	4.09	0.0136	0.2994	1.03	0.3021
TRA	0.1673	7.21	0.4048	0.1897	0.47	0.6371

续表

变量	经典回归模型（OLS）			空间杜宾回归模型（SDM）		
	系数	统计量	P 值	系数	统计量	P 值
ln*PGDP*	0. 0710	0. 76	0. 1983	0. 0024	3. 12	0. 0021
ln*DENSE*	0. 0106	1. 31	0. 2432	0. 0090	1. 11	0. 2681
w × ln*EDU*				0. 0798	1. 77	0. 0763
w × ln*SCI*				0. 0532	1. 40	0. 0161
w × *IS*				0. 5558	2. 03	0. 0642
w × *ES*				0. 4920	1. 42	0. 1553
w × *FER*				1. 7584	2. 41	0. 0106
w × ln*IER*				0. 2848	3. 64	0. 0000
w × *FDI*				0. 9326	0. 47	0. 6137
w × *TRA*				0. 0816	1. 12	0. 2514
w × ln*PGDP*				0. 3380	5. 33	0. 0000
W × ln*DENSE*				0. 2517	3. 25	0. 0001
R^2	0. 4245			0. 7778		
Log – *likelihood*				490. 0117		

从检验系数的回归结果可以看出，经典回归模型的 R^2 为 0. 4245，空间杜宾模型 R^2 为 0. 7778，将空间效应考虑到模型中拟合效果明显提升，表明空间杜宾模型更加有效。对空间杜宾模型的回归检验结果解释如下：①ln*SCI*、*FER*、ln*PGDP* 的系数为负，其中，ln*SCI* 在 1% 置信水平上显著，*FER*、ln*PGDP* 在 5% 置信水平上显著，表明科技投入、正式环境规制、经济增长对优质生态产品供给水平的空间差异起到抑制作用。一般来说，随着经济发展水平的不断提高，公众环保意识增强，政府部门对科技投入的支持力度更大，并且环境管制要求更为严格，促进各地竞相提高供给水平，进而缩小了优质生态产品供给水平的空间差异。②*IS* 的系数为正且在 1% 置信水平上显著，表明产业结构中第二产业占比增大会拉大优质生态产品供给水平的空间差异。第二产业占比增大不利于促进产业结构生态化，部

分地区将第二产业中的污染密集型产业由中心区向外围区搬迁，这将不利于本身生态基础不好的外围区持续供给优质生态产品，进一步拉大了优质生态产品供给水平的空间差异。③$w \times \ln IER$、$w \times \ln PGDP$ 在 1% 置信水平上显著，$w \times \ln SCI$、$w \times FER$、在 5% 置信水平上显著，表明科技投入、正式环境规制、非正式环境规制、经济增长、人口密度对空间相邻地区优质生态产品供给水平空间差异可能具有影响，即存在空间相互作用。其中，科技投入、正式环境规制、非正式环境规制、经济增长是负向作用，人口密度是正向作用。可能的原因在于，邻近地区经济发展水平提高、公众环境关注度提高、政府部门加大科技投入和环境规制强度，进而提升优质生态产品供给水平，这能起到较好的示范作用，促使周边地区向其学习提升当地优质生态产品供给水平，促进区域优质生态产品供给协同发展，较高的人口密度给自然生态环境带来较大压力，导致优质生态产品供需矛盾较为突出，这不利于缓解地区优质生态产品供给水平的差距。前面基于空间杜宾模型（SDM）对优质生态产品供给水平空间差异的影响因素进行了全域估计，即模型中的系数被假定为一个常数，并根据常数的大小分析对应变量的作用程度。由于时空非平稳性的存在，各个影响因素在不同地理位置上的表现往往是不同的，常系数形式的全域估计并不能全面揭示不同地理位置上影响因素作用的变化，为此，选取变量系数会根据空间位置不同而发生改变的时空地理加权回归模型（GTWR）对优质生态产品供给水平空间差异的影响因素进行局域估计。

优质生态产品供给水平空间差异的影响因素可能因为地理位置不同作用程度也发生变化，体现为一种空间非平稳性。对此学者们使用地理加权回归（GWR）模型来解决因同质性假设无法满足而导致估计结果失真的问题，其核心思想是对不同地区给予不同的估计值，使其结果更符合客观实际，计算公式为：

$$y_i = \beta_0(\mu_i, \nu_i) + \sum\nolimits_m \beta_m(\mu_i, \nu_i) x_{im} + \varepsilon_i \tag{5.27}$$

其中，目标区域 i 的坐标为（μ_i, ν_i），$\beta_0(\mu_i, \nu_i)$ 为截距项，x_{im} 为解释变量 x_m 于目标区域 i 上的数值，函数 $\beta_m(\mu_i, \nu_i)$ 在地理位置 i 上的数值为

$\beta_m(\mu_i,\nu_i)$，m 为解释变量个数，ε_i 为随机扰动项。GWR 模型允许在空间位置改变时变量系数也发生变化，但仅适用于截面数据，若估计参数过多就会牺牲估计参数的精度。对此，学者们引入第三维度的时间坐标构建了 GTWR 模型，其基本公式如下：

$$y_i = \beta_0(\mu_i,\nu_i,t_i) + \sum_k \beta_k(\mu_i,\nu_i,t_i)x_{it} + \varepsilon_i \tag{5.28}$$

其中，(μ_i,ν_i,t_i) 是第 i 个样本点的时空坐标，μ_i 和 ν_i 分别是第 i 个省份的纬度和经度，t_i 为时间距离，通过所有空间单元两两距离的中位数计算得到。$\beta_0(\mu_i,\nu_i,t_i)$ 是 i 的时空截距项，$\beta_k(\mu_i,\nu_i,t_i)$ 是第 k 个影响因素在回归点 i 的回归系数，计算公式如下：

$$\tilde{\beta}(\mu_i,\nu_i,t_i) = [X^T W(\mu_i,\nu_i,t_i)X]^{-1}X^T W(\mu_i,\nu_i,t_i)Y \tag{5.29}$$

其中，W 是高斯距离函数，引入时间参数后，高斯距离计算公式如下：

$$d_{ij} = \sqrt{(x_i - x_j)^2 + (y_i - y_j)^2 + (t_i - t_j)^2} \tag{5.30}$$

以测算得出的优质生态产品供给水平空间差异为因变量，将教育投入（ln*EDU*）、科技投入（ln*SCI*）、产业结构（*IS*）、能源结构（*ES*）、正式环境规制（*FER*）、非正式环境规制（ln*IER*）、外资开放度（*FDI*）、外贸开放度（*TRA*）、经济增长（ln*PGDP*）、人口密度（ln*DENSE*）设定为自变量，构建 GTWR 模型如下：

$$\begin{aligned} y_i = {} & \beta_0(\mu_i,\nu_i,t_i) + \beta_1(\mu_i,\nu_i,t_i)\ln EDU + \beta_2(\mu_i,\nu_i,t_i)\ln SCI \\ & + \beta_3(\mu_i,\nu_i,t_i)IS + \beta_4(\mu_i,\nu_i,t_i)ES + \beta_5(\mu_i,\nu_i,t_i)FER \\ & + \beta_6(\mu_i,\nu_i,t_i)\ln IER + \beta_7(\mu_i,\nu_i,t_i)FDI + \beta_8(\mu_i,\nu_i,t_i)TRA \\ & + \beta_9(\mu_i,\nu_i,t_i)\ln PGDP + \beta_{10}(\mu_i,\nu_i,t_i)\ln DENSE + \varepsilon_i \end{aligned} \tag{5.31}$$

其中，y_i 表示样本点 i 的优质生态产品供给水平的空间差异，β_1 到 β_{10} 表示样本点 i 处的回归系数估计值，ε_i 为随机误差项。借助 Arcgis10.6 软件和 GTWR 工具包，对优质生态产品供给水平空间差异的影响因素进行时空地理加权回归分析。比较普通线性回归模型（OLS）和 GTWR 模型回归结果，GTWR 模型的拟合优度为 0.86446，明显高于 OLS 模型，并且 OLS 模型的 AIC 值（赤池信息准则）为 221.144，GTWR 模型的 AIC 值为 9.894，进一步说明考虑了时空异质性的 GTWR 模型更优。GTWR 模型回归得到各影响因素在不同时期对不同省份优质生态产品供给水平空间差异的影响程度，四分位表展示了影响因素回归系数的最大值、最小值以及四分位数，进而对回归系数产生的影响强度、影响效应回归系数进行描述，结果如表 5. 24 所示。

表 5. 24　基于 GTWR 模型的影响因素回归系数统计分析

变量	Min	Lwr Quartile	Mean	Upr Quartile	Max	Sig level
ln*EDU*	-0. 692	0. 192	0. 410	0. 594	1. 028	1. 76%
ln*SCI*	-0. 744	-0. 394	-0. 223	-0. 067	-0. 008	63. 4%
IS	-9. 787	0. 0531	0. 303	0. 755	2. 127	14. 8%
ES	-2. 934	0. 084	0. 510	1. 031	3. 104	28. 7%
FER	-1. 026	0. 0081	0. 390	0. 720	1. 150	64. 4%
ln*IER*	-0. 460	-0. 291	-0. 194	-0. 105	-0. 035	73. 6%
FDI	-0. 379	-0. 168	-0. 083	-0. 043	0. 386	67. 2%
TRA	-2. 885	-0. 859	-0. 460	-0. 045	0. 666	23. 9%
ln*PGDP*	-0. 559	-0. 032	0. 073	0. 055	0. 083	3. 16%
ln*DENSE*	-0. 061	0. 077	0. 140	0. 221	0. 489	63. 7%
R^2	0. 86446					
Bandwidth	0. 174455					

注：显著性水平比例为 GTWR 估计的参数在 5% 水平上显著的比例。

从估计结果看，各影响因素对优质生态产品供给水平空间差异在不同地理位置上呈现不同的影响效果。科技投入、正式环境规制、非正式环境规制、外资开放度和人口密度五个因素的显著性比例超过 50%，最值间存在明显差距，对于不同的省份其作用强度不同。其中，正式环境规制、外资开放度和人口密度的回归系数范围从负数到正数，表明其不仅对不同区域的优质生态产品供给水平空间差异有不同程度的影响，还会产生完全相反的作用效果。影响因素空间异质性：

①科技投入对优质生态产品供给水平空间差异的影响。科技投入对不同地区优质生态产品供给水平空间差异的影响不同，从数值上看，回归系

数均为负值，表明加大科技投入会缩小优质生态产品供给水平空间差异，随着系数绝对值越来越大，优质生态产品供给水平空间差异对科技投入的敏感性逐渐增加。从空间分布来看，科技投入的系数呈现明显的趋同性集聚现象，绝对值较大的省份集中在中部和西部地区，绝对值较小的省份集中在东部沿海地区，这表明科技投入对优质生态产品供给水平空间差异的减缓作用在中部和西部地区更强，并且2010年、2015~2020年东部地区影响弱、中西部地区影响强的趋势越发明显。可能的原因在于，作为重要的创新资源，加大科技投入有利于扩大优质生态产品供给，尤其是通过科技投入加速绿色技术应用来处理各类污染物排放，而我国创新要素在空间上分布不均衡，省际间、省内部创新能力差距大，加大科技投入力度能够解决创新发展落后地区的科技资源诉求，推进创新资源协调布局，进而缩小优质生态产品供给水平的空间差异。这种影响效应在创新诉求大的地区表现得更为明显，我国中部、西部地区创新水平相对落后，科技投入等创新要素成为该地区增加优质生态产品供给动能中的重要资源，通过加大科技投入，弥补创新要素缺乏地区的劣势，使创新在供给优质生态产品中释放更大的潜力，促进优质生态产品供给水平均衡提升。

②正式环境规制对优质生态产品供给水平空间差异的影响。回归系数范围从负到正，表明正式环境规制不仅对不同区域的优质生态产品供给水平空间差异有着不同程度的影响，还会产生完全相反的作用效果。其中，回归系数为负值的省份逐年增多，2010年仅有甘肃、宁夏和青海，2015年新增了吉林和黑龙江，2020年继续新增河北、山西，随着正式环境规制强度的增加，这些省份的优质生态产品供给水平空间差异有所减小，相反，其他省份的回归系数为正值，说明随着正式环境规制强度的增加，优质生态产品供给水平空间差异也拉大了，尤其是回归系数最大的浙江和福建等。可能的原因在于，经济发达的地方政府更愿意实施严格的环境保护，环境规制会迫使无法进行技术创新减轻污染的企业转移到区域内环境政策相对宽松的地方，使得地理相邻的城市在环境规制执行互动上存在“逐底竞赛”（金刚等，2018）。这种环境规制“逐底竞赛”可能会使地理相邻城市在生态环境保护、生态产品供给上变成“以邻为壑”相处模式，以地理邻

近地方优质生态产品供给水平下降为代价提升本地优质生态产品供给水平，这将导致该区域优质生态产品供给水平的空间差异被进一步拉大。

③非正式环境规制对优质生态产品供给水平空间差异的影响。从数值上看，回归系数均为负值，表明随着非正式环境规制强度即公众环境关注度的增加，优质生态产品供给水平空间差异减小。从空间分布上看，系数绝对值从南到北逐渐变大，呈现出由南到北影响程度递增的空间格局。2010 年影响最大的省份为河北和山西，2015 年影响最大的省份为河北和河南，2020 年则是东北地区最为突出。可能的原因在于，环境污染越严重环境投诉信访越多，地方政府和企业将面临来自上级政府和公众的更多压力，这将迫使地方政府和企业减少环境污染，而环境保护相对较好的地区将面临较少的公众压力来减少环境污染（史亚东，2018）。公众环境关注度的传播和影响是在大范围内进行的，其带来的公众环境压力往往不是对省内某一城市，而是在全省甚至更大范围内形成了非正式环境规制，使得各个地方都努力增加优质生态产品供给，进而缩小了优质生态产品供给的空间差异。使用百度雾霾搜索指数表示非正式环境规制即公众环境关注度，雾霾污染较轻的地方如云南和海南等回归系数绝对值一直较小，而雾霾污染相对严重的地方回归系数绝对值较大。由于我国南北地理和气象等自然条件差异，北方空气质量相对较差，因此公众环境关注度更高，这种非正式环境规制形成了对整片区域以空气质量为代表的环境质量的“软监督”，进而缩小了优质生态产品供给水平的空间差异。

④外资开放度对优质生态产品供给水平空间差异的影响。从数值上看，系数范围从负到正，其中大部分是负值，仅在 2010 年和 2015 年有少数省份为正值，表明全国范围内大部分地区外资开放度增加将会减小优质生态产品供给水平的空间差异。从空间分布上整体分布较为散乱，回归系数绝对值较大的是中部地区，如湖北、湖南、安徽等，以及西部地区的四川和东部的福建等。可能的原因在于，我国对外开放是渐次推进的，各地区的开放政策在时间先后和开放力度上差异明显（刘家悦等，2017），东部地区由于具有区位优势而优先开放，这在加速区域经济非均衡发展的同时，也导致区域优质生态产品供给水平非均衡发展。中部地区以及四川、福建

等受到外资开放度的影响相对较大，在利用外资促进经济发展和提升环保标准方面具有更大的发挥空间，能够使引进外资和供给优质生态产品形成良性循环，随着外商直接投资的增加整体的生态环境得到改善，缩小了优质生态产品供给水平的空间差异。值得注意的是，2010 年和2015 年广东和河南等回归系数为正值，说明外资开放度增加导致地区优质生态产品供给水平空间差异拉大，这可能是因为在引进外资的初期投资分布不均，省内很多地级市承接的外商直接投资主要在劳动密集型产业，甚至是能耗高、污染高的产业，形成市场在外污染在内的局面，不利于优质生态产品供给水平均衡发展。随着我国进入高质量发展阶段，吸引外资的能力不断提高，更多地区能够吸引优质外资，各地普遍重视绿色对外开放，将促进优质生态产品供给水平均衡提升。

⑤人口密度对优质生态产品供给水平空间差异的影响。从数值上看，回归系数均为正值，表明随着人口密度的增加，优质生态产品供给水平空间差异变大。人口密度越大意味着该区域的人类活动强度越大，周围生态环境承载压力越大，进而优质生态产品供需关系恶化，尤其是自然资源禀赋差且人口密度大的地区，处于优质生态产品供给严重缺乏的状态。从空间分布来看，影响程度大的省份主要分布在西北地区，主要是内蒙古、陕西、甘肃、宁夏、新疆等省份。这些省份大多位于我国的生态脆弱区，气候干旱，土壤质量堪忧，植被覆盖度不高，还容易受人为活动的干扰，人口对生态环境的压力较大。并且这些地区经济发展中产业结构较为单一，传统劳动密集型产业迁入带来人口密度增加将会进一步加大生态环境压力，导致优质生态产品供需失衡，这对缓解优质生态产品供给差距、促进生态协调发展起到了阻滞作用。

本部分对优质生态产品供给水平空间差异的影响因素进行了实证研究。首先，基于既有文献研究和本书第 3 章影响机理分析选取来自社会经济系统的影响因素。其次，运用莫兰指数进行空间自相关性检验，明确了研究优质生态产品供给水平空间差异时引入空间效应的合理性。再次，采用空间杜宾模型对优质生态产品供给水平空间差异的影响因素进行回归分析。最后，选择允许变量系数根据空间位置不同而发生变化的 GTWR 模型对优质生态产品供给水平空间差异的影响因素进行回归分析，并讨论了关键影响因素的空间异质性。主要结论是：①识别了优质生态产品供给水平空间差异的主要影响因素。优质生态产品供给水平空间差异受到多个社会经济因素的影响。参考空间杜宾模型回归结果，发现科技投入、经济增长、环境规制（包括正式和非正式）是主导影响因素。参考 GTWR 模型回归结果，发现科技投入、正式环境规制、非正式环境规制、外资开放度和人口密度是影响供给水平空间差异的关键因素。②关键影响因素对优质生态产品供给水平空间差异的影响在空间上存在异质性。具体来说，科技投入能够显著缩小优质生态产品供给水平空间差异，影响效应西部强东部弱；正式环境规制对优质生态产品供给水平空间差异具有显著的正向影响，影响效应东南部强西北部弱；非正式环境规制能够显著缩小优质生态产品供给水平空间差异，影响效应南方强北方弱；外资开放度对优质生态产品供给水平空间差异在大部分地区为负向影响，少部分地区为正向影响；人口密度对优质生态产品供给水平空间差异具有显著的正向影响，并且在西北生态环境脆弱地区影响程度更大。

5.3 全要素生产率指数的测算与分解

本节对全要素生产率指数进行测算，然后进行指数的分解，为本书后续章节的实证分析奠定数据基础。

5.3.1 模型建立与数据说明

（1）模型建立

Malmquist 指数首次提出时是用于分析消费的，但后来被学者用于全要素生产率变化的测算，与 *DEA* 方法相结合之后，运用范围更加广泛。Malmquist 指数测算从 t 时期到 $t+1$ 时期的全要素生产率指数（*tfpch*），公式如下：

$$tfpch = \left[\frac{d_0^t(x_{t+1}, y_{t+1})}{d_0^t(x_t, y_t)} \times \frac{d_0^{t+1}(x_{t+1}, y_{t+1})}{d_0^{t+1}(x_t, y_t)}\right]^{\frac{1}{2}} \tag{5.32}$$

其中，$d_0^t(x_t, y_t)$ 和 $d_0^t(x_{t+1}, y_{t+1})$ 分别表示以 t 期的技术为参照的 t 期和 $t+1$ 期的技术效率水平，$d_0^{t+1}(x_t, y_t)$ 和 $d_0^{t+1}(x_{t+1}, y_{t+1})$ 则表示以 $t+1$ 期的技术为参照的 t 期和 $t+1$ 期的技术效率水平。*tfpch* 大于 1 表明全要素生产率增长，反之则是下降。将式（5.32）进行分解可以得到：

$$tfpch = \frac{d_0^{t+1}(x_{t+1}, y_{t+1})}{d_0^t(x_t, y_t)} \times \left[\frac{d_0^t(x_{t+1}, y_{t+1})}{d_0^{t+1}(x_{t+1}, y_{t+1})} \times \frac{d_0^t(x_t, y_t)}{d_0^{t+1}(x_t, y_t)}\right]^{\frac{1}{2}} \tag{5.33}$$

可以看出，在规模报酬不变（CRS）的情况下 Malmquist 全要素生产率指数可以分为两个部分，即技术效率变化（记作 *effch*）和技术进步（记作 *techch*）。

$$tfpch = effch \times techch \tag{5.34}$$

$$effch = \frac{d_0^{t+1}(x_{t+1}, y_{t+1})}{d_0^t(x_t, y_t)} \tag{5.35}$$

$$techch = \left[\frac{d_0^t(x_{t+1}, y_{t+1})}{d_0^{t+1}(x_{t+1}, y_{t+1})} \times \frac{d_0^t(x_t, y_t)}{d_0^{t+1}(x_t, y_t)}\right]^{\frac{1}{2}} \tag{5.36}$$

为了更加符合实际生产状态，在规模报酬可变（VRS）的前提下，进一步将技术效率变化分解为纯技术效率变化和规模效率，分别记作 *pech* 和 *sech*。

$$effch = pech \times sech \tag{5.37}$$

$$pech = \frac{d_0^{t+1}(x_{t+1}, y_{t+1}/vrs)}{d_0^t(x_t, y_t/vrs)} \tag{5.38}$$

$$sech = \frac{s^{t+1}(x_{t+1}, y_{t+1})}{s^t(x_t, y_t)} \tag{5.39}$$

（2）数据来源及处理

利用 DEA – Malmquist 指数方法对全要素生产率指数进行测算，将各省市视作一个生产决策单元，考虑到 2005 年以前绿化相关数据的缺失，因此样本选择 31 个省份 2005 ~ 2018 年的分省数据，数据来自国家统计局以及各省市的统计年鉴。采用 Malmquist 指数进行测算时有两种方法可以选择，即产出角度或者投入角度，前者给定投入分析产出最大扩张程度，后者给定产出分析投入最大缩减程度，但选择产出角度能够更好地估计各个生产率增长的因素，并且不需要提前假设生产行为，因此本研究选择产出角度进行测算（刘光岭、卢宁，2008），并对投入产出变量进行相应的处理。

产出变量选择各省市实际国内生产总值指标。名义国内生产总值可以在统计年鉴中得到，再利用各年份的国内生产总值平减指数消除价格变动得到实际产出。投入变量选择资本数据和劳动数据。其中劳动数据选择各省市年末从业人员数量进行衡量，这部分数据在统计年鉴中能得到。资本数据的计算对测算全要素生产率来说尤为重要，我国没有一个官方的资本存量数据，许多学者进行了相关的研究，本研究选择张军等（2004）和单豪杰（2008）两篇十分具有代表性的文章作为参考。以单豪杰（2008）核算结果为基期资本存量，确定折旧率为 10.96%，利用永续盘存法计算得到 1952 年为基期的资本存量，再通过固定资产形成价格指数转换为以 2004 年为基期的资本存量数据，得到资本投入。

5.3.2 测算结果与分析

利用 DEAP2.1 软件对 31 个省区市处理后得到的投入产出数据进行计算，选择产出角度，得到 2005～2018 年全国和各省区市全要素生产率指数及其分解，结果如表 5.25 和表 5.26 所示，表中的各个指数减去 1 就可以得到各指标的增长率，指数大于 1 为正增长，小于 1 则为负增长。

表 5.25　2005～2018 年全国全要素生产率增长与构成

年份	技术效率变化（CRS）	技术进步（CRS）	纯技术效率变化（VRS）	规模效率（VRS）	TFP 指数	TFP（%）
2005	0.97	1.00	0.99	0.98	0.97	-2.90
2006	0.96	1.01	0.98	0.99	0.98	-2.50
2007	0.97	1.02	0.97	0.99	0.98	-1.60
2008	0.98	0.99	0.98	1.00	0.97	-2.70

续表

年份	技术效率变化（CRS）	技术进步（CRS）	纯技术效率变化（VRS）	规模效率（VRS）	TFP 指数	TFP（%）
2009	0. 99	0. 97	0. 99	1. 00	0. 96	-4. 30
2010	0. 97	0. 99	0. 98	0. 99	0. 97	-3. 50
2011	0. 99	0. 98	0. 99	1. 00	0. 97	-3. 00
2012	0. 99	0. 97	0. 99	1. 00	0. 96	-3. 90
2013	1. 00	0. 96	1. 00	1. 00	0. 96	-4. 10
2014	0. 98	0. 98	0. 98	1. 00	0. 96	-3. 90
2015	0. 97	1. 00	0. 99	0. 98	0. 97	-3. 00
2016	0. 99	0. 98	1. 00	0. 99	0. 98	-2. 50
2017	1. 00	1. 00	1. 01	0. 99	0. 99	-0. 60
2018	1. 00	1. 00	1. 00	1. 00	1. 00	0. 10
均值	0. 98	0. 99	0. 99	0. 99	0. 97	-2. 80

表 5. 26　各省区市全要素生产率增长与构成

省份	技术效率变化（CRS）	技术进步（CRS）	纯技术效率变化（VRS）	规模效率（VRS）	TFP 指数	TFP（%）
北京	0. 99	1. 02	1. 00	1. 00	1. 02	1. 60
天津	0. 98	1. 03	0. 99	1. 00	1. 01	1. 00
河北	0. 98	0. 98	0. 98	1. 00	0. 96	-4. 30
山西	0. 97	0. 98	0. 97	1. 00	0. 95	-4. 80
内蒙古	0. 97	1. 03	0. 97	1. 00	1. 00	-0. 10
辽宁	0. 98	1. 00	0. 98	1. 00	0. 98	-1. 70
吉林	0. 95	1. 00	0. 94	1. 00	0. 95	-5. 30
黑龙江	0. 98	0. 98	0. 98	1. 00	0. 96	-4. 40
上海	1. 00	1. 04	1. 00	1. 00	1. 04	3. 50
江苏	1. 00	1. 00	1. 01	0. 99	1. 01	0. 50
浙江	1. 00	1. 00	1. 01	1. 00	1. 00	0. 30

续表

省份	技术效率变化（CRS）	技术进步（CRS）	纯技术效率变化（VRS）	规模效率（VRS）	TFP 指数	TFP（%）
安徽	0.99	0.98	0.99	1.00	0.97	-3.00
福建	0.98	0.99	0.99	1.00	0.97	-2.70
江西	1.00	0.98	1.00	1.00	0.98	-2.50
山东	0.99	0.99	1.00	0.99	0.98	-1.90
河南	0.97	0.98	0.97	1.00	0.94	-5.70
湖北	0.99	0.98	0.99	1.00	0.97	-3.00
湖南	0.99	0.98	0.99	1.00	0.97	-3.00
广东	0.99	0.99	1.00	0.99	0.98	-1.80
广西	0.96	0.98	0.96	1.00	0.94	-6.40
海南	0.99	0.98	1.00	0.99	0.96	-3.60
重庆	1.01	0.98	1.01	1.00	0.99	-1.40
四川	1.00	0.98	1.00	1.00	0.97	-2.60
贵州	0.99	0.98	0.99	1.00	0.96	-3.70
云南	0.97	0.98	0.97	1.00	0.95	-5.30
西藏	0.97	0.98	1.00	0.97	0.95	-5.50
陕西	0.98	0.98	0.98	1.00	0.96	-3.90
甘肃	0.99	0.98	1.00	1.00	0.97	-3.20
青海	0.96	0.99	1.02	0.95	0.95	-4.90
宁夏	0.96	1.00	0.99	0.96	0.96	-4.30
新疆	0.97	1.00	0.97	1.00	0.97	-2.70
均值	0.98	0.99	0.99	0.99	0.97	-2.80

（1）全要素生产率指数整体变动

先从整体上观察我国全要素生产率指数 2005 ~ 2018 年的变化，用测算出的 TFP 指数减去 1 得到全要素生产率的增长率，为了便于分析，将各年份的值刻画为折线图（如图 5.6 所示）。

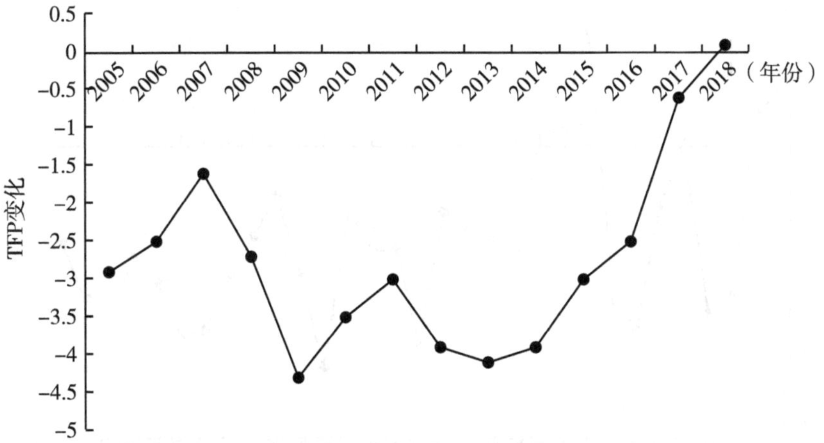

图 5.6　我国 TFP 增长率（2005～2018 年）

可以看出，2005～2017 年我国全要素生产率一直持续负增长，到 2018 年才实现 0.1% 的正增长，年均增长率为 -2.8%，表明目前许多投资效率越来越低，资源错配的情况严重，亟须推动经济转型和高质量发展。2007 年和 2008 年的金融危机对全要素生产率的增长有较大影响，2009 年增长率跌至 -4.3%。但从 2013 年开始，我国 TFP 增长率开始逐渐回升，尤其是在 2015 年习近平总书记提出供给侧结构性改革之后，全要素生产力增长得到明显改善，生产效率有效提高，到 2018 年时 TFP 增长提升了 4.2 个百分点，实现正增长，并且其波动整体呈现收敛的态势，显示出了经济较强的可持续性。

分省份来看（如图 5.7 所示），2005～2018 年整体 TFP 增长差异较为明显，北京、天津、上海、江苏、浙江实现了 TFP 正增长，其中上海全要素生产率增长为 3.5%，表现最好。从全要素增长率排名来看，增长较好的集中在资源丰富或创新能力强的省区市，如内蒙古、山东、广东、重庆，而其他地区由于技术进步相对较缓或经济结构不平衡等原因 TFP 增长弱势，例如广西、山西、吉林、黑龙江、西藏、河南等，其中广西全要素增长率增长达到了 -6.4%，亟须提高生产要素效率，进行技术赋能和优化产业格局。

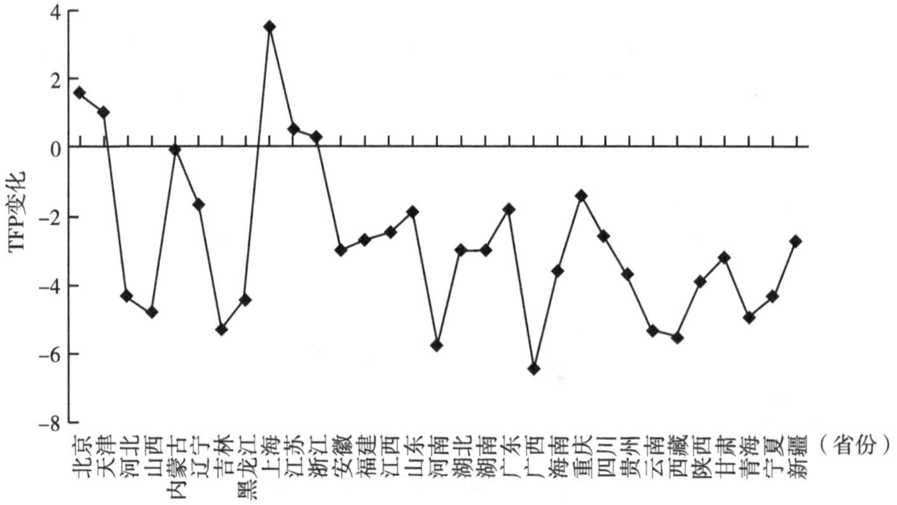

图 5.7　各省份 TFP 增长率

（2）全要素生产率指数的分解

将 TFP 指数分解为技术效率变化和技术变化。Farell（1957）提出了技术效率这一概念，是指假设同等投入下企业的实际总产出与最大总产出之比，也就是说技术效率是一个相对的指标。简单来说，技术效率就是在现有的技术水平下，通过增加资源要素间的利用效率和协调性等，使生产力能够得到更大程度的释放，技术变化是指其本身的进步程度。

从图 5.8 中可以看出，我国技术效率的变化一直处于积弱不振的状态，指数值均小于 1，基本没有实现过正增长，而技术进步则有进有退，呈现波动的变化，2005 ~2007 年增长较快，但 2008 年金融危机后受到冲击，直到 2013 年才开始逐渐回升实现波动的增长，2018 年实现正增长。还可以看出，在大多数时期，技术效率的变化与技术的变化都有一个明显的负向关系，在两者的共同作用下，全要素生产率呈现出图 5.8 的变化趋势。从整体趋势来看，通常是技术进步起到主导作用，因为技术效率的变化一般是由于制度变革等原因引起的，对生产力的促进常常是一次性或者效力不足的，并且技术效率的变化受到现有技术水平的制约，各个行业或企业之间的技术水平差距也会导致整个前沿的平均技术效率降低，这在一定程度上抵消了技术进步正向或负向的变化，使得全要素生产率指数虽然基本上与技术进步的趋势一致，但仍然有所不同。

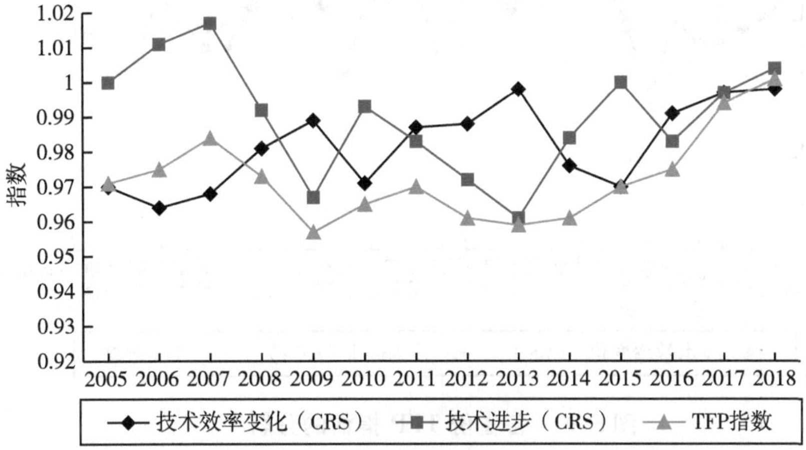

图 5.8　TFP 指数的分解（2005～2018 年）

各省份的全要素生产率指数分解情况如图 5.9 所示，技术效率同全国趋势基本相同，大多数省份技术效率的增长呈弱势，只有重庆实现了正增长，上海、江苏、浙江、四川等则是基本保持不变。技术进步实现正增长的有北京、天津、内蒙古、辽宁等，基本不变的包括吉林、江苏、浙江、宁夏和新疆等，其余都是负增长，但变化幅度都较小。从两者对全要素生产率指数的共同作用来看，各省份呈现出不同的情况，以重庆为例，其技术效率变化指数为 1，技术进步指数为 0.98，TFP 指数为 0.99，技术进步的负增长起了主导作用，黑龙江也是如此；宁夏技术效率变化指数为 0.96，技术进步指数为 1，TFP 指数为 0.96，技术效率的负增长起了主导作用，新疆也是同样的情况。因此各省份技术进步和技术效率的变化所产生的效用是不同的，需要根据各自实际情况制定相应的激励政策，以达到生产力最优化。

（3）技术效率变化的分解

在规模报酬可变的假设下，将技术效率的变化进一步分解为纯技术效率的变化和规模效率的变化（如图 5.10 所示）。

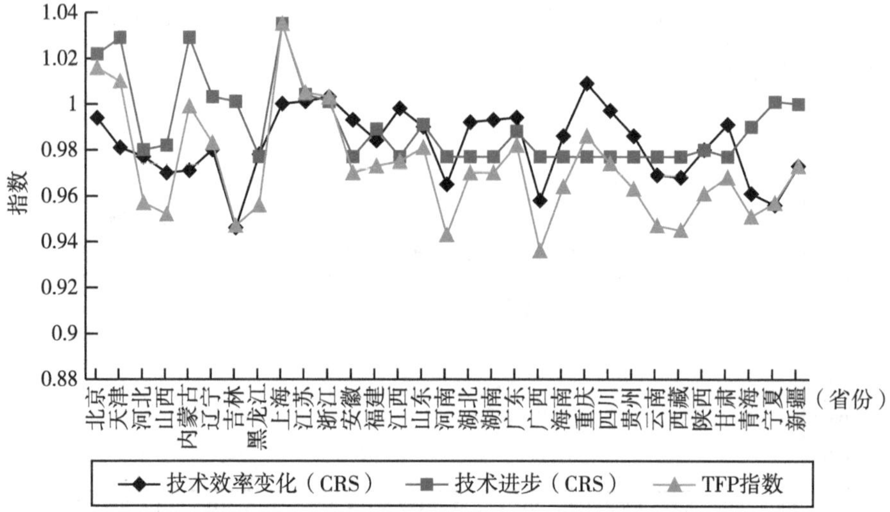

图 5.9　各省份 TFP 指数的分解

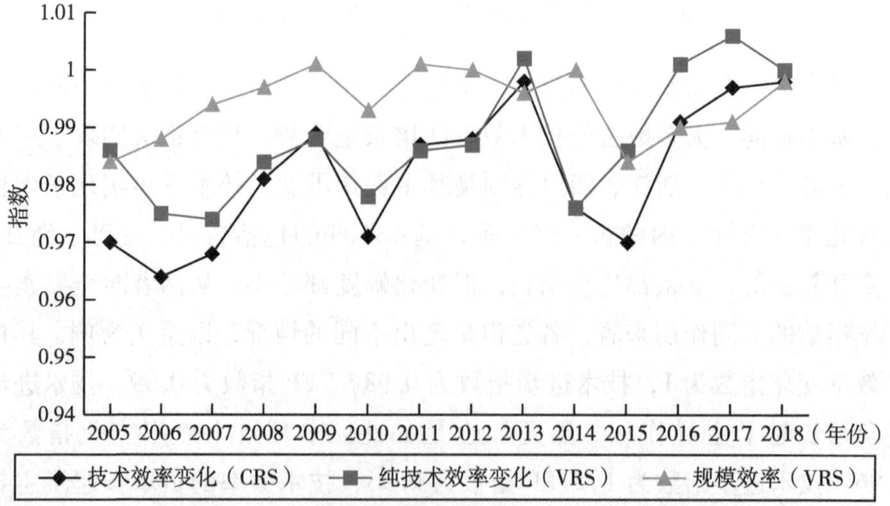

图 5.10　技术效率变化的分解（2005～2018 年）

可以看出，两者虽然存在波动但整体上呈现上升的趋势，其中规模效率波动较小，上升趋势较为明显，但仍然处于负增长的状态，只有 2009 年、2011 年、2014 年少数几个年份为正增长或保持不变，说明我国多数企业并未在规模最优的情况下进行生产，市场竞争还不够充分，企业不能及时调整优化生产规模。纯技术效率变化波动较大，但增长仍然较弱，只有2013年、2016年和2017年实现了正增长，其中2014年以来国家多措并举，助力解决企业融资成本、技术创新等问题，使得纯技术效率得到有效提高。从两者的共同作用来看，我国技术效率变化的主导因素是纯技术效率的变化，管理和技术等因素生产活力还需要进一步释放。

分省份来看（如图5.11所示），纯技术效率变化的主导作用愈加明显，技术效率的变化明显是跟随纯技术效率的变化趋势，规模效应有一定的冲击作用。各省市规模效应差别不大，只有西藏、青海、宁夏等存在较大差距，说明这些省份企业规模经济还有较大发展空间。纯技术效率的变化地区间差距较为明显，江苏、浙江、重庆、青海等实现了正增长，技术创新效应明显，而吉林、广西、河南、云南和新疆等的纯技术效率负增长较高，需要进一步转变产业结构，推动创新赋能和技术进步，提高生产效率。

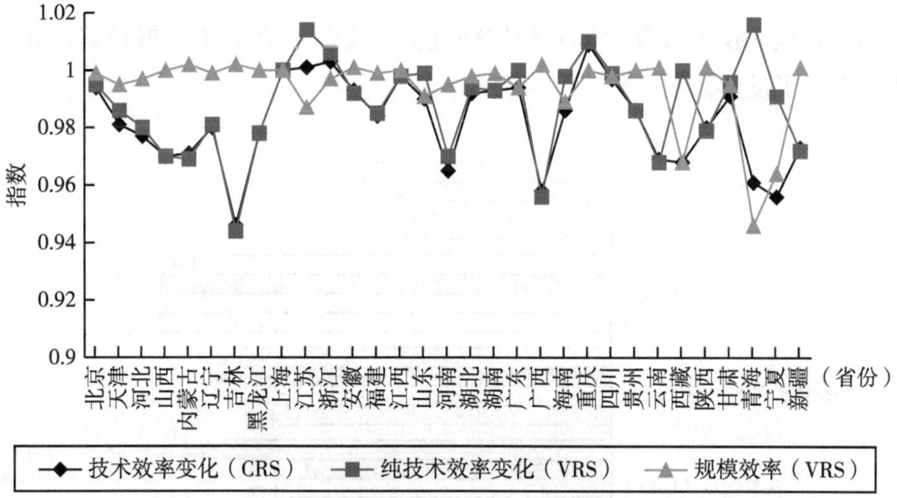

图5.11 各省份技术效率变化的分解

（4）分区域全要素生产率指数分析

将各省市分为东部、中部和西部地区进行全要素生产率指数分析（如表5.27所示）。

表 5.27　　　　区域全要素生产率指数与构成

区域	技术效率变化（CRS）	技术进步（CRS）	纯技术效率变化（VRS）	规模效率（VRS）	TFP 指数
东部	0.98	0.98	0.98	1.00	0.96
中部	0.98	0.98	0.98	1.00	0.96
西部	0.98	0.98	0.99	1.00	0.96
全国	0.98	0.99	0.99	0.99	0.97

分区域进行分析（如图5.12 所示），TFP 指数全国 > 西部 > 中部 > 东部，技术效率变化西部 > 全国 = 中部 > 东部，技术进步全国 > 东部 > 中部 > 西部，纯技术效率变化全国 > 西部 > 中部 > 东部，规模效率东部 > 西部 > 中部 > 全国。从全要素生产率变化来看，三大区域和全国增长都较为弱势，技术进步方面三大区域也与全国差距较大，说明地区内部发展不平衡的问题较为突出，东部技术创新情况较好，规模效率三大区域基本能够保持不变，但全国水平较低，说明国内统一市场竞争性还需加强，近 15 年中部和西部在管理、技术等方面都充分发挥优势，逐渐追赶上了发展较好的东部甚至实现了反超。

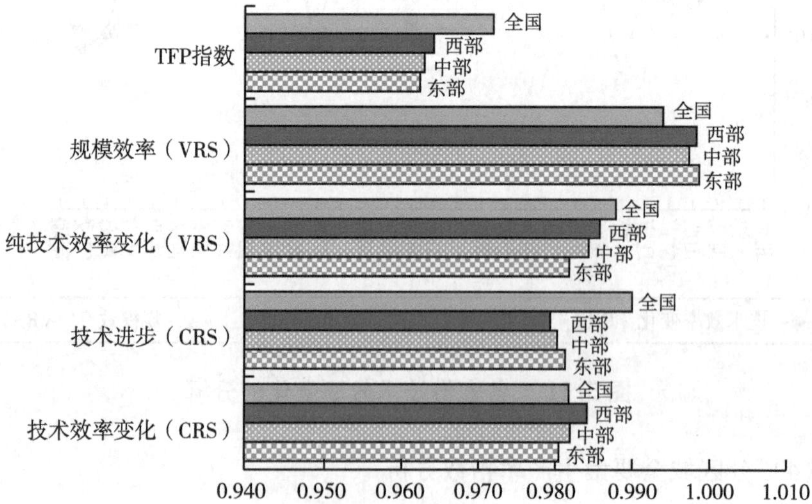

图 5.12　区域全要素生产率增长与构成

5.4 本章小结

本章对绿化水平、生态产品供给空间差异和全要素生产率指数进行了测算。从绿化建设的数量、质量、功能三个方面进行绿化水平的评价，综合选择了31个省区市的数据，结果表明各省区市绿化水平虽然存在一定波动变化，但整体呈现上升趋势，2004年之后生态园林城市的建设开始广泛兴起，由之前的追求数量的增长转变为追求质量和数量同步增加，绿化水平不断提高，但受2007年和2008年金融危机影响，部分地区绿化水平得分有所降低，2009年再次回升，之后基本保持增长态势。

优质生态产品供给水平空间差异受到多个社会经济因素的影响。科技投入、经济增长、环境规制是主导影响因素。科技投入、正式环境规制、非正式环境规制、外资开放度和人口密度是影响供给水平空间差异的关键因素。关键影响因素对优质生态产品供给水平空间差异的影响在空间上存在异质性。科技投入能够显著缩小优质生态产品供给水平空间差异，影响效应西部强东部弱；正式环境规制对优质生态产品供给水平空间差异具有显著的正向影响，影响效应东南部强西北部弱；非正式环境规制能够显著缩小优质生态产品供给水平空间差异，影响效应南方强北方弱；外资开放度对优质生态产品供给水平空间差异在大部分地区为负向影响，少部分地区为正向影响；人口密度对优质生态产品供给水平空间差异具有显著的正向影响，并且在西北生态环境脆弱地区影响程度更大。

我国全要素生产率一直持续负增长，到2018年才实现0.1%的正增长，年均增长率为-2.8%，表明目前许多投资效率越来越低，资源错配的情况严重，亟需推动经济转型和高质量发展。2007年和2008年的金融危机对全要素生产率的增长有较大影响，2009年增长率跌至-4.3%。但从2013年开始，我国TFP增长率开始逐渐回升，尤其是在2015年习近平总书记提出供给侧结构性改革之后，全要素生产率增长得到明显改善，生产效率有效提高，到2018年时TFP增长提升了4.2个百分点，实现正增长，并且其波动整体呈现收敛的态势，显示出了经济较强的可持续性。

6　绿化水平与生态产品供给空间差异对全要素生产率影响的实证分析

本章旨在对绿化水平、生态产品供给空间差异对全要素生产率的影响进行实证检验，以期得出量化的研究结论。首先是绿化水平与全要素生产率的格兰杰因果检验，绿化水平与全要素生产率指数的动态面板实证分析，包括变量选取和数据说明、模型建立及变量、相关系数矩阵分析、共线性检验、GMM 模型、滞后性回归、稳健性检验。在生态产品供给空间差异与全要素生产率的相关性分析方面，包括空间差异与全要素生产率指数的关系、空间差异与纯技术效率的关系。

6.1　绿化水平与全要素生产率的格兰杰因果检验

将测算所得的绿化水平综合得分与分解前后的全要素生产率各个指数分别进行格兰杰因果检验，初步探究绿化水平对全要素生产率的影响，为后续的回归分析进行铺垫。

格兰杰因果检验

（1）绿化水平综合得分与全要素生产率指数

在格兰杰因果检验的数据分析中，确定模型的滞后阶数非常重要，因为选择合适的滞后阶数，可以帮助我们更准确地建立模型并得出有效的估计结果。运用 stata15.0 软件，通过构建 AIC、BIC、HQIC 的最小阶数确定各变量最佳滞后阶数，决定 PVAR 模型构建的最优程度，在 5% 的显著水平下，AIC、BIC、HQIC 三种准则推荐的最优滞后阶数都为 1，故确定最优滞后阶数为 1 阶（如表 6.1 所示）。

表 6.1　　确定滞后阶数

lag	AIC	BIC	HQIC
1	-6.47107*	-5.77578*	-6.19495*
2	-6.43383	-5.64722	-6.12043
3	-6.32492	-5.43297	-5.96836
4	-6.31827	-5.30309	-5.91103
5	-5.78389	-4.62219	-5.31623

注：* 表示 5% 的显著性水平。

设定滞后阶数为 1 阶，进一步验证绿化水平综合得分与全要素生产率指数两者之间的格兰杰因果关系。根据表 6.2 中结果可知，绿化水平与全要素生产率指数是单向格兰杰原因，其中绿化水平在 5% 的显著性水平上是全要素生产率指数的格兰杰原因，这意味着绿化水平的变化会对全要素生产率指数产生影响。

表 6.2　　格兰杰因果检验结果

Equation	Excluded	chi^2	df	Prob > chi^2
h_score	h_tfpch	0.50742	1	0.476
h_score	ALL	0.50742	1	0.476
h_tfpch	h_score	13.057	1	0.000
h_tfpch	ALL	13.057	1	0.000

（2）绿化水平综合得分与技术效率指数

运用 stata15.0 软件，通过构建 AIC、BIC、HQIC 的最小阶数确定最优滞后阶数为 1 阶（如表 6.3 所示），而根据表 6.4 所示的格兰杰因果检验结果显示，绿化水平与技术效率指数之间不存在格兰杰因果关系（未通过5%显著性水平检验），这说明绿化水平对技术效率指数的变化并没有显著的影响，同时也说明绿化水平的变化不受技术效率的影响。

表 6.3　　确定滞后阶数

lag	AIC	BIC	HQIC
1	-5.08682	-4.39154*	-4.81071*
2	-5.10326*	-4.31666	-4.78987
3	-4.58145	-3.6895	-4.22489
4	-3.80311	-2.78793	-3.39587
5	-0.8669	0.294798	-0.39925

注：*表示5%的显著性水平。

表 6.4　　格兰杰因果检验结果

Equation	Excluded	chi^2	df	Prob > chi^2
h_score	h_effch	2.1949	1	0.138
h_score	ALL	2.1949	1	0.138
h_effch	h_score	0.04032	1	0.841
h_effch	ALL	0.04032	1	0.841

（3）绿化水平综合得分与技术进步指数

根据上述相同步骤可以确定各变量最佳滞后阶数，决定PVAR模型构建的最优程度，在5%的显著水平下，AIC准则推荐的最优滞后阶数为2阶，BIC和HQIC两种准则推荐的最优滞后阶数都为1阶，比较之下，确定最优滞后阶数为1阶（如表6.5所示）。

表 6.5　　确定滞后阶数

lag	AIC	BIC	HQIC
1	-5.76483*	-5.06954*	-5.48871*
2	-5.74437	-4.95777	-5.43098
3	-5.52181	-4.62986	-5.16525

续表

lag	AIC	BIC	HQIC
4	-5.13894	-4.12376	-4.7317
5	-4.34273	-3.18103	-3.87508

注：* 表示5%的显著性水平。

设定滞后阶数为1阶，进一步验证绿化水平综合得分与技术进步指数两者之间的格兰杰因果关系。根据表6.6的结果可知，绿化水平与技术进步指数在5%的显著性水平上互为格兰杰因果关系，这意味着它们之间存在相互影响和互为因果关系，即绿化水平的提升可以促进技术进步指数的增长，而技术进步的增长反过来又会推动绿化水平的提升。

表6.6　　格兰杰因果检验结果

Equation	Excluded	chi^2	df	Prob > chi^2
h_score	h_techch	0.05571	1	0.813
h_score	ALL	0.05571	1	0.813
h_techch	h_score	12.608	1	0.000
h_techch	ALL	12.608	1	0.000

（4）绿化水平综合得分与纯技术效率指数

根据相同步骤可以确定最优滞后阶数为1阶（如表6.7所示），而根据表6.8的结果，绿化水平与纯技术效率指数之间不存在格兰杰因果关系（未通过5%显著性水平检验）。

表6.7　　确定滞后阶数

lag	AIC	BIC	HQIC
1	-6.16003*	-5.46475*	-5.88392*
2	-6.08782	-5.30121	-5.77442
3	-5.77356	-4.88161	-5.417
4	-2.16105	-1.14587	-1.75381
5	-2.82173	-1.66003	-2.35408

表 6.8　　格兰杰因果检验结果

Equation	Excluded	chi^2	df	Prob > chi^2
h_score	h_pech	1.0708	1	0.301
h_score	ALL	1.0708	1	0.301
h_pech	h_score	0.09612	1	0.757
h_pech	ALL	0.09612	1	0.757

（5）绿化水平综合得分与规模效率指数

根据相同步骤可以确定最优滞后阶数为 1 阶（如表 6.9 所示），根据表 6.10 的结果，绿化水平与纯技术效率指数之间不存在格兰杰因果关系（未通过 5% 显著性水平检验）。

表 6.9　　确定滞后阶数

lag	AIC	BIC	HQIC
1	-8.01798*	-7.3227*	-7.74187*
2	-7.65952	-6.87292	-7.34613
3	-6.26665	-5.37469	-5.91008
4	-6.16018	-5.145	-5.75294
5	-6.52885	-5.36715	-6.06119

注：* 表示 5% 的显著性水平。

表 6.10　　格兰杰因果检验结果

Equation	Excluded	chi^2	df	Prob > chi^2
h_score	h_sech	2.0104	1	0.156
h_score	ALL	2.0104	1	0.156
h_sech	h_score	0.2868	1	0.592
h_sech	ALL	0.2868	1	0.592

通过上述检验可以看出，绿化水平对 2005～2018 年我国各省市全要素生产率变动有较好的解释性，但全要素生产率指数对绿化水平的解释几乎没有帮助，能够在一定程度上证明，绿化建设的确能够影响全要素生产率

的变化。这一发现为我们认识绿化建设对全要素生产率的影响提供了实证支持，强调了绿化建设在促进经济可持续发展和提高生产效率方面的重要作用，这也说明环境保护和经济发展之间的密切关系，为制定相关政策和实践提供了有益的参考，进一步的研究可以探讨推进绿化建设可以在多大程度上提高全要素生产率。

在进行分解之后，绿化水平与技术效率的变化基本无关，与纯技术效率和规模效率的变化也没有关系，但对于技术进步的变动有着较好的解释性，同时技术进步也能够较好推动绿化水平的变动。这一定程度上体现出绿化建设提供的支持和服务能够对创新和技术进步产生正向的影响，并且是影响全要素生产率的主要途径，而反过来技术创新也能够推动绿化建设向前发展。这一发现为我们提供了深入理解绿化建设与经济发展之间复杂相互作用的新视角，为未来制定科学合理的政策和措施提供了重要依据。接下来本研究将通过更加具体的回归模型，探究绿化水平对全要素生产率影响，从而更准确地评估绿化建设对经济发展的贡献，为相关部门制定更有效的政策措施提供参考，以促进绿色发展和经济可持续性。

6.2 绿化水平与全要素生产率指数的动态面板实证分析

6.2.1 变量选取和数据说明

本部分数据均来自国家统计局网站、各省市统计年鉴、《中国环境统计年鉴》。构建绿化水平综合评价指标体系，利用熵值法确定各指标权重并计算得到最终得分。选择 DEA - Malmquist 指数方法对全要素生产率指数进行测算和分解，得到全要素生产率指数以及分解后的各个指标，减去 1 就可以得出各指标的增长率，大于 1 为正增长，小于 1 则为负增长，具体计算过程和含义如表 6.11 所示。

表 6.11　　变量选取和数据说明

研究对象	指标	符号表示
绿化水平	绿化水平综合得分	score
全要素生产率指数及分解	全要素生产率指数	tfpch
	技术效率指数	effch
	技术进步指数	techch
	纯技术效率指数	pech
	规模效率指数	sech

由于前面仅测算了 2005 ~ 2018 年全国和各省市的平均值，为了与绿化水平得分进行后续的因果检验，这里需要测算各省市 2005 ~ 2018 年每年全要素生产率指数与分解，分多次利用 DEA – Malmquist 指数进行测算，得到结果如表 6.12 所示。

从数据来看，全国层面的全要素生产率呈现总体上升的趋势，但各省份之间存在明显的差异，以历年均值水平为标准，排在第 1 名的上海与排在末位的广西在全要素生产率上差距达到了 0.176，二者之间差距悬殊。具体来看，上海、北京、江苏和浙江等东部省市排在了前 4 名的位置，而吉林、河南、西藏和广西等省份则排在了后面，可见东部地区的全要素生产率相对其他地区更为集中和突出，这可能与东部地区经济、文化、教育、科技等方面的相对优势有关，从而迅速提升了该地区的全要素生产率水平。

将全国划分为东部、中部、西部三大区域，分别统计各区域内全要素生产率的历年平均值，并与全国平均水平及其他区域进行比较，结果如图 6.1 所示。可以看出，在 2014 年及以前，各区域的全要素生产率整体上表现较为稳定，东部地区的全要素生产率尽管在 2015 年有明显下降，但在随后的几年恢复并略有提升，2016 年出现一次显著增长。中部地区的全要素生产率波动幅度不大，2016 年略有增长，2017 年出现较大增幅。西部地区的全要素生产率 2016 年出现明显增长。从全国整体来看，全要素生产率呈现出较为平稳的趋势，2015 ~ 2017 年有一个明显的波动，尤其

表 6.12　　2005~2018 年各省区市全要素生产率指数

省份	2005 年	2006 年	2007 年	2008 年	2009 年	2010 年	2011 年	2012 年	2013 年	2014 年	2015 年	2016 年	2017 年	2018 年
北京	1.02	1.02	1.04	1.02	1.02	1.01	1.00	0.98	1.00	1.05	0.39	2.55	1.01	1.03
天津	1.01	1.00	0.98	0.98	0.94	0.94	1.00	1.05	1.04	1.04	0.58	1.74	1.04	1.03
河北	0.95	0.95	0.95	0.92	0.93	0.95	0.95	0.95	0.96	0.96	0.94	1.10	1.00	1.00
山西	0.93	0.92	0.95	0.93	0.88	0.94	0.94	0.96	0.96	0.94	0.93	1.06	1.05	1.05
内蒙古	0.93	0.99	0.98	0.98	0.95	0.95	0.96	0.94	0.96	1.02	0.73	1.47	1.08	1.11
辽宁	0.96	0.98	0.99	0.98	0.97	0.97	0.97	0.96	0.96	0.95	0.77	1.39	1.04	1.05
吉林	0.90	0.88	0.91	0.93	0.94	0.94	0.96	0.96	0.96	0.95	1.22	0.83	1.00	0.99
黑龙江	1.00	0.97	0.95	0.95	0.93	0.95	0.95	0.93	0.92	0.93	0.81	1.24	0.99	0.98
上海	1.07	1.05	1.08	1.04	1.03	1.05	1.04	1.04	0.94	1.04	0.36	2.92	1.03	1.03
江苏	1.03	1.04	1.04	1.03	1.01	1.01	1.00	0.99	0.99	0.99	0.51	2.11	0.99	0.99
浙江	1.01	1.03	1.03	1.02	1.00	1.02	1.00	1.00	0.99	0.99	0.53	2.00	1.00	1.00
安徽	0.96	0.97	0.98	0.97	0.97	0.97	0.97	0.96	0.96	0.96	0.78	1.34	0.99	0.99
福建	0.96	0.98	0.98	0.97	0.97	1.00	0.97	0.97	0.97	0.96	0.60	1.69	0.97	0.98
江西	0.95	0.94	0.95	0.97	0.97	0.99	0.98	0.98	0.98	1.00	0.78	1.35	0.99	1.00
山东	0.95	0.96	0.98	0.98	0.97	0.98	0.99	0.99	0.99	0.98	0.79	1.33	1.00	1.00
河南	0.96	0.94	0.92	0.92	0.89	0.92	0.94	0.93	0.93	0.95	0.96	1.08	0.99	1.00

续表

省份	2005 年	2006 年	2007 年	2008 年	2009 年	2010 年	2011 年	2012 年	2013 年	2014 年	2015 年	2016 年	2017 年	2018 年
湖北	0. 99	0. 98	0. 99	0. 98	0. 97	0. 98	0. 96	0. 95	0. 95	0. 96	0. 75	1. 40	0. 97	0. 99
湖南	0. 99	0. 98	0. 98	0. 96	0. 96	0. 95	0. 95	0. 95	0. 95	0. 96	0. 76	1. 42	1. 00	1. 00
广东	1. 01	1. 02	1. 02	1. 00	0. 97	0. 99	0. 98	0. 97	0. 96	0. 96	0. 48	2. 16	0. 97	0. 98
广西	0. 93	0. 93	0. 93	0. 90	0. 86	0. 85	0. 88	0. 91	0. 97	0. 97	1. 16	0. 89	1. 04	1. 04
海南	1. 00	0. 99	1. 03	0. 96	0. 97	0. 98	0. 95	0. 91	0. 92	0. 92	0. 86	1. 20	0. 97	0. 97
重庆	0. 96	0. 96	0. 99	0. 99	0. 99	1. 00	1. 00	0. 99	0. 99	0. 99	0. 58	1. 89	1. 00	0. 98
四川	0. 96	0. 97	0. 98	0. 96	0. 98	0. 99	0. 99	0. 97	0. 97	0. 97	0. 76	1. 37	0. 99	1. 00
贵州	0. 99	0. 99	1. 01	0. 98	0. 97	0. 97	0. 99	0. 95	0. 93	0. 93	1. 07	0. 94	0. 95	0. 97
云南	0. 97	0. 99	1. 00	1. 00	0. 94	0. 89	0. 91	0. 91	0. 93	0. 90	1. 07	0. 94	0. 97	0. 98
西藏	0. 88	0. 91	0. 94	0. 95	0. 96	0. 91	0. 98	0. 95	0. 94	0. 93	1. 18	0. 84	0. 97	0. 98
陕西	0. 97	0. 96	0. 95	0. 95	0. 93	0. 94	0. 96	0. 96	0. 97	0. 96	0. 87	1. 20	0. 98	1. 00
甘肃	0. 97	0. 98	0. 98	0. 96	0. 95	0. 96	0. 97	0. 97	0. 96	0. 95	0. 95	1. 07	1. 00	1. 02
青海	0. 97	0. 99	0. 99	1. 00	0. 95	0. 96	0. 96	0. 92	0. 91	0. 89	1. 17	0. 83	0. 96	1. 01
宁夏	0. 93	0. 96	0. 99	1. 00	0. 94	0. 98	0. 99	0. 97	0. 96	0. 90	1. 21	0. 80	0. 97	0. 99
新疆	1. 01	1. 02	1. 03	1. 02	1. 00	1. 00	1. 00	0. 95	0. 93	0. 92	0. 85	1. 13	0. 94	0. 95

是2016年全国整体生产率增长明显。总体来说，东部地区整体水平相对较高，中部和西部地区虽然整体水平较低但表现相对平稳。其中，2015～2017年的全国整体生产率波动较大，值得进一步深入研究和分析。

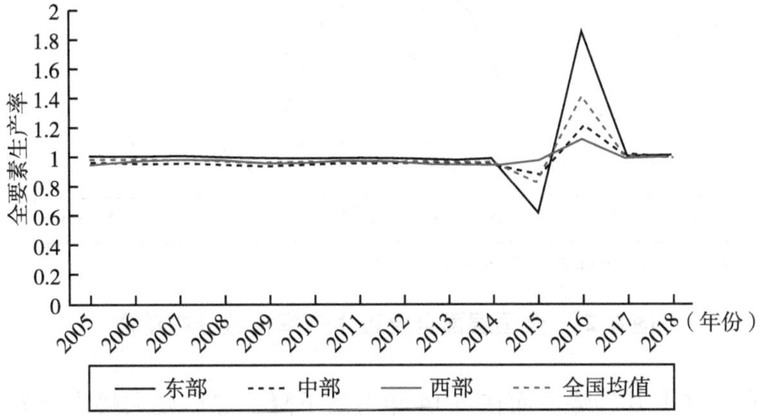

图6.1　三大区域全要素生产率均值变化趋势

全要素生产率的变动趋势是一个复杂而重要的课题，为了简单直观地展现我国各省份全要素生产率的变动趋势，本研究采用核密度估计的方法刻画中国全要素生产率的分布位置、发展态势和极化趋势。核密度估计可以构建平滑的峰值函数估计样本的概率密度，并且随时间的推移密度曲线的形态、位置变化和延展性会发生变化，被广泛应用于空间差异的分析中（具体计算方法见5.2.3），通过对比不同时期的分布曲线图，即可分析我国全要素生产率分布的动态特征。选取2005年、2008年、2011年、2014年和2018年共5个年份的全要素生产率作为观测样本，运用stata15.0软件进行核密度函数的操作，具体如图6.2所示。通过比较这些年份的分布曲线图，可以分析出我国全要素生产率分布的变化情况，揭示出各省份在全要素生产率上的发展态势和极化趋势。

从图6.2中可以看出，我国全要素生产率的分布随时间推移发生了明显的变化。从曲线主峰中心点位置上看，在选取的5个样本年份中，仅2014年的密度曲线向左偏移，2005年、2008年、2011年和2018年这4个年份的密度曲线逐渐向右偏移，这表明在2014年之前，我国全要素生产率

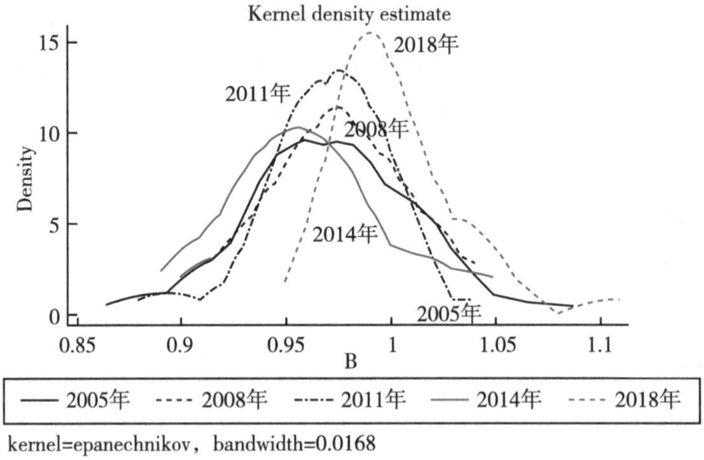

图 6.2　全国层面全要素生产率指数分布动态

指数一直处在上升趋势，而在 2014 年有所下降，之后则大幅度提升，这在一定程度上说明我国全要素生产率呈现波动上升的显著趋势。2005 ~ 2014 年我国全要素生产率指数稳步上升的主要原因可以归结为多方面因素的综合作用，首先是技术进步和创新推动了生产率的提升，政府实施的一系列改革政策，包括降低行政成本、促进市场竞争、鼓励企业创新等措施，也为生产率的增长提供了有力支持，此外，外部环境的持续向好、市场需求的扩大以及资本、劳动力等生产要素的有效配置也为全要素生产率的提升提供了有利条件。然而，2014 年的全要素生产率指数出现下降的原因可能与当时的经济环境变化有关，2014 年我国经济面临复杂的国内外环境，内部结构性矛盾凸显，国际贸易和投资环境也出现波动，一定程度的生产技术滞后、市场需求下降或者制度环境变化等因素可能影响了全要素生产率的表现。在随后的 2014 ~ 2018 年，全要素生产率指数的大幅提升可能受到政府加大改革力度、优化产业结构、推动科技创新等系列政策的影响。在未来，需要进一步加大改革力度、促进创新发展，为我国经济持续高质量增长提供更多动力，实现全要素生产率的稳步增长和持续提升。

从曲线极化趋势来看，2005 年、2011 年呈现不太明显的双峰态势，说明各地全要素生产率存在一定的两极分化现象，高值区与低值区存在一定分异，呈现空间非均衡性现象，其余年份的密度曲线虽呈现出一定的波动起伏，但未出现明显的多个波峰现象，表明近年来我国全要素生产率并没有出现明显的多极分化现象。在 2005 年和 2011 年，某些政策、产业布局等因素在特定地区产生了明显的影响，进一步加剧了全要素生产率的分化现象，而在其他年份，我国经济发展相对平稳，政策实施相对一致，因此全要素生产率的变化较为平稳，没有出现明显的多极分化趋势。此外，近年来我国政府在推动区域协调发展、扶贫开发等方面加大了力度，同时推动产业结构调整和技术创新，努力弥合地区间发展差距，减少全要素生产率的空间非均衡性，这些政策措施的实施有助于平衡各地全要素生产率水平，进一步降低了全国的多极分化程度。

从曲线波峰高度上看，在选取的 5 个样本年份中，仅 2014 年的密度曲线波峰下降，其余 4 个年份的密度曲线波峰呈现上升现象，这表明全国全要素生产率的空间绝对差异随着时间变化呈现有所扩大的趋势。从曲线延展性来看，2018 年之前的各年份密度曲线的延展性有所收缩，而 2018 年的曲线右拖拉长，表明考察期内我国全要素生产率较高的省份与较低的省份之间的差距有所扩大，一部分地区全要素生产率提升较快，而另一部分地区全要素生产率提升较慢，空间均衡发展仍然面临一定挑战。一方面，这种趋势可能受到各地区经济发展水平差异逐渐扩大的影响，随着经济全球化和市场化进程的深入，一些发达地区或者特定行业可能会更快地实现技术进步、产业升级和全要素生产率的提升，从而在全国范围内形成更高的生产率水平，而另一些地区则因资源约束、产业结构老化等问题，导致生产率改善缓慢，这种差距可能会随着时间的推移逐渐扩大，导致空间绝对差异的扩大，全国范围内空间均衡发展面临挑战。另一方面，政府在不同时间节点可能采取了不同的政策措施，导致各地区资源的分配和发展方向发生变化，有些地区可能获得更多的政策支持、投资和技术转移，从而促进了其全要素生产率的提升，而其他地区可能受制于资源匮乏、政策限制等因素，生产率改善受阻，导致了差距的扩大。在面对全要素生产率差距扩大的挑战时，政府应采取针对性的政策措施，加强区域发展规划和政策协调，促进资源要素的合理配置和流动，推动产业结构升级和技术创新，促进经济发展全面均衡，同时，加强跨地区间的合作交流，推动各地承接产业转移、共享科技创新成果，实现全国范围内的经济协调发展，缩小地区间的全要素生产率差距，实现更加平衡可持续的经济增长。

图6.3依次展现了我国三大区域的全要素生产率指数的动态演进过程，图中的（a）、（b）、（c）分别表现出了考察期内东部、中部、西部地区全要素生产率的空间非均衡状态。从曲线主峰中心点位置上看，东部、中部、西部地区与全国层面相似，全要素生产率的核密度分布曲线随着年份增加整体呈现先左移后右移的特征，表明在考察期内，三个区域全要素生产率皆呈现出先降低而后升高的波动变化趋势。这种变化可能受到多方面因素的影响，反映了不同地区在经济发展、产业结构和政策支持方面存在的差异。首先，东部地区作为我国经济的发达地区，面临着资源成本上升、环境压力增大等挑战，导致生产率水平出现一定程度的下降，而随着政府加大生态环境治理力度、推动产业结构升级等政策的实施，东部地区的全要素生产率逐渐回升。其次，中部地区在经济转型升级过程中，可能经历了产业结构调整和技术升级带来的短期生产率下降，但随着新兴产业的壮大、科技创新的推动，全要素生产率逐渐走向上升。最后，西部地区拥有丰富的资源优势，但在技术、人才等方面仍存在短板，导致生产率起伏波动，政府在扶持西部地区发展的政策支持下，促进当地产业升级、推动技术创新，带动全要素生产率的逐步提升。

从曲线极化趋势来看，东部地区的密度曲线仅在2011年和2018年出现了多峰现象，中部地区的密度曲线除了2005年是单一波峰状态外，其余四个年份皆出现了不同程度的多峰现象，西部地区的密度曲线在考察期内的5个年份中皆显现出不同等级的多峰状态，说明三大区域全要素生产率呈现出一定的空间非均衡性现象，其中，西部地区的空间非均衡状态最明显，其次分别是中部和东部地区，尤其是近年来，我国三大区域的全要素生产率皆出现了一定的多极分化现象。总体而言，三大区域全要素生产率的空间非均衡性和多极分化现象是地区间经济发展水平、资源禀赋、产业结构、技术进步和政策扶持等多重因素综合作用的结果。首先，西部地区相对东部和中部地区而言，资源禀赋更为丰富，但基础设施建设相对滞后，

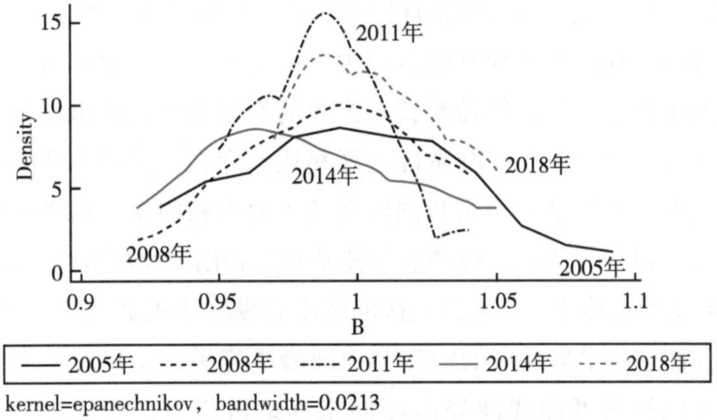

（a）Kernel density estimate

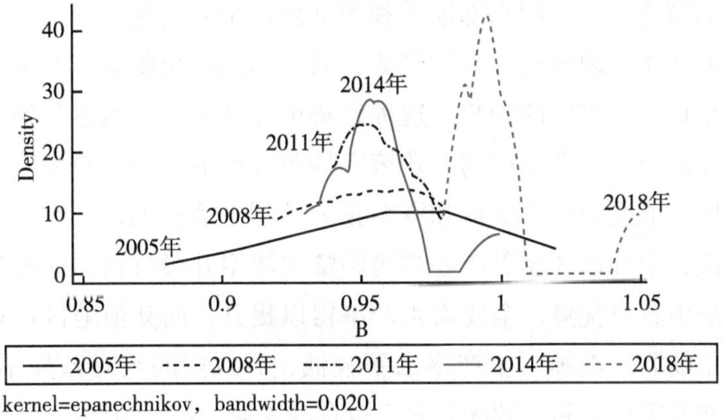

（b）Kernel density estimate

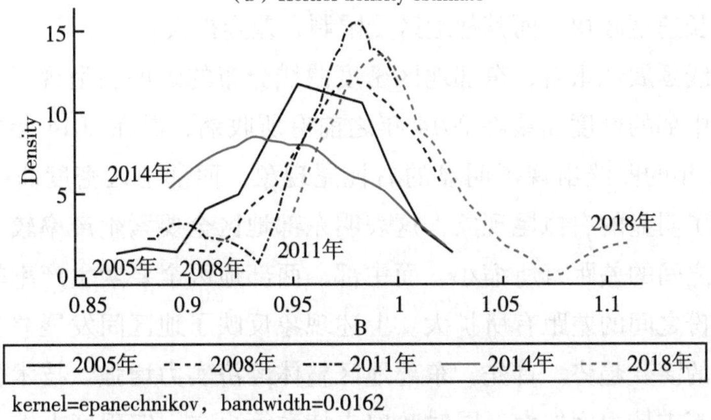

（c）Kernel density estimate

图 6.3　三大区域层面全要素生产率指数分布动态

导致生产率水平在短期内难以实现快速提升，从而出现较明显的非均衡性。其次，中部地区在产业结构升级过程中，可能经历了产业转型带来的短期产能过剩和生产率下降，但随着新兴产业的崛起和市场需求的增长，全要素生产率逐渐恢复增长，但与东部地区相比仍存在一定的差距。最后，东部地区在改革开放以来一直是我国经济的主要增长引擎，技术创新能力和市场竞争力较强，一些地区或产业在技术领先和创新发展方面表现突出。

从曲线波峰高度上看，东部地区的密度曲线波峰高度呈现出“升—降—升”的总体状态，中部地区的密度曲线波峰高度呈现出持续上升的显著趋势，西部地区的密度曲线波峰高度同东部地区相似，呈现出“升—降—升”的总体状态，这表明东部地区和西部地区全要素生产率的空间绝对差异随着时间变化呈现波动扩大的趋势，而中部地区全要素生产率的空间绝对差异则呈现持续扩大的趋势。这种趋势可能受多方面因素的影响，包括地区经济发展模式、产业结构、政策支持等方面的差异。首先，东部地区和西部地区可能受到政策支持和资金投入的不平衡影响，导致生产率波动扩大。其次，中部地区经历产业结构调整和转型升级过程，一些地区在新兴产业发展中具有优势，全要素生产率得以提升，而其他地区产业结构转型缓慢，市场需求萎缩，生产率水平较低，导致空间绝对差异不断扩大，中部地区在政策引导和资源配置方面也存在差异，部分地区得到更多支持，生产率增长速度较快，而其他地区受限制，差异扩大。

从曲线延展性来看，东部地区密度曲线分布的延展性呈现了一定的收缩趋势，中部的密度曲线在 2014 年之前有所收缩，而在 2014 年之后，尤其是 2018 年的曲线出现了明显的右拖尾现象，西部地区密度曲线在 2018 年也出现了明显的右拖尾现象，这表明东部地区全要素生产率较高省份与较低省份之间的差距有所缩小，而中部、西部地区全要素生产率较高省份与较低省份之间的差距有所扩大。上述现象反映了地区间发展差异在不同地区之间的演变趋势。首先，东部地区整体经济实力增强、技术创新能力提升和政策支持力度加大，同时政府支持政策也在一定程度上缩小了地区间差距。其次，中部、西部地区整体发展水平仍存在较大差距，而且在一些地区政策支持、技术创新和人才引进等方面差异较大，导致差距进一步拉大，一些高产值省份在政策支持和技术创新方面投入较多，全要素生产率显著提升，而一些低产值省份由于发展基础薄弱、资源配置不均、产业结构单一等原因，导致生产率水平相对较低，差距扩大。另外，人才流动、资源禀赋、市场需求等因素也可能影响地区间全要素生产率差距的变化，东部地区人才聚集、资源丰富，良好的市场环境和完善的产业链有助于缩小地区间差距，而中部、西部地区人才流失、资源匮乏、市场辐射能力弱等问题可能导致差距扩大。

为进一步分析三大区域全要素生产率的差异，本研究还采用 Dagum 提出的基尼系数及其分解方法考察全国、三大区域内、三大区域间的全要素生产率的空间差异，并进一步分析产生差异的原因（具体计算方法见 5.2.3）。

由表 6.13 可知，三大区域全要素生产率历年总体差异呈现波动性变化，基尼系数在 2005 ~ 2014 年总体处于平稳变化状态，波动起伏程度较小，之后则由 2014 年的 0.023 大幅度上升至 2016 年的 0.195，然后又大幅度下降至 2018 年的 0.016，低于 2014 年之前的水平。这表明三大区域全要素生产率的总体区域差异呈现先扩大后缩小的趋势，近年来总体区域协同性逐渐增强，总体区域差异得到一定程度的缓解。从区域内差异来看，组内基尼系数的波动变化趋势与总体基尼系数相似，都是 2005 ~ 2014 年平稳波动，之后则大幅度上升至 2016 年的 0.051，然后又大幅度下降至 2018 年的 0.005，低于 2014 年之前的水平，表明近年来各区域内的全要素生产率差异有所缩小。从区域间差异来看，组间基尼系数的波动变化趋势与总体基尼系数和组内基尼系数相似，都是 2005 ~ 2014 年平稳波动，之后则大幅度上升至 2016 年的 0.119，然后又大幅度下降至 2018 年的 0.001，明显低于 2014 年之前的水平，表明近年来各区域间的全要素生产率差异也在逐渐缩小。这一现象首先可能与不同地区在产业结构升级和经济增长模式转变过程中所经历的阶段性变化有关，在经济高速增长阶段，各地区因资源禀赋、政策扶持等差异而呈现生产率差距扩大的现象，随着经济结构调整和技术创新的推动，一些落后地区实现了快速增长，与发达地区的差距逐步缩小。其次，近年来政府加大对中部、西部地区的扶持力度，提出区域发展规划和政策措施，促进了落后地区的快速发展，从而缩小了全要素生产率的差距。最后，随着科技进步和人才流动的加速，先进技术和管理经验得以在不同地区之间传播和共享，促进了全要素生产率的整体提升，使各地区相互借力发展，减小了地区差距。

表 6.13　三大区域全要素生产率差异来源及贡献

年份	基尼系数				贡献率（%）		
	总体	组内	组间	超变密度	组内	组间	超变密度
2005	0.022	0.006	0.010	0.006	29.329	44.504	26.167
2006	0.021	0.006	0.012	0.003	27.671	55.998	16.331
2007	0.021	0.006	0.012	0.003	27.480	57.540	14.980
2008	0.019	0.006	0.008	0.005	29.912	43.598	26.490
2009	0.021	0.006	0.009	0.005	29.927	45.126	24.948
2010	0.022	0.007	0.010	0.006	30.612	43.926	25.462
2011	0.016	0.005	0.007	0.005	30.599	40.885	28.516
2012	0.018	0.005	0.008	0.005	29.976	44.692	25.332
2013	0.015	0.005	0.006	0.005	31.285	36.088	32.627
2014	0.023	0.007	0.010	0.006	30.622	43.923	25.455
2015	0.165	0.043	0.098	0.024	25.789	59.456	14.754
2016	0.195	0.051	0.119	0.025	25.997	61.037	12.966
2017	0.017	0.005	0.003	0.008	32.724	20.366	46.910
2018	0.016	0.005	0.001	0.009	34.154	7.390	58.455

从差异贡献率来看，三大区域全要素生产率的区域内差异、区域间差异、超变密度的年平均贡献率分别为29.719%、43.181%、27.099%，可见区域间差异是造成我国全要素生产率空间差异的主要原因，其中组内基尼系数贡献率一直呈现比较平稳的状态，近年来，组间贡献率呈现出波动下降的总体趋势，而超变密度贡献率则与组间贡献率呈反方向变化，这表明由超变密度所引起的区域差异逐渐扩大。这一现象可能受到多种因素的影响，包括城乡发展不平衡、资源配置差异、技术创新能力不均等因素。首先，在城市化进程中，一些大城市和沿海发达地区吸引了大量人口和资金，而大部分农村和欠发达地区发展滞后，全要素生产率水平较低，区域

差异逐渐扩大。其次，资源丰富的地区往往拥有更好的发展条件和政策支持，例如能源、水资源等优势地区在产业发展中具有竞争优势，而资源匮乏地区则面临发展障碍，生产率水平相对较低，造成区域差异扩大。此外，一些科研机构、高校和企业集聚在一些发达地区，形成了技术创新的聚集效应，这些地区的技术创新能力强，推动了全要素生产率的提升，而其他地区由于技术创新能力不足，生产率增长滞后，造成区域差异拉大。未来应加强政府政策引导，优化资源配置，促进科技创新和人才流动，推动区域间均衡发展，缩小区域差异，实现更加平衡和可持续的全要素生产率空间分布，推动全国整体经济发展水平的提升。

根据表6.14，从三大区域全要素生产率区域内差异的历年均值来看，东部地区（0.039）排名第1，其次分别是西部（0.035）和中部地区（0.023），表明东部地区各省份间的全要素生产率差异最大，发达省份如广东、浙江等具有较高的产业发展水平和技术创新能力，吸引了大量人才和资金，带动了全要素生产率的提升，而相对欠发达的省份如海南、河北等在产业结构和技术水平上相对滞后，导致生产率水平较低，产生了差异。中部省份之间的全要素生产率差距最小，这可能与中部地区整体发展水平相对平均、产业结构相对均衡、政策支持力度相对一致等因素有关，中部省份在地理位置和经济条件上相对接近，政府政策对于全要素生产率的支持力度相对均衡，促使中部省份之间的差距相对较小。

表6.14　三大区域全要素生产率的区域内及区域间差异

年份	组内基尼系数			组间基尼系数		
	东部	中部	西部	东部与中部	东部与西部	中部与西部
2005	0.020	0.018	0.018	0.025	0.026	0.019
2006	0.018	0.018	0.016	0.030	0.021	0.020
2007	0.020	0.016	0.015	0.031	0.022	0.019
2008	0.019	0.012	0.017	0.024	0.020	0.019
2009	0.017	0.019	0.019	0.025	0.021	0.021
2010	0.017	0.013	0.025	0.022	0.027	0.020
2011	0.014	0.008	0.019	0.017	0.018	0.017

续表

年份	组内基尼系数			组间基尼系数		
	东部	中部	西部	东部与中部	东部与西部	中部与西部
2012	0.021	0.009	0.014	0.021	0.023	0.012
2013	0.017	0.010	0.013	0.017	0.018	0.012
2014	0.022	0.010	0.023	0.021	0.029	0.019
2015	0.168	0.085	0.116	0.191	0.238	0.121
2016	0.169	0.087	0.148	0.220	0.267	0.136
2017	0.014	0.010	0.020	0.013	0.019	0.017
2018	0.014	0.009	0.020	0.012	0.018	0.016

从区域内差异的历年变化趋势来看，三大区域的全要素生产率区域差异皆呈现出相似的变化趋势，组内基尼系数在2005～2014年总体处于平稳变化状态，波动起伏程度较小，到了2015年出现大幅度上升，然后又大幅下降，这表明三大区域全要素生产率的区域差异在近些年来逐渐缩小。出现这一现象的原因在于各区域内部省份间经济发展水平和政策支持逐步趋于均衡。首先，东部地区内部省份间全要素生产率差异逐渐缩小的原因主要包括经济结构升级和科技创新的推动，一些传统产业发达的省份开始向高附加值产业转型升级，加大科技创新力度，同时，政府加大对东部弱势地区的产业升级支持和科技创新投入，促进其经济发展。其次，中部地区各省份间全要素生产率的差异逐渐缩小得益于基础设施建设和产业升级，中部地区政府加大基础设施建设投入，提高了交通、通信等基础设施水平，促进了产业发展和经济增长，同时，中部地区加强对教育、人才培养的投入，提高劳动力素质。最后，西部地区省份间全要素生产率的差异逐渐缩小的原因主要是政策扶持和资源配置优化，政府增加对西部地区的财政支持，加大资源整合和利用效率，优化产业结构，推动全要素生产率的提升，缩小了地区的差距。未来需要继续加强政策引导，促进创新科技发展，加大对基础设施建设的支持，深化资源整合和产业升级，实现各地区内部全要素生产率的更加均衡发展，推动经济社会的协调发展。

根据三大区域的区域间全要素生产率历年均值进行排序，依次为东部与西部（0.055）、东部与中部（0.048）、中部与西部（0.033），可见东部与西部地区的全要素生产率差异最大，而中部与西部地区的全要素生产率差异最小。东部与西部地区间的全要素生产率差异最大的主要原因在于经济发展水平、产业结构和资源禀赋的差异，东部地区拥有发达的制造业和服务业，具有强大的经济实力和技术优势，吸引了大量人才和资金，进一步提高了生产率水平，相比之下，西部地区经济相对滞后，产业结构单一，技术水平有限，资源利用效率低下，导致全要素生产率较低，此外，西部地区也面临着基础设施落后和人才流失等问题，限制了生产率的提升。中部与西部地区间的全要素生产率差异最小的原因在于政府政策支持、基础设施建设和产业升级方面取得的成绩，中部、西部地区在过去几年中加大了对基础设施建设的投入，同时，政府鼓励产业升级和技术创新，推动了中部、西部地区产业结构的优化和发展。

从区域间差异的变化趋势来看，东部与其余两个区域间差异整体呈现先扩大后缩小的显著趋势，而中部与西部区域间的差距也呈现出先扩大后缩小的变化趋势。由此可见，三大区域之间全要素生产率协同性近年来逐渐增强，区域间的差距逐步缩小。首先，政府出台了一系列促进区域协调发展的政策措施，加大对中部、西部地区的支持力度，推动弱势地区的经济发展。其次，科技创新在促进全要素生产率协同性增强方面发挥了关键作用。再次，人才流动和人才培养的促进也是区域间全要素生产率协同性增强的重要原因之一。最后，市场整合和经济联系的加强也对区域生产率协同性的增强发挥了积极作用，各地区之间的市场联系日趋紧密，资源配置更加高效，产业协作和合作越发频繁，促进了优势互补、资源共享，推动了全要素生产率的协同提升。

鉴于全要素生产率可能会在省域空间层面存在集聚状态，引入全局莫兰指数对全国全要素生产率的空间相关性进行检验，具体公式如下：

$$I = \frac{\sum_{i=1}^{n}\sum_{j=1}^{n} w_{ij}(X_i - \bar{x})(X_j - \bar{x})}{S^2 \sum_{i=1}^{n}\sum_{j=1}^{n} W_{ij}} \tag{6.1}$$

其中，I 为全局莫兰指数，X_i 和 X_j 代表各省份的全要素生产率，n 为省份数量，$\bar{x}$ 为均值，S^2 为方差，W_{ij}为空间权重矩阵，选用邻接矩阵代入公式，即使用 0 和 1 来标识省份之间是否有接壤关系，0 代表没有接壤关系，1 代表有接壤关系。全局莫兰指数的取值范围为［-1,1］，其中正值表示考察期内各省份全要素生产率在整体上存在正相关关系，反之则为负相关关系；数值为 0 即表示其空间分布处于随机状态，无明显相关性。

全局莫兰指数主要用于研究区域整体的空间关联度，然而却有可能忽略区域内部的差异特征，进而导致研究结果出现同质化的情况。因此，有必要考虑引入局部莫兰指数，对全要素生产率的局部空间自相关进行分析。这样可以更好地理解各个区域之间的差异特征，从而更准确地评估全要素生产率的空间分布特点，公式如下：

$$I_i = \frac{(X_i - \bar{x})}{S^2}\sum_{j=1}^{n} W_{ij}(X_j - \bar{x}) \tag{6.2}$$

通过计算区域内各指标与周边区域指标的相关程度，局部莫兰指数的空间集聚类型通常分为四种：本区域和周边区域都处于相对发达水平（高-高型）；本区域相对欠发达，但周边区域较为发达，呈现出本区域低周边区域高的格局（低-高型）；本区域和周边区域都处于相对欠发达水平（低-低型）；本区域水平高于周边，形成本区域高周边区域低的结构（高-低型）。通过分析不同区域的莫兰指数类型，可以更好地了解区域经济在空间上的相对位置，以及与相邻区域的交流程度，为区域经济发展决策提供参考。

根据上述方法计算出 2005～2018 年各省份全要素生产率的全局莫兰指数，相关结果如表 6.15 所示。从表 6.15 中不难发现，2005～2008 年的全局莫兰指数值没有通过显著性检验，表明在这段时间内我国省域全要素生产率缺乏明显的空间集聚分布特征。首先，在此期间，我国的经济发展仍然存在较大的地区差异，一些省份处于经济转型期或者发展滞后状态，导致全要素生产率水平的差异并没有表现出明显的空间集聚特征，因此，缺乏一致的经济发展模式导致空间上的自相关性较弱。其次，当时尚未形成一套完善的跨区域经济协调机制，各省份间的政策和管理差异较大，导致产业结构、资源配置等方面的差异较明显，从而减弱了空间上的集聚特征。最后，在早期的时间段内，信息传递、交流和人才流动不如现今便捷，这限制了各省份之间的经济联系与交流，使得产业发展以及生产率提升的共同步伐较为缓慢，进而导致空间集聚特征不明显。而在此之后，全局莫兰指数则通过了0.05水平显著性检验并表现出了一定的起伏，由此表明，我国省域全要素生产率在空间上具有显著的自相关性，呈现出明显的空间集聚分布特征，即高值省份通常与一个或多个高值省份相邻。首先，产业集聚效应是形成空间集聚分布特征的重要原因之一，高值省份通常在产业布局上拥有一定的先发优势，吸引了更多的资源和人才聚集，形成了产业集聚效应，这种效应加强了高值省份之间经济联系与合作，进一步强化了它们的领先地位，从而形成了明显的空间集聚分布特征。其次，政府在推动区域发展时通常会采取差别化政策措施、优化资源配置、吸引外部投资等方式来促进经济增长，这些政策的实施往往会进一步加剧高值省份的集聚效应，形成明显的空间分布规律。再次，随着交通基础设施的不断完善和发展，各省份之间的交通联系更加便利，促进了区域间资源的流动和配置，加强了省域之间的经济联系与合作，进一步形成了明显的空间集聚分布特征。最后，随着人才流动壁垒的降低和信息技术的普及，各省份之间的人才流动更加便捷，信息传播更加快速，这有助于加强区域间资源的共享和交流，促进了高值省份的集聚效应。

表6.15 全国2005~2018年全要素生产率的全局莫兰指数

年份	莫兰指数	期望值	标准差	z值	p值
2005	-0.048	-0.033	0.120	-0.124	0.451
2006	0.050	-0.033	0.107	0.716	0.237
2007	0.128	-0.033	0.108	1.390	0.082
2008	0.148	-0.033	0.119	1.565	0.059
2009	0.225	-0.033	0.100	2.228	0.013
2010	0.214	-0.033	0.103	2.139	0.016
2011	0.206	-0.033	0.110	2.066	0.019
2012	0.280	-0.033	0.113	2.704	0.003

续表

年份	莫兰指数	期望值	标准差	z 值	p 值
2013	0. 175	-0. 033	0. 125	1. 801	0. 036
2014	0. 296	-0. 033	0. 120	2. 847	0. 002
2015	0. 326	-0. 033	0. 115	3. 100	0. 001
2016	0. 312	-0. 033	0. 118	2. 984	0. 001
2017	0. 198	-0. 033	0. 131	2. 002	0. 023
2018	0. 161	-0. 033	0. 109	1. 676	0. 047

但近些年来，这种自相关性有所降低。首先，我国政府一直致力于推动区域间经济均衡发展，通过一系列政策措施，促进中部、西部地区的经济提升，减少区域间的差距，这种政策导向可能减弱了原本的空间集聚特征，使低值省份有机会迎头赶上，进而降低了空间自相关性。其次，随着互联网和信息技术的普及，地区间信息传递更加便捷，商业活动更加便利，使得全国各地的经济联系更加紧密，减少了地理位置对生产率的影响，从而削弱了空间集聚的特征。最后，随着人才流动壁垒的降低，优秀人才更容易跨区域流动，促进了技术和管理经验的传播，有利于提升低值省份的生产率水平，增强了全国整体生产率的均衡性，进而降低了空间自相关性。

前面的全局自相关分析从整体上验证了全要素生产率的空间分布存在集聚特征，但无法展现各省份全要素生产率的空间关联特征。为此，统计2009 年和2018 年全要素生产率各类集聚区所包含的具体省份情况，相关结果如表6. 16 所示。可以看出，2009 年绝大多数省份都落在高 - 高集聚区和低 - 低集聚区（各有 10 个省份），而 2018 年绝大多数省份都落在低 - 低集聚区（共 14 个省份），可见绝大多数省份虽然由高 - 高集聚或者低 - 低集聚特征转向了低 - 低集聚，但同向集聚效应始终处于主导地位。由此揭示，我国省域全要素生产率形成了稳定的分层固化特征，且这种特征呈现出负向积聚的不良趋势，即该类地区与其周边地区的全要素生产率都是低水平。首先，历史发展和制度因素对产生分层固化特征起到了重要作用，在我国改革开放初期，不同省份之间的发展差距就已经存在，落后地区发展动能弱、产业结构单一，一直未能有效跟上全国发展的步伐，形成了分层发展的局面，制度上的体制差异，如政府资源分配不均、产业政策倾向等，也加剧了地区间经济发展的不均衡，进而导致了分层固化特征的形成。其次，产业发展不平衡是导致分层固化特征的重要因素之一，由于地区间产业结构与基础设施建设的差异，一些地区更容易形成产业集聚效应，而另一些地区则难以吸引更多优质资源，导致产业发展不平衡，这种不平衡的产业发展会进一步影响全要素生产率的提升，形成同向集聚效应并加剧区域间发展差距。最后，一些优秀的人才集中在经济发达地区，而落后地区则人才较为匮乏，这导致了生产要素在不同地区的累积效应，加剧了贫富差距，使得"同向集聚效应"难以扭转。要解决这一问题，需要政府加大扶持力度，调整经济政策，促进区域间协调发展，优化资源配置，鼓励人才流动，推动全国经济发展呈现更加均衡的态势，实现可持续发展。

表 6.16　　全国 2009 年与 2018 年 31 省份全要素生产率局部空间聚类情况

类型	2009 年	2018 年
高－高集聚区	辽宁、上海、江苏、浙江、安徽、福建、江西、山东、重庆、西藏	北京、天津、山西、内蒙古、辽宁、上海
低－高集聚区	天津、广西、青海	河北、吉林、江苏、山东、河南、海南、陕西、宁夏
低－低集聚区	河北、山西、内蒙古、吉林、黑龙江、河南、云南、陕西、甘肃、宁夏	黑龙江、浙江、安徽、福建、江西、湖北、湖南、广东、重庆、四川、贵州、云南、西藏、新疆
高－低集聚区	北京、湖北、湖南、广东、海南、四川、贵州、新疆	广西、甘肃、青海

从表 6.17 来看，全国层面的技术效率与全要素生产率的总体变化趋势相似，但各省份的排名与全要素生产率相比则相差甚远，吉林、宁夏、青海和西藏等排在前列，除去安徽和河南外，北京、广东、福建等东部省份则排名靠后。可见西部地区的技术效率相对其他地区更为突出，而东部和中部地区则稍显落后。西部地区在技术效率方面突出首先可能与政府不断

表 6.17 2005~2018 年各省区市技术效率指数

省份	2005 年	2006 年	2007 年	2008 年	2009 年	2010 年	2011 年	2012 年	2013 年	2014 年	2015 年	2016 年	2017 年	2018 年
北京	0.99	1.00	1.00	1.01	1.04	0.99	0.98	0.97	1.02	0.99	1.09	0.87	0.99	1.00
天津	0.99	0.97	0.94	0.97	0.95	0.92	0.96	0.99	1.19	0.97	1.62	0.59	0.98	0.97
河北	0.96	0.95	0.94	0.94	0.97	0.97	0.98	0.99	1.00	0.99	1.92	0.51	1.01	1.01
山西	0.94	0.92	0.95	0.95	0.91	0.95	0.96	0.99	0.99	0.97	1.95	0.48	1.06	1.05
内蒙古	0.93	0.96	0.94	0.97	0.96	0.93	0.94	0.93	1.02	0.95	2.02	0.50	1.01	1.04
辽宁	0.96	0.95	0.95	0.97	0.98	0.95	0.96	0.96	0.97	0.95	1.97	0.52	1.05	1.05
吉林	0.91	0.86	0.89	0.92	0.95	0.92	0.95	0.95	0.97	0.95	3.29	0.30	1.01	1.00
黑龙江	1.01	0.97	0.95	0.97	0.98	0.98	0.99	0.98	0.96	0.97	1.64	0.58	1.00	0.98
上海	1.00	1.00	1.00	1.00	1.00	1.00	1.00	1.00	1.00	1.00	1.00	1.00	1.00	1.00
江苏	1.01	1.00	1.00	1.02	1.02	0.99	0.99	0.99	1.01	1.00	1.29	0.79	1.00	1.00
浙江	0.99	1.00	0.99	1.01	1.01	1.01	1.00	1.01	1.02	1.01	1.19	0.84	1.01	1.00
安徽	0.97	0.97	0.98	0.99	1.02	1.00	1.01	1.01	1.00	0.99	1.17	0.83	1.00	1.00
福建	0.96	0.97	0.96	0.98	0.99	1.00	0.98	1.01	1.01	0.99	1.29	0.74	0.98	0.99
江西	0.96	0.94	0.95	0.99	1.02	1.01	1.02	1.03	1.03	1.04	1.29	0.77	1.00	1.01
山东	0.96	0.95	0.96	0.98	0.99	0.98	1.00	1.01	1.01	1.00	1.74	0.57	1.02	1.01
河南	0.97	0.93	0.92	0.94	0.94	0.94	0.98	0.98	0.98	0.98	1.84	0.52	1.00	1.00

续表

省份	2005年	2006年	2007年	2008年	2009年	2010年	2011年	2012年	2013年	2014年	2015年	2016年	2017年	2018年
湖北	1.00	0.98	0.99	1.01	1.02	1.00	1.00	1.00	1.00	0.99	1.41	0.68	0.98	0.99
湖南	1.00	0.98	0.98	0.98	1.01	0.98	0.99	1.00	0.99	0.99	1.32	0.75	1.01	1.01
广东	1.00	1.00	1.00	1.00	1.00	1.00	1.00	1.00	1.00	0.99	1.01	0.96	0.98	0.98
广西	0.94	0.93	0.93	0.92	0.90	0.87	0.91	0.95	1.01	1.00	2.26	0.43	1.05	1.04
海南	1.01	0.99	1.02	0.98	1.02	1.01	0.99	0.95	0.96	0.95	1.63	0.60	0.98	0.98
重庆	0.97	0.96	0.99	1.01	1.04	1.03	1.04	1.04	1.03	1.02	1.14	0.90	1.01	0.98
四川	0.97	0.97	0.97	0.98	1.03	1.01	1.03	1.02	1.01	1.00	1.26	0.77	1.00	1.00
贵州	1.00	0.99	1.01	1.00	1.02	1.00	1.03	1.00	0.97	0.97	1.68	0.54	0.96	0.97
云南	0.98	0.99	1.00	1.02	0.99	0.92	0.95	0.96	0.97	0.94	1.82	0.50	0.98	0.98
西藏	0.89	0.91	0.94	0.97	1.01	0.93	1.02	1.00	0.98	0.97	2.26	0.43	0.98	0.98
陕西	0.98	0.96	0.95	0.97	0.98	0.96	0.98	1.00	1.00	0.99	1.91	0.51	0.99	1.00
甘肃	0.98	0.98	0.98	0.98	1.00	0.99	1.01	1.02	1.00	0.98	1.45	0.64	1.01	1.03
青海	0.98	0.99	0.99	1.02	0.99	0.97	0.98	0.95	0.93	0.90	2.89	0.30	0.95	0.98
宁夏	0.93	0.94	0.97	0.99	0.95	0.96	0.98	0.98	0.98	0.91	3.03	0.28	0.97	0.97
新疆	0.99	0.99	0.99	1.01	1.01	0.98	1.00	0.97	0.95	0.93	1.96	0.47	0.95	0.95

加大对西部地区扶贫和发展的力度有关。近年来，我国政府一直致力于实施西部大开发战略，通过加大投资、优化产业布局、提升基础设施建设、加强人才培养和引进等措施，促进西部地区的经济发展和技术创新，这种政策导向的支持可能促使西部地区在技术效率方面取得一定突出表现。其次，西部地区自然资源丰富，具备发展优势产业的条件，如农业、矿产资源等，这为技术效率的提升提供了一定的基础。相对而言，东部和中部地区在技术效率方面稍显落后可能与多元化发展和科技创新投入不足等因素有关，东部地区由于市场竞争激烈，技术更新换代较为频繁，但同时也存在着资源过度密集、生产成本高等问题，导致技术效率提升空间受限，中部地区虽有一定的工业基础，但在科技创新和人才培养方面仍需加大投入。

同样地，为了简单直观地展现我国各省份技术效率的变动趋势，采用核密度估计的方法刻画技术效率的分布位置、发展态势和极化趋势。选取2005年、2008年、2011年、2014年和2018年共5个年份的技术效率作为观测样本，具体如图6.4所示。

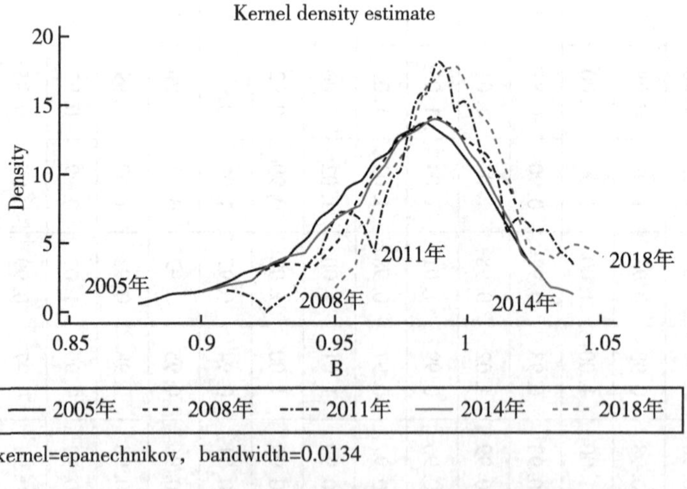

图6.4　全国层面技术效率指数分布动态

从曲线主峰中心点位置上看，技术效率密度曲线呈现出整体右移的趋势，这在一定程度上说明全国技术效率呈现出持续上升的显著现象。首先，我国政府在科技创新和技术提升方面的政策引导和支持起到了关键作用。

近年来，我国政府大力推动科技创新战略，加大科研投入、鼓励企业加大技术研发力度，并推动相关政策与法规的制定与实施，促进技术创新和提高技术效率水平，政府在政策、资金和人才培养等方面的支持，有助于推动全国技术效率的持续提升。其次，我国经济逐步向着高端制造业、现代服务业、数字经济等高附加值领域转型升级，这些行业对技术创新和高效生产提出更高要求，随着经济结构优化升级的推进，企业更加注重技术创新与效率提升，从而推动全国技术效率的持续上升。最后，随着信息技术和人工智能等新兴技术的快速发展，各行各业纷纷将其运用到生产活动中，提高生产过程的智能化、自动化程度，提升生产效率。

从曲线极化趋势来看，除了 2005 年未出现较为明显的多峰现象外，其余 4 个样本年份皆出现了多峰现象，说明近年来各地技术效率存在一定的两极分化，呈现空间非均衡性现象。发达地区在科技、人才、资金等方面的优势明显，技术创新能力和效率水平相对较高，而相对欠发达地区受制于基础设施、人才储备和产业结构等因素，技术效率水平相对较低，这种区域发展不平衡导致技术效率的两极分化。此外，地区间的交通和通信不畅、信息不对称等问题也会影响技术效率空间分化，地区之间信息交流和合作不充分，技术创新难以快速传播和推广，导致技术效率的差异化。

从曲线波峰高度上看，技术效率密度曲线的主峰高度整体呈现出“升－降－升”的趋势，这表明全国技术效率的空间绝对差异随着时间变化呈现波动扩大趋势，特别是近几年差异扩大趋势更加明显。不同地区的产业结构、经济发展水平存在差异，一些地区更加专注于高科技产业和知识密集型产业，具备更高的技术含量和效率水平，而另一些地区则以传统产业为主，技术水平和效率相对较低，这种产业结构和产业分工的差异导致技术效率的空间绝对差异扩大。另外，人才资源和教育水平的差距也是技术效率空间绝对差异扩大的原因之一，一些地区拥有丰富的高素质人才资源，高校科研机构众多，人才培养体系完善，有利于技术创新和效率提升，而另一些地区由于人才匮乏、教育水平不高等问题，限制了技术效率的进步，加大了空间绝对差异。

从曲线延展性来看，技术效率密度曲线的延展性有所扩张，2018 年的曲线右拖拉长，表明考察期内我国技术效率较高的省份与水平较低的省份之间的差距有所扩大。经济发展水平不均衡是导致省份间技术效率差距扩大的重要原因，发达省份在科技创新、产业升级、人才引进等方面具备明显优势，而相对落后的省份受制于基础设施、人才储备、产业结构等因素，技术效率水平较低。此外，发达省份通常享有更多政策扶持和资金支持，促进了技术创新和效率提升，而相对落后的省份受限于政策支持不足、制度环境不完善等问题，难以有效推动技术效率的提升。

为进一步分析三大区域技术效率的差异，采用 Dagum 基尼系数及其分解方法考察对全国、三大区域内、三大区域间的技术效率的空间差异，并进一步分析产生差异的原因。

根据表 6. 18 可知，三大区域技术效率总体差异呈现波动性变化趋势，总体基尼系数在 2005 ~ 2014 年处于平稳变化状态，波动起伏程度较小，之后则由 2014 年的 0. 017 大幅度上升至 2016 年的 0. 174，之后又大幅度下降至 2018 年的 0. 013。这表明三大区域技术效率的总体区域差异呈现先扩大后缩小的趋势，近年来总体区域协同性逐渐增强，总体区域差异得到一定程度的缓解。此外，组内基尼系数、组间基尼系数和超变密度基尼系数三者的波动变化趋势与总体基尼系数相似，都是由 2005 ~ 2014 年平稳波动大幅度上升至 2016 年，然后又大幅度下降，表明近年来全国各区域内、区域间的技术效率差异有所缩小。

表 6. 18　　三大区域技术效率差异来源及贡献

年份	基尼系数				贡献率（%）		
	总体	组内	组间	超变密度	组内	组间	超变密度
2005	0. 016	0. 005	0. 005	0. 006	30. 909	33. 117	35. 974
2006	0. 017	0. 005	0. 008	0. 005	28. 980	45. 025	25. 995
2007	0. 017	0. 005	0. 006	0. 006	31. 132	32. 642	36. 226
2008	0. 015	0. 005	0. 004	0. 007	32. 098	23. 986	43. 916
2009	0. 019	0. 006	0. 003	0. 010	32. 621	17. 599	49. 781
2010	0. 020	0. 007	0. 005	0. 008	32. 889	25. 213	41. 898

续表

年份	基尼系数				贡献率（%）		
	总体	组内	组间	超变密度	组内	组间	超变密度
2011	0.016	0.005	0.001	0.010	32.859	5.623	61.518
2012	0.015	0.005	0.002	0.008	33.618	11.111	55.271
2013	0.019	0.006	0.007	0.006	32.647	36.541	30.812
2014	0.017	0.005	0.005	0.006	31.801	32.184	36.015
2015	0.177	0.053	0.073	0.05	30.110	41.447	28.442
2016	0.174	0.052	0.077	0.046	29.672	43.996	26.332
2017	0.014	0.004	0.004	0.005	32.268	30.746	36.986
2018	0.013	0.004	0.003	0.006	32.745	19.262	47.994

从差异贡献率来看，三大区域全要素生产率的区域内差异、区域间差异、超变密度的年平均贡献率分别为31.739%、28.464%、39.797%，可见超变密度差异是造成我国技术效率空间差异的主要原因，其中组内基尼系数贡献率一直呈现比较平稳的状态，近年来，超变密度贡献率呈现出波动上升的总体趋势，而组间贡献率则与超变密度贡献率呈反方向变化，这表明由超变密度所引起的区域差异逐渐扩大。超变密度反映了不同区域（子群）交叉重叠的部分带来的差异。首先，我国经济发展和城市规划曾存在“东部优先”政策倾向，导致东部沿海地区的经济更早、更快速地发展起来，形成产业集聚、人才聚集、技术创新的优势地位，而西部地区及内陆地区的发展相对滞后，形成技术效率空间差距。其次，东部沿海地区拥有良好的交通和通信基础设施，具有较强的区位优势，更有利于产业发展和技术创新，而西部地区和内陆地区由于资源相对匮乏、交通不便等问题，影响了其技术效率水平的提升，造成空间差异。

根据表6.19，从三大区域技术效率区域内差异的历年均值来看，西部地区（0.039）排名第1，其次分别是中部（0.037）和东部地区（0.029），表明西部地区各省份间的技术效率差异最大。西部地区的不同省份具有不同的自然资源特点，有些省份资源丰富、有些省份资源匮乏，导致产业结构的差异，影响了技术效率的提升，此外，西部地区在技术创新能力、人才培养等方面也存在差异，一些省份投入较多、政策支持力度大，而另一些省份受制于人才流失、创新环境不足等问题，技术效率水平较低，这些因素共同作用导致了西部地区各省份间技术效率差异的扩大。相比之下，东部沿海地区的省份在历史发展过程中受益于政策支持、区位优势和资源禀赋，形成了相对均衡的经济结构和产业布局，技术效率水平较高，此外，东部省份间人才交流、技术合作等相对频繁，促进了技术创新和经济发展的互动，缩小了技术效率差距。从区域内差异的历年变化趋势来看，三大区域的技术效率区域差异皆呈现出相似的变化趋势，组内基尼系数在 2005 ~ 2014 年总体处于平稳变化状态，波动起伏程度较小，之后到了 2015 年则大幅度上升，然后又大幅度下降，这表明三大区域技术效率的区域差异在近些年来逐渐缩小。

表 6.19　　三大区域技术效率的区域内及区域间差异

年份	组内基尼系数			组间基尼系数		
	东部	中部	西部	东部与中部	东部与西部	中部与西部
2005	0.011	0.018	0.017	0.016	0.017	0.019
2006	0.012	0.021	0.014	0.023	0.015	0.020
2007	0.015	0.018	0.015	0.021	0.016	0.019
2008	0.012	0.016	0.015	0.016	0.014	0.018
2009	0.014	0.022	0.020	0.020	0.017	0.022
2010	0.014	0.017	0.025	0.017	0.022	0.022
2011	0.008	0.013	0.022	0.011	0.017	0.018
2012	0.011	0.012	0.019	0.012	0.016	0.016
2013	0.023	0.011	0.016	0.020	0.022	0.014
2014	0.010	0.013	0.021	0.012	0.019	0.020
2015	0.134	0.179	0.157	0.174	0.198	0.187
2016	0.132	0.151	0.175	0.157	0.207	0.185
2017	0.011	0.010	0.016	0.011	0.015	0.016
2018	0.010	0.010	0.015	0.010	0.014	0.015

根据三大区域的区域间技术效率历年均值进行排序，依次为东部与西部（0.044）、中部与西部（0.042）、东部与中部（0.037），可见东部与西部地区的技术效率差异最大，而东部与中部地区的技术效率差异最小。东部地区与中部地区的相对接近为技术交流、合作提供了更多机会，促进了技术效率的共同提升，此外，中部地区的一些省份也在近年来取得了较快的经济发展，技术创新能力逐渐提升。另外，东部地区与中部地区技术效率差异较小还可能受到政策引导和投资倾向的影响，政府在区域发展战略中加大了对中部地区的政策扶持和资金投入，有助于提高技术效率水平。从区域间差异的变化趋势来看，三个区域间差异整体皆呈现先扩大后缩小的显著趋势。由此可见，三大区域之间技术效率协同性近些年来逐渐增强，区域间的差距逐步缩小。

从全国层面来看（如表 6.20 所示），以历年均值为标准进行排序，上海、天津、内蒙古和北京排在前 4 位，除了内蒙古属于西部省份外，其余三个不仅位于东部地区，而且还是直辖市，而江西、四川、甘肃和安徽等中西部省份则排名靠后。可见东部地区的技术进步指数相对其他地区更为突出，而中部、西部地区则稍显落后。首先，东部地区的科研机构、高校和科技企业等创新主体密集，创新资源和人才较为集中，创新氛围浓厚，对科研投入较多，支持科技创新和技术进步的政策措施得到更好的落实，有利于推动技术进步。其次，东部地区的产业结构相对先进和多元化，拥有一定的技术积累和优势产业链条，高技术产业和服务业比重较大，有利于技术创新和转化，提高技术进步水平。此外，东部地区吸引和培养了大量高层次人才和科技工作者，形成了一定的人才优势，高素质的人才队伍为技术创新和进步提供了强有力支撑。相比之下，中部、西部地区科研机构和高校相对较少，创新资源不足，创新氛围不浓厚，科研投入不足，限制了技术进步的速度和质量，而且中部、西部地区的产业结构相对较为传统和单一，缺乏高技术含量和附加值较高的产业，产业链不够完善，技术创新和转化受到一定制约。中部、西部地区还存在人才外流的情况，人才储备不足，缺乏高素质人才，制约了技术进步和创新能力的提升。

表 6.20　2005～2018 年各省区市技术进步指数

省份	2005 年	2006 年	2007 年	2008 年	2009 年	2010 年	2011 年	2012 年	2013 年	2014 年	2015 年	2016 年	2017 年	2018 年
北京	1.03	1.02	1.04	1.01	0.99	1.02	1.02	1.01	0.98	1.06	0.36	2.92	1.03	1.03
天津	1.02	1.02	1.04	1.01	0.99	1.02	1.04	1.06	0.88	1.07	0.36	2.92	1.06	1.07
河北	0.99	1.00	1.00	0.98	0.96	0.98	0.97	0.96	0.96	0.97	0.49	2.16	0.99	1.00
山西	0.99	1.00	1.00	0.98	0.96	0.99	0.98	0.97	0.96	0.97	0.47	2.19	0.99	1.00
内蒙古	1.01	1.04	1.04	1.01	0.99	1.02	1.01	1.01	0.94	1.07	0.36	2.92	1.06	1.07
辽宁	1.01	1.04	1.04	1.01	0.99	1.02	1.01	1.00	0.99	1.00	0.39	2.66	0.99	1.00
吉林	0.99	1.02	1.02	1.01	0.99	1.02	1.01	1.00	0.99	1.00	0.37	2.79	0.99	1.00
黑龙江	0.99	1.00	1.00	0.98	0.95	0.98	0.96	0.95	0.96	0.97	0.49	2.15	0.99	1.00
上海	1.07	1.05	1.08	1.04	1.03	1.05	1.04	1.04	0.94	1.04	0.36	2.92	1.03	1.03
江苏	1.02	1.03	1.04	1.01	0.99	1.02	1.01	1.00	0.99	1.00	0.40	2.68	0.99	1.00
浙江	1.02	1.03	1.04	1.01	0.99	1.02	1.00	0.99	0.98	0.98	0.44	2.38	0.99	1.00
安徽	0.99	1.00	1.00	0.98	0.95	0.98	0.96	0.95	0.96	0.97	0.67	1.61	0.99	1.00
福建	0.99	1.01	1.02	1.00	0.98	1.00	0.99	0.97	0.97	0.97	0.47	2.28	0.99	1.00
江西	0.99	1.00	1.00	0.98	0.95	0.98	0.96	0.95	0.96	0.97	0.61	1.76	0.99	1.00
山东	0.99	1.02	1.02	1.00	0.98	1.01	0.99	0.98	0.97	0.98	0.46	2.32	0.99	1.00
河南	0.99	1.00	1.00	0.98	0.95	0.98	0.96	0.95	0.96	0.97	0.52	2.06	0.99	1.00

续表

省份	2005 年	2006 年	2007 年	2008 年	2009 年	2010 年	2011 年	2012 年	2013 年	2014 年	2015 年	2016 年	2017 年	2018 年
湖北	0.99	1.00	1.00	0.98	0.95	0.98	0.96	0.95	0.96	0.97	0.53	2.08	0.99	1.00
湖南	0.99	1.00	1.00	0.98	0.95	0.98	0.96	0.95	0.96	0.97	0.58	1.89	0.99	1.00
广东	1.01	1.02	1.02	1.00	0.97	0.99	0.98	0.97	0.96	0.97	0.47	2.26	0.99	1.00
广西	0.99	1.00	1.00	0.98	0.95	0.98	0.96	0.95	0.96	0.97	0.51	2.08	0.99	1.00
海南	0.99	1.00	1.00	0.98	0.95	0.98	0.96	0.95	0.96	0.97	0.53	2.02	0.99	1.00
重庆	0.99	1.00	1.00	0.98	0.95	0.98	0.96	0.95	0.96	0.97	0.51	2.11	0.99	1.00
四川	0.99	1.00	1.00	0.98	0.95	0.98	0.96	0.95	0.96	0.97	0.60	1.77	0.99	1.00
贵州	0.99	1.00	1.00	0.98	0.95	0.98	0.96	0.95	0.96	0.97	0.64	1.76	0.99	1.00
云南	0.99	1.00	1.00	0.98	0.95	0.98	0.96	0.95	0.96	0.97	0.59	1.90	0.99	1.00
西藏	0.99	1.00	1.00	0.98	0.95	0.98	0.96	0.95	0.96	0.97	0.52	1.94	0.99	1.00
陕西	0.99	1.00	1.00	0.98	0.95	0.98	0.97	0.97	0.97	0.98	0.46	2.34	0.99	1.00
甘肃	0.99	1.00	1.00	0.98	0.95	0.98	0.96	0.95	0.96	0.97	0.65	1.67	0.99	1.00
青海	0.99	1.00	1.00	0.98	0.96	0.99	0.98	0.97	0.98	0.99	0.40	2.82	1.02	1.03
宁夏	1.00	1.02	1.03	1.01	0.99	1.01	1.00	0.99	0.98	0.99	0.40	2.82	1.00	1.02
新疆	1.02	1.03	1.04	1.01	0.99	1.01	1.00	0.98	0.98	0.98	0.43	2.43	0.99	1.00

同样地，为了简单直观地展现我国各省份技术进步指数的变动趋势，采用核密度估计的方法刻画技术进步指数的分布位置、发展态势和极化趋势。选取 2005 年、2008 年、2011 年、2014 年和 2018 年共 5 个年份的技术进步指数作为观测样本，具体如图 6. 5 所示。

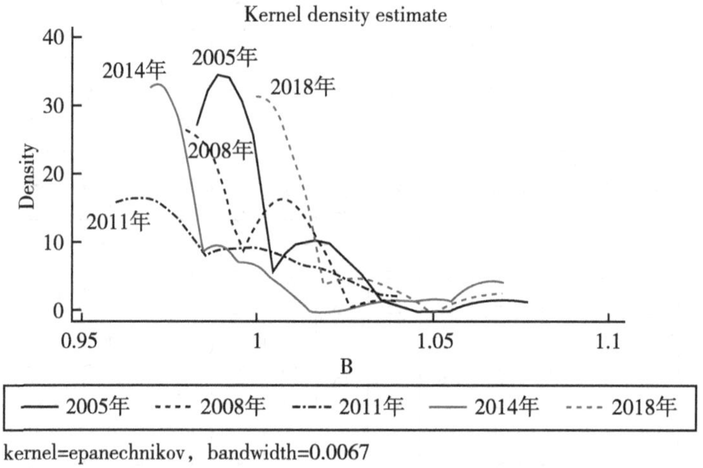

图 6. 5　全国层面技术进步指数分布动态

从曲线主峰中心点位置上看，技术进步指数密度曲线呈现出先左移后右移的趋势，这在一定程度上说明全国技术进步指数呈现先下降后上升的波动现象。首先，技术进步受宏观经济环境的影响较大，全国经济形势的波动会直接影响企业对技术创新的投入和发展，经济下行时，企业可能会减少对技术研发的支出，导致技术进步指数下降，而随着经济环境逐渐好转，技术投入可能会增加，推动技术进步指数上升。其次，政府的科技创新政策、产业政策和财税政策等对技术进步的推动作用不可忽视，政策支持和引导的力度和方向直接关系到技术进步的速度和质量，政策稳定有利于技术创新的顺利进行，可能助力技术进步指数上升。科研投入和人才培养是技术进步的重要支撑，技术人才的数量和质量、科研机构的研发投入等直接影响技术进步的水平。创新体系的健全和技术转化的效率也会影响技术进步指数的波动，如果创新体系不完善或技术转化效果不佳，可能导致技术进步指数下降，而加强创新体系建设和技术转化工作可以推动技术进步指数的上升。为保持技术进步指数的稳步提升，需要政府加大科技创新政策支持力度，加强科研投入和人才培养，完善创新体系和技术转化机制，促进市场竞争和行业变革，推动技术进步不断向前发展。

从曲线极化趋势来看，样本期内的 5 个年份皆出现了多峰现象，说明各地技术进步一直存在两极分化状况，空间非均衡性现象显著。不同地区的经济发展水平存在差异，发达地区在科技创新、技术研发方面具备更强的实力和更多的资源，因此技术进步水平也更高，而欠发达地区由于基础设施和资源条件限制，技术进步水平相对较低，造成了两极分化现象。人才是推动技术进步的重要因素，人才流动和培养状况差异可能导致地区技术进步的不平衡，发达地区吸引力较大、人才储备丰富，有利于技术进步；而欠发达地区人才流失、人才匮乏，难以推动技术进步。不同地区的产业结构和技术应用水平的差异也影响了技术进步的水平，发达地区通常拥有高新技术产业和创新型企业，技术应用水平高，而欠发达地区主要以传统产业为主，技术应用水平相对滞后。

从曲线波峰高度上看，技术进步指数密度曲线的主峰高度整体呈现出“降—升—降”的趋势，这表明全国技术进步指数的空间绝对差异随着时间变化呈现波动缩小趋势。从曲线延展性来看，技术进步指数密度曲线的延展性未出现明显趋势，表明考察期内我国技术进步指数较高的省份与较低的省份之间的差距并未显著扩大。随着时间的推移，不同地区之间的技术转移和交流逐渐加强，有利于技术进步经验的分享和扩散，发达地区的先进技术和经验可以通过交流传播到欠发达地区，促使其技术进步指数提升，从而缩小地区间的技术差距。政府在技术进步领域的政策倾斜和资源配置也会影响空间绝对差异的缩小，政府可能采取措施支持欠发达地区的科研项目、人才培养等，推动其技术进步，从而减少地区间的技术差距。不同地区之间的区域协同发展和合作加强，可以促进技术资源的整合和优化利用，跨地区间的联合研发、产业合作等形式有助于打破技术壁垒，推动技术进步指数的均衡提升。此外，随着人才流动的增加和教育水平的提升，各地区的技术人才储备和创新能力都得到了提升，优秀人才的跨地区流动和知识传递有助于促进技术进步指数的均衡发展。

为进一步分析三大区域技术进步的差异，采用 Dagum 基尼系数及其分解方法考察对全国、三大区域内、三大区域间的技术进步的空间差异，并进一步分析产生差异的原因。

根据表 6.21 可知，三大区域技术进步总体差异呈现波动性变化趋势，总体基尼系数在 2005 ~ 2014 年总体处于平稳变化状态，波动起伏程度较小，之后则由 2014 年的 0.013 大幅度上升至 2015 年的 0.106，然后又大幅度下降至 2018 年的 0.007。这表明三大区域技术进步的总体区域差异呈现先扩大后缩小的趋势，近年来总体区域协同性逐渐增强，总体区域差异得到一定程度的缓解。此外，组内基尼系数、组间基尼系数和超变密度基尼系数三者的波动变化趋势与总体基尼系数相似，都是由 2005 ~ 2014 年平稳波动，之后 2015 年大幅度上升，然后又大幅度下降，表明近年来全国各区域内、区域间的技术进步差异有所缩小。首先，政府采取了一系列支持和引导措施，通过区域战略规划和政策实施，促进各地区技术进步的均衡发展，政府的政策引导有助于发挥各地区的优势，填补地区间的技术差距，从而缓解区域差异。其次，近年来，人才培养机制逐渐完善，人才流动增加，有利于技术进步的均衡推进，促进了区域间的协同发展。再次，各地区通过产业结构调整和转型升级，推动了技术进步的提升。同时近年来，各地区对科研投入和创新氛围的重视程度不断提升，促进了技术进步的提升。最后，各地区之间开展的科技合作项目、技术交流活动等促进了技术资源的共享和优势互补，推动了区域间技术差异的缓解。

表 6.21　　三大区域技术进步差异来源及贡献

年份	基尼系数				贡献率（%）		
	总体	组内	组间	超变密度	组内	组间	超变密度
2005	0.008	0.002	0.005	0.001	27.446	65.489	7.065
2006	0.007	0.002	0.004	0.001	27.135	56.061	16.804
2007	0.010	0.003	0.006	0.001	25.876	61.959	12.165
2008	0.008	0.002	0.005	0.001	25.781	57.812	16.406
2009	0.011	0.003	0.006	0.002	25.969	56.783	17.248

续表

年份	基尼系数				贡献率（%）		
	总体	组内	组间	超变密度	组内	组间	超变密度
2010	0.010	0.003	0.005	0.002	27.027	53.222	19.751
2011	0.014	0.004	0.007	0.003	27.181	53.816	19.003
2012	0.015	0.004	0.008	0.003	28.307	53.201	18.492
2013	0.009	0.003	0.001	0.006	32.775	6.220	61.005
2014	0.013	0.004	0.006	0.003	31.876	44.754	23.370
2015	0.106	0.031	0.045	0.030	29.536	42.601	27.863
2016	0.102	0.031	0.041	0.030	30.159	40.721	29.120
2017	0.007	0.002	0.003	0.002	34.249	38.584	27.168
2018	0.007	0.002	0.002	0.002	34.743	33.837	31.420

从差异贡献率来看，三大区域全要素生产率的区域内差异、区域间差异、超变密度的年平均贡献率分别为29.147%、47.504%、23.349%，可见区域间差异是造成我国技术进步指数空间差异的主要原因，其中组内基尼系数贡献率一直呈现比较平稳的状态，近年来，超变密度贡献率呈现出波动上升的总体趋势，而组间贡献率则与超变密度贡献率呈反方向变化。我国各地区经济发展水平存在明显差异，发达地区拥有更多的科研投入和创新资源，促进了技术进步，而欠发达地区受制于基础设施和人才资源不足，技术进步相对滞后，导致技术进步指数的空间差异，这些因素是造成我国技术进步指数空间差异的主要原因。为缩小技术进步指数的空间差异，需要加强政策支持、推动人才流动和培养、优化产业结构、建设更完善的基础设施和环境，促进各地区技术进步水平的均衡发展。

根据表6.22，从三大区域技术进步区域内差异的历年均值来看，西部地区（0.022）排名第1，其次分别是东部（0.021）和中部地区（0.015），表明西部地区各省份间的技术进步指数差异最大，而中部地区各省份间的技术进步指数最为接近。西部地区的地理条件和资源禀赋存在较大差异，不同省份之间的产业结构和经济发展方向也各有特色，资源型省份受资源丰富性影响，更容易依赖传统产业，而技术密集型产业的发展相对滞后，导致技术进步指数的差异扩大。中部地区各省份的经济发展相对均衡，这种均衡的经济发展模式有利于技术进步指数的接近，减少了省份间的技术差异。此外，中部地区各省份之间经常开展产业协作和技术信息共享，促进了技术资源的整合和利用，有利于提高技术水平的协同发展，缩小了技术进步指数的差异。

表 6.22　　三大区域技术进步的区域内及区域间差异

年份	组内基尼系数			组间基尼系数		
	东部	中部	西部	东部与中部	东部与西部	中部与西部
2005	0.011	0.018	0.017	0.016	0.017	0.019
2006	0.012	0.021	0.014	0.023	0.015	0.020
2007	0.015	0.018	0.015	0.021	0.016	0.019
2008	0.012	0.016	0.015	0.016	0.014	0.018
2009	0.014	0.022	0.020	0.020	0.017	0.022
2010	0.014	0.017	0.025	0.017	0.022	0.022
2011	0.008	0.013	0.022	0.011	0.017	0.018
2012	0.011	0.012	0.019	0.012	0.016	0.016
2013	0.023	0.011	0.016	0.020	0.022	0.014
2014	0.010	0.013	0.021	0.012	0.019	0.020
2015	0.134	0.179	0.157	0.174	0.198	0.187
2016	0.132	0.151	0.175	0.157	0.207	0.185
2017	0.011	0.010	0.016	0.011	0.015	0.016
2018	0.010	0.010	0.015	0.010	0.014	0.015

从区域内差异的历年变化趋势来看，三大区域的技术进步指数区域差异呈现出相似的变化趋势，组内基尼系数在 2005 ~ 2014 年总体处于平稳变化状态，波动起伏程度较小，到了 2015 年则大幅度上升，然后又大幅下降，这表明三大区域技术进步指数的区域差异在近些年来逐渐缩小。东部地区的创新生态系统发展较早，包括科研院所、高校、企业等创新主体，形成了一定规模的创新产业链，各地逐渐加大对创新环境建设和技术创新

的投入，推动了技术进步指数的均衡发展。中部地区逐渐推动产业结构的升级和转型，加大对高技术产业、战略性新兴产业的支持力度，提升了整体技术水平和创新能力。西部地区不断加大科技创新投入力度，支持企业加强技术创新和研发能力，提升了技术水平和创新能力。通过不懈努力推动技术创新和进步，各大区域的技术进步水平差异逐步缩小，促进了整个国家技术进步水平的提升和区域间的均衡发展。

根据三大区域的区域间技术效率历年均值进行排序，依次为东部与中部（0.028）、东部与西部（0.027）、中部与西部（0.019），可见东部与中部地区的技术进步指数差异最大，而中部与西部地区的技术进步指数差异最小，此外，三个区域之间的技术进步指数差异在近些年间逐渐缩小。东部地区具有较强的区位优势和集聚效应，吸引了大量科技资源和人才聚集，技术创新水平相对较高，而中部地区受制于地理位置和资源禀赋等因素，科技创新投入相对较少，导致技术进步指数差异较大。而中部地区与西部地区通常具有一定的合作机制和协同发展模式，促进了技术资源的共享和交流，有利于技术进步水平的接近。此外，中部与西部地区近年来加大了对科技创新的政策支持和科研投入力度，提升了技术创新能力和水平，缩小了技术进步指数的差异。近年来，各地区政府加大了对技术创新的政策引导和支持力度，推动了各地区技术进步的协同发展，促进了技术资源的共享和交流。各地区还加强了人才培养和科研合作机制，促进了科技人才的跨区域流动和合作，有利于技术创新和进步的传播和转化。因此，近几年，三个地区间的技术进步指数差异在缩小。

从全国层面来看（如表 6.23 所示），以历年均值为标准进行排序，吉林、青海、宁夏、江苏排在前 4 位，除了江苏属于东部省份外，其余三个位于中部、西部地区，而北京、黑龙江、安徽和福建等则排名靠后，其中北京和福建位于东部地区，黑龙江和安徽位于中部地区。可见西部地区的纯技术效率相对其他地区更为突出，而中部、东部地区则稍显落后。中部、西部地区人力资源成本低，这对提高技术效率很有利，与此同时，东部地区人力资源成本较高，影响企业技术进步。此外，中部、西部地区拥有较强的自然资源优势，一些企业利用这一优势开发新技术和新产品。

表 6.23　2005～2018 年各省区市纯技术效率指数

省份	2005 年	2006 年	2007 年	2008 年	2009 年	2010 年	2011 年	2012 年	2013 年	2014 年	2015 年	2016 年	2017 年	2018 年
北京	0.99	1.00	1.00	1.01	1.04	0.99	0.98	0.97	1.04	0.99	1.06	0.89	0.98	1.01
天津	0.99	0.98	0.94	0.97	0.95	0.91	1.01	0.99	1.21	0.96	1.49	0.66	0.99	0.96
河北	0.96	0.96	0.94	0.94	0.97	0.97	0.98	0.99	1.00	0.99	1.91	0.52	1.02	1.02
山西	0.95	0.93	0.95	0.95	0.91	0.95	0.96	0.99	0.99	0.95	1.93	0.49	1.07	1.06
内蒙古	0.94	0.95	0.94	0.97	0.95	0.93	0.94	0.92	1.04	0.98	1.94	0.52	0.99	1.03
辽宁	0.95	0.95	0.95	0.96	0.98	0.95	0.96	1.00	1.02	0.97	1.77	0.55	1.02	1.05
吉林	0.92	0.87	0.89	0.91	0.94	0.92	0.95	0.95	0.96	0.94	3.29	0.30	1.01	1.00
黑龙江	1.01	0.98	0.95	0.97	0.98	0.98	0.99	0.98	0.97	0.94	1.62	0.59	1.00	0.98
上海	1.00	1.00	1.00	1.00	1.00	1.00	1.00	1.00	1.00	1.00	1.00	1.00	1.00	1.00
江苏	1.05	1.02	1.01	1.04	1.03	1.02	1.02	1.01	1.00	1.00	1.00	1.00	1.00	1.00
浙江	1.01	1.01	0.97	1.00	0.99	1.01	1.00	1.01	1.02	1.01	1.18	0.87	1.03	1.01
安徽	0.98	0.98	0.98	0.99	1.02	1.00	1.01	1.01	1.00	0.97	1.17	0.83	1.00	1.00
福建	0.97	0.98	0.96	0.98	0.99	1.00	0.98	1.01	1.01	0.98	1.29	0.75	0.99	1.00
江西	0.96	0.94	0.95	0.99	1.02	1.02	1.02	1.03	1.03	1.02	1.26	0.78	1.00	1.01
山东	0.99	0.98	0.97	0.99	1.00	0.98	1.01	1.01	1.01	1.01	1.49	0.67	1.02	1.03
河南	0.97	0.94	0.92	0.94	0.94	0.94	0.97	0.98	0.98	0.99	1.82	0.54	1.03	1.02

续表

省份	2005 年	2006 年	2007 年	2008 年	2009 年	2010 年	2011 年	2012 年	2013 年	2014 年	2015 年	2016 年	2017 年	2018 年
湖北	1.00	0.98	0.99	1.01	1.02	1.00	1.00	1.00	1.00	0.98	1.40	0.69	0.99	1.00
湖南	1.00	0.98	0.98	0.98	1.01	0.98	0.99	1.00	1.00	0.98	1.32	0.76	1.02	1.01
广东	1.00	1.00	1.00	1.00	1.00	1.00	1.00	1.00	1.00	1.00	1.00	1.00	1.00	1.00
广西	0.95	0.93	0.93	0.92	0.90	0.87	0.91	0.95	1.01	0.98	2.26	0.43	1.05	1.04
海南	1.05	1.03	1.05	0.99	1.03	1.04	0.98	0.94	0.96	0.94	1.31	0.75	1.00	0.99
重庆	0.97	0.96	0.99	1.01	1.04	1.03	1.04	1.04	1.04	1.00	1.11	0.92	1.01	0.98
四川	0.98	0.97	0.97	0.98	1.03	1.01	1.02	1.02	1.01	0.99	1.25	0.79	1.01	1.01
贵州	1.02	1.01	1.02	1.00	1.02	1.01	1.02	0.99	0.97	0.94	1.59	0.56	0.96	0.97
云南	0.99	1.00	1.01	1.03	0.99	0.92	0.94	0.96	0.97	0.91	1.80	0.50	0.97	0.98
西藏	1.00	1.00	1.00	1.00	1.00	1.00	1.00	1.00	1.00	1.00	1.00	1.00	1.00	1.00
陕西	0.98	0.96	0.95	0.97	0.98	0.96	0.98	1.00	1.00	0.97	1.91	0.51	0.99	1.00
甘肃	1.00	0.99	0.99	0.98	1.01	1.00	1.01	1.02	1.01	0.96	1.32	0.70	1.02	1.04
青海	1.03	1.03	1.02	1.04	1.00	1.00	0.97	0.92	0.93	1.04	1.88	0.68	1.07	0.93
宁夏	0.99	0.97	0.99	0.99	0.94	0.97	0.97	0.97	0.99	1.01	2.18	0.53	1.02	0.94
新疆	0.99	0.99	0.99	1.01	1.01	0.99	1.00	0.96	0.94	0.91	1.90	0.48	0.95	0.95

同样地，为了简单直观地展现我国各省份纯技术效率的变动趋势，采用核密度估计的方法刻画纯技术效率的分布位置、发展态势和极化趋势。选取 2005 年、2008 年、2011 年、2014 年和 2018 年共 5 个年份的纯技术效率作为观测样本，具体如图 6. 6 所示。

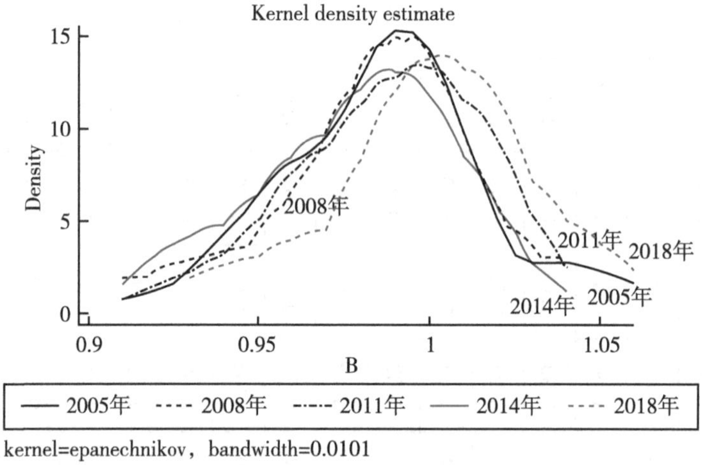

图 6. 6　全国层面纯技术效率分布动态

从曲线主峰中心点位置上看，纯技术效率密度曲线呈现出先左移后右移的趋势，这在一定程度上说明全国纯技术效率呈现出先下降后上升的波动现象。从曲线极化趋势来看，样本期内的 5 个年份皆出现了多峰现象，说明各地纯技术效率一直存在两级分化状况，空间非均衡性现象显著。从曲线波峰高度上看，纯技术效率密度曲线的主峰高度在 2018 年之前的 4 个年份中整体处于下降趋势，而在 2018 年则呈现出上升趋势，但波峰高度仍低于 2005 年水平，这表明全国纯技术效率的空间绝对差异随着时间推移呈现缩小趋势，但近年来有所扩大。从曲线延展性来看，纯技术效率密度曲线的延展性并未出现明显趋势，表明考察期内我国纯技术效率较高的省份与较低的省份之间的差距并未显著扩大。首先，技术创新和引进在一定程度上缓解了不同省份之间的技术差距，较高技术效率的省份通过不断引进先进技术，加大科研投入，推动本地产业升级，同时也会与其他地区进行技术合作与交流，带动技术传播，促进技术水平的提高。其次，国家政策导向对技术发展的影响也是重要因素，政府对技术创新给予支持，对合作交流提供政策支持，使得技术效率较低的地区有机会追赶先进地区的技术水平。最后，信息化技术的普及也为技术交流和创新提供了更便捷的平台，各地区可以更快地获取最新的技术信息，推进技术提升。未来，各地应进一步加强技术合作与交流，推动技术水平的均衡发展，实现全国技术经济的共同繁荣。

从全国层面来看（如表 6.24 所示），以历年均值为标准进行排序，排在前 10 位的省份皆位于中部、西部地区，其中西藏、内蒙古、吉林和安徽排在前 4 位，而在排名靠后的 6 个省份中，除了宁夏和青海位于西部地区外，广东、山东、江苏和海南皆位于东部地区，值得注意的是，广东、山东和江苏的经济总量一直位居全国前三名。可见中部、西部地区的规模效率相对其他地区更为突出，而东部地区则稍显落后。究其原因，首先，中部、西部地区拥有丰富的自然资源和劳动力资源，使得其在生产过程中能够更有效地利用资源，提高规模效率。其次，相比于东部地区一些规模较大的企业，中部、西部地区企业规模结构更为分散，平均规模较小，小规模企业通过提高生产效率和降低成本，更易实现规模效率的提升。最后，相比于东部地区较高的工资水平，中部、西部地区企业可利用相对低廉的劳动力成本提高生产效率，例如通过增加班次和加强生产管理，实现单位产出劳动力成本的降低。相比之下，东部地区经济高速发展导致土地、能源等生产要素成本持续上涨，给企业生产带来一定压力，相对降低了其规模效率提升的潜力。未来，东部地区可以借鉴中部、西部地区的经验，加大科技创新和人才培养力度，优化产业结构，提高规模效率，实现更加可持续的经济增长。

同样地，为了简单直观地展现我国各省份规模效率的变动趋势，采用核密度估计的方法刻画规模效率的分布位置、发展态势和极化趋势。选取 2005 年、2008 年、2011 年、2014 年和 2018 年共 5 个年份的规模效率作为观测样本，具体如图 6.7 所示。

从曲线主峰中心点位置上看，规模效率密度曲线呈现出先右移后左移的趋势，其中在 2018 年之前的 4 个年份中，曲线整体处于右移趋势，而到了

表 6.24　　2005～2018 年各省区市规模效率指数

省份	2005 年	2006 年	2007 年	2008 年	2009 年	2010 年	2011 年	2012 年	2013 年	2014 年	2015 年	2016 年	2017 年	2018 年
北京	1.00	1.00	1.00	1.00	1.00	1.00	1.00	1.00	0.98	1.00	1.03	0.98	1.01	0.99
天津	1.00	1.00	1.00	1.00	1.01	1.01	0.95	1.00	0.99	1.00	1.09	0.91	0.99	1.00
河北	1.00	1.00	1.00	1.00	1.00	1.00	1.00	1.00	1.00	1.00	1.01	0.97	0.99	0.99
山西	0.99	1.00	1.00	1.00	1.00	1.00	1.00	1.00	1.00	1.02	1.01	0.99	1.00	1.00
内蒙古	0.99	1.00	1.01	1.01	1.01	1.01	1.01	1.01	0.99	0.97	1.04	0.97	1.02	1.01
辽宁	1.00	1.00	1.00	1.00	1.00	1.00	1.00	0.97	0.95	0.98	1.11	0.95	1.03	1.00
吉林	0.99	0.99	1.00	1.01	1.01	1.01	1.01	1.00	1.01	1.01	1.00	1.00	1.00	1.00
黑龙江	0.99	1.00	1.00	1.00	1.00	1.00	1.00	1.00	1.00	1.02	1.01	0.99	1.00	1.00
上海	1.00	1.00	1.00	1.00	1.00	1.00	1.00	1.00	1.00	1.00	1.00	1.00	1.00	1.00
江苏	0.96	0.98	0.99	0.98	0.99	0.97	0.97	0.98	1.01	1.00	1.29	0.79	1.00	1.00
浙江	0.98	0.99	1.02	1.01	1.02	1.00	1.00	1.00	0.99	1.00	1.01	0.97	0.97	0.99
安徽	1.00	1.00	1.00	1.00	1.00	1.00	1.00	1.00	1.00	1.03	1.00	1.00	1.00	1.00
福建	1.00	1.00	1.00	1.00	1.00	1.00	1.00	1.00	1.00	1.02	1.00	0.99	0.99	0.99
江西	0.99	1.00	1.00	1.00	1.00	1.00	1.00	1.00	1.00	1.02	1.02	0.98	1.00	1.00
山东	0.97	0.97	0.99	0.99	0.99	1.00	1.00	1.00	1.01	1.00	1.17	0.85	0.99	0.98
河南	1.00	1.00	1.00	1.00	1.00	1.00	1.00	1.00	1.00	1.00	1.01	0.96	0.98	0.98

续表

省份	2005 年	2006 年	2007 年	2008 年	2009 年	2010 年	2011 年	2012 年	2013 年	2014 年	2015 年	2016 年	2017 年	2018 年
湖北	1.00	1.00	1.00	1.00	1.00	1.00	1.00	1.00	1.00	1.02	1.00	0.98	0.99	0.99
湖南	1.00	1.00	1.00	1.00	1.00	1.00	1.00	1.00	1.00	1.02	1.00	0.99	0.99	1.00
广东	1.00	1.00	1.00	1.00	1.00	1.00	1.00	1.00	1.00	0.99	1.01	0.96	0.98	0.98
广西	0.99	1.00	1.00	1.00	1.01	1.00	1.01	1.00	1.00	1.02	1.00	1.00	1.00	1.00
海南	0.96	0.96	0.97	0.99	1.00	0.97	1.01	1.01	1.00	1.01	1.25	0.79	0.99	0.99
重庆	0.99	0.99	1.00	1.00	1.00	1.00	1.00	1.00	1.00	1.02	1.03	0.97	1.00	1.00
四川	1.00	1.00	1.00	1.00	1.00	1.00	1.00	1.00	1.00	1.01	1.00	0.99	0.99	0.99
贵州	0.99	0.99	0.99	1.00	1.00	0.99	1.00	1.00	1.00	1.03	1.06	0.96	1.00	1.00
云南	0.99	0.99	0.99	1.00	1.00	1.00	1.01	1.00	1.00	1.03	1.01	1.00	1.00	1.00
西藏	0.89	0.91	0.94	0.97	1.01	0.93	1.02	1.00	0.98	0.97	2.26	0.43	0.98	0.98
陕西	0.99	1.00	1.00	1.00	1.00	1.00	1.00	1.00	1.00	1.02	1.00	1.00	1.00	1.00
甘肃	0.98	0.99	0.99	1.00	1.00	0.99	1.00	1.00	1.00	1.02	1.10	0.91	0.99	0.99
青海	0.95	0.96	0.97	0.98	0.99	0.97	1.01	1.03	1.00	0.86	1.54	0.43	0.89	1.05
宁夏	0.94	0.97	0.98	1.00	1.02	1.00	1.01	1.01	0.98	0.91	1.39	0.53	0.95	1.03
新疆	1.00	0.99	0.99	1.00	1.00	1.00	1.00	1.01	1.01	1.02	1.04	0.97	1.00	1.00

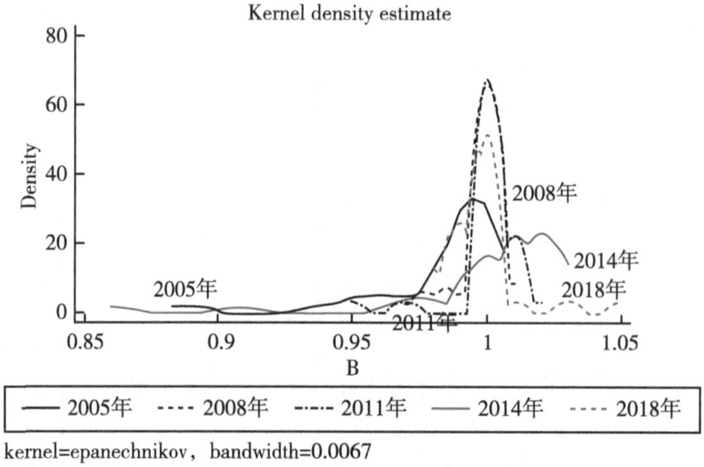

图 6.7　全国层面规模效率分布动态

2018 年则出现了左移现象，这在一定程度上说明全国规模效率呈现出先上升后下降的波动现象，而这种下降现象仅在近些年才出现。首先，我国经济在过去几十年高速增长，企业规模不断扩大，生产水平和管理水平不断提高，这有利于提升全国规模效率。但随着我国经济进入中高速增长时期，一些传统产业面临产能过剩和竞争激烈等问题，这在一定程度上影响了规模效率的提升。近年来，我国经济进入“新常态”，国内生产总值增速放缓，但成本因素如工资和房地产价格持续上涨，这给企业生产带来了更大的成本压力。同时，环境保护和资源节约等方面的政策要求不断提高，给企业生产管理提出了新的挑战，这也增加了单位产品成本。其次，部分老旧产能淘汰替代速度较慢，以及一些地方政府推广低附加值产业等因素，也在一定程度上影响了全国规模效率的提升。最后，新兴产业如互联网等尚未形成规模，未能弥补传统产业效率下降的影响，这也是近年全国规模效率下降的一个重要原因。

从曲线极化趋势来看，样本期内的 5 个年份皆出现了多峰现象，说明各地规模效率一直存在两级分化状况，空间非均衡性现象显著。从曲线波峰高度上看，规模效率密度曲线的主峰高度呈现出“升—降—升”的总体变化趋势，在 2005 年、2008 年和 2011 年这 3 个年份中，波峰高度处于持续上升状态，而在2014年则大幅度下降，之后于2018年又呈现出一定的上升趋势，且波峰高度高于2005年水平，这表明全国规模效率的空间绝对差异随着时间变化呈现整体扩大趋势。从曲线延展性来看，2018年的规模效率密度曲线的延展性出现了明显的右拖尾趋势，表明近年来我国规模效率较高的省份与较低的省份之间的差距显著扩大。首先，东部地区作为经济发达地区，其规模效率进一步提升难度较大，因此增长空间有限，而中部、西部地区作为相对欠发达地区，存在较大的提升空间，因此规模效率的增长速度相对较快。其次，资源禀赋和产业结构的差异也导致了地区规模效率的差异扩大，东部地区由于经济发展较早，资源禀赋相对较少，产业结构相对集中，导致规模效率提升面临更大挑战，而中部、西部地区拥有丰富的自然资源，有利于提升规模效率。最后，政策扶持的差异也是影响地区规模效率的重要因素。近年来，中央政府提出支持中部、西部地区发展的政策措施，如“西部大开发”战略、降低税收政策等，这些措施促进了中部、西部地区经济的快速增长和规模效率的提升，同时，东部地区也受到环境保护、产业结构调整等政策限制，规模效率提升受到一定制约。未来，应继续加大对中部、西部地区的支持力度，推动其经济发展，同时促进东部地区产业结构调整和科技创新，实现全国经济的均衡发展和共同繁荣。

6.2.2 模型建立及变量与数据说明

(1) 模型建立

为考察绿化水平对全要素生产率的影响，参考方大春（2013）、周稳海（2014）模型设定过程，首先建立静态回归模型：

$$tfpch_{it} = c + \beta_1 score_{it} + \beta_2 x_{it} + \gamma_i + \delta_t + \epsilon_{it} \tag{6.3}$$

其中，包括第 i 个省市第 t 年的全要素生产率指数 $tfpch_{it}$、常数项 c，第 i 个省市第 t 年的绿化水平综合得分 $score_{it}$，控制变量合集 x_{it}，分别代表个体或地区非观测效应以及时间非观测效应的 γ_i、δ_t，还有随机干扰项 ϵ_{it}。

静态面板模型在分析全要素生产率时忽略了滞后项 $L.tfpch_{it}$对自身的影

响，可能导致回归结果存在偏误。为了更准确地捕捉全要素生产率的动态变化，可以建立动态面板回归模型。通过引入滞后项，动态模型能够捕捉到前期全要素生产率对当前的影响，使得模型更加贴合实际情况，从而更准确地评估全要素生产率的影响因素。因此，本研究建立了动态面板回归模型：

$$tfpch_{it} = c + \alpha L.tfpch_{it} + \beta_1 score_{it} + \beta_2 x_{it} + \gamma_i + \delta_i + \epsilon_{it} \tag{6.4}$$

动态面板模型采用广义矩估计法（GMM）进行估计，这是一种常用的方法，它能够克服静态面板模型存在的偏误问题，实现更准确的参数估计。GMM 允许估计过程中的自相关和异方差问题，并且考虑了动态效应，更加具有效率。同时 GMM 估计又分为系统 GMM 和差分 GMM 两种方法，一般而言，系统 GMM 考虑工具变量更优，因为它能够更有效地处理内生性和遗漏变量的问题，提高了估计的一致性和效率，因此本研究选择系统 GMM 方法。

（2）变量与数据说明

数据均来自国家统计局网站、各省区市统计年鉴、《中国环境统计年鉴》。为了减少异方差的影响，对量级较大的变量进行了取对数的处理，具体变量如下：

①被解释变量为全要素生产率指数（*tfpch*）：选择 DEA - Malmquist 指数方法对全要素生产率指数进行测算，指数减去 1 就可以得到增长率，大于 1 为正增长，小于 1 则为负增长，具体计算过程和含义参见前面章节。

②核心解释变量为绿化水平（*score*）：构建绿化水平综合评价指标体系，利用熵值法确定各指标权重并计算得到各省市绿化水平的最终得分，具体计算过程和含义参见本书第 4 章。

③控制变量：目前对全要素生产率的传统影响因素的研究已经较为成熟，根据文献等资料，主要选择了各省市国际贸易、产业结构、人力资本、创新投入、城镇化程度以及地理条件等指标作为控制变量（张杰等，2009；白洁，2009；刘伟、张辉，2008；岳书敬、刘朝明，2006；李小平、朱钟棣，2006；易纲等，2003）。

国际贸易：用对外直接投资（*invest*）和进出口总额（*trade*）进行衡量，其中进出口总额数据进行了取对数处理。国际贸易通过市场扩大、资源配置优化和技术转移等途径，能够促进全要素生产率的提升。首先，国际贸易扩大了市场规模，增加了企业间的竞争压力，鞭策企业不断提升效率和技术水平，这种竞争压力推动了企业进行技术创新和资源整合，从而提高了全要素生产率。其次，国际贸易促进了资源的高效配置，各国通过国际贸易实现了资源的跨国流动和再配置，使得资源得到更合理的配置和利用，提高了生产要素的效率，间接促进了全要素生产率的提升。最后，国际贸易也带来了技术转移和经验分享的机会，促进了技术的传播和应用，提升了全要素生产率水平。

产业结构：用第三产业增加值占各地区第二产业增加值的比重（*industry*）来衡量。产业结构的合理调整和优化能够促进全要素生产率的提升。首先，合理的产业结构布局能够促进资源配置的优化，不同产业部门的生产要素使用效率和技术水平存在差异，通过调整产业结构，实现资源的流动和再配置，可以将资源优先配置到效率更高、技术更先进的产业领域，从而提高全要素生产率。其次，产业间的协同效应和技术溢出效应也会影响全要素生产率，不同产业之间的互相促进和资源共享，可以带动技术的传播和创新，推动全要素生产率的提高。最后，产业结构调整还能促进经济结构的升级和转型，随着产业结构的优化，经济结构会更加符合市场需求和技术进步的要求，从而推动全要素生产率水平的提升。

创新投入：用研发经费投入强度（*rd*）来衡量，即各地区研发经费投入与国内生产总值的比值。创新投入包括将资金、人力、时间等资源的投入到创新活动中，能够促进全要素生产率的提升。首先，创新投入可以带来技术进步和产品升级，推动生产效率的提高，通过加大研发投入和技术创新，企业可以开发出更加先进和高效的生产技术，从而提高全要素生产率水平。其次，创新投入有助于优化生产过程和管理方式，提高资源利用效率，通过创新投入，企业可以改进管理模式、优化生产流程、提高劳动生产率，进而提升全要素生产率。最后，创新投入还能够培养创新文化和激发人才创造力，推动企业持续创新，通过鼓励创新投入，企业可以吸引更多高素质人才，激发员工的创新潜力，促进全要素生产率的不断提升。

城镇化程度：用城镇化率（*urban*）来衡量，即城镇人口与年末常住人口比值。城镇化为技术创新和管理模式创新等提供了服务和保障，也在一定程度上影响着全要素生产率。首先，城镇化可以促进资源的集聚和高效利用，提升生产要素的配置效率，城市化过程中，人口、资本和技术会更加集中于城市地区，促进产业升级、技术创新和劳动力市场的灵活性，从而提高全要素生产率。其次，城镇化能够刺激市场需求和扩大消费规模，促进经济多元化发展，城镇化带动了消费结构的升级，推动了新兴产业的兴起，促进了企业的技术创新和生产效率的提升，进而推动全要素生产率的增长。最后，城镇化还能促进人才流动和知识交流，激发创新活力，城市作为人才和资源聚集地，有利于不同领域的人才相互交流和合作，促进知识传播和创新活动，推动全要素生产率的提升。

人力资本：用平均受教育年限（edu_year）来衡量，平均受教育年限计算方法为各学历阶段人数与年龄的乘积与6岁及以上人口的比值。人力资本是经济增长的动力和源泉，更是全要素生产率的决定性影响因素。首先，人力资本的提升可以促进劳动生产率的提高，具备高素质的人力资本意味着更高的技能水平和更好的工作表现，能够提升生产效率和质量，从而影响全要素生产率的提升。其次，人力资本的积累有助于技术创新和知识传播，高素质的人力资本更容易接受新知识、适应新技术，推动企业创新活动，促进全要素生产率的提高。最后，人力资本还能够影响组织的管理能力和创新能力，具备优秀人力资本的组织更容易吸引人才、培养领导者，建立有效的团队合作机制，推动企业整体绩效的提升，从而影响全要素生产率水平。

地理条件：毋庸置疑，区域和气候等地理条件是影响绿化水平的重要因素，同时有研究表明，全要素生产率在一定程度上也会受这些因素的影响（Kunimitsu 等，2013；Chancellor 等，2021）。将各省市划分为7个地理区位，包括东北、华东、华北、华中、华南、西南、西北，构建虚拟变量（District1－7）来进行地理区位划分。首先，地理位置、气候和自然资源等地理条件会直接影响生产活动的效率和成本，例如，地处交通便利的区域有利于物流运输，降低生产成本；气候适宜的地区有利于农业发展，提高农产品产量；丰富的自然资源也可以促进相关产业的发展，提高全要素生产率。其次，地理条件还会影响人力素质和创新活力，生活在资源丰富、环境优美的地区可能拥有更高的生活质量，更有动力投入工作和学习；同时，地理位置也会决定一个地区的交通、信息流动情况，影响人才的流动和知识的传播，对创新活动产生影响。最后，地理条件还会影响政策制定和产业布局，不同地区的政策环境、资源禀赋、市场需求等各方面因素有差别，也就决定了不同地区的产业结构和经济发展方式的不同，进而影响全要素生产率的水平。

综上所述，选取以上 6 个因素作为控制变量加入模型，各变量的描述性统计如表 6.25 所示。

表 6.25　　各变量描述性统计

变量名称	均值	标准差	最小值	最大值
tfpch	0.99	0.20	0.36	2.92
score	0.30	0.10	0.07	0.66
invest	64.64	72.34	0.05	357.60
industry	1.17	0.63	0.53	5.02
rd	1.41	1.08	0.12	6.17
urban	0.53	0.15	0.21	0.94
edu_year	8.64	1.22	3.74	12.68
ln*trade*	17.15	1.75	12.23	20.81

第一，全要素生产率均值为 0.99，平均生产率较高，标准差为 0.20，说明数据点与平均值的差异程度一般，分布相对集中，最小值为 0.36，最大值为 2.92，表明数据范围广，这说明不同地区的生产率水平差异很大，总体来看，大多数地区生产率接近平均水平，分布较集中和均匀，但是也存在个别地区生产率偏低或偏高的情况，这可能与该地区的自然资源、人力资本、技术水平等非生产要素有关。

第二，绿化水平均值为 0.30，表明整体绿化水平处于中等水平，标准差 0.10 表明各地区之间的绿化水平波动不大，而最小值 0.07 和最大值 0.66 则展示了绿化水平的分布范围较广，说明不同地区对生态环境保护的重视程度存在一定差异。

第三，国际贸易均值为 64.64，反映了整体国际贸易水平较高，但标准差 72.34 显示了各地区之间的国际贸易差异较大，最小值 0.05 和最大值 357.6 表明了国际贸易规模的广泛分布，揭示了不同地区在国际贸易活动上存在巨大差异。

第四，产业结构的均值为 1.17，表明整体产业结构相对均衡，各产业在整体经济中的比重相对稳定，标准差 0.63 说明不同地区的产业结构差异不是很大，最小值 0.53 和最大值 5.02 则说明产业结构的分布范围较广，显示了不同经济体在产业布局上存在一定差异。

第五，创新投入的均值为 1.41，表明整体创新投入水平较为稳定，标准差 1.08 说明不同地区在创新投入上存在一定程度的差异，最小值 0.12 和最大值 6.17 则表明不同地区在创新方面的重视程度存在明显差异。

第六，城镇化均值 0.53 显示了整体城镇化水平适中，标准差 0.15 说明不同地区的城镇化程度差异不是很大，最小值 0.21 和最大值 0.94 反映了全国层面存在城镇化程度差异较大的地区。

第七，人力资本均值 8.64 显示了整体人力资本水平较高，标准差 1.22 说明个体之间在人力资本上存在一定程度的差异，最小值 3.74 和最大值 12.68 揭示了人才结构和培养情况较为多元的现状。

6.2.3 相关系数矩阵

在回归前首先进行 pearson 相关系数矩阵的检验（如表 6.26 所示），结果表明绿化水平与全要素生产率指数并不存在显著的相关关系，与预期假设不符，此外解释变量中对外直接投资、创新投入、产业结构等均至少在 1% 的显著性水平下与全要素生产率呈正相关关系。但考虑到相关系数矩阵仅衡量双变量之间的关系，未排除控制变量以及潜在变量的干扰，结果仅供参考，具体关系还需进一步进行回归分析来判定，通过回归分析，可以更准确地评估各因素对全要素生产率的影响。

表 6.26 相关系数矩阵

变量	*tfpch*	*score*	*invest*	*industry*	*rd*	*urban*	*edu_year*	ln*trade*
tfpch	1							
score	0.039	1						
invest	0.13***	0.26***	1					
industry	0.15***	0.025	0.03	1				
rd	0.19***	-0.025	0.52***	0.59***	1			
urban	0.19***	-0.014	0.52***	0.40***	0.76***	1		
edu_year	0.16***	-0.023	0.44***	0.36***	0.71***	0.87***	1	
ln*trade*	0.16***	0.31***	0.78***	0.10**	0.66***	0.69***	0.67***	1

注：*** 表示 $p<0.01$，** 表示 $p<0.05$。

6.2.4 共线性检验

多重共线性是回归分析中常见的问题，会影响模型的稳定性和可靠性，因此进行多重共线性检验是实证回归过程中非常重要的一步。为了避免数据出现共线性，进行多重共线性检验，一般通过方差膨胀因子（Variance Inflation Factor，VIF）来检测是否有多重共线性。经验判断方法表明：0 < VIF < 10，不存在多重共线性；10 ≤ VIF < 100，存在较强的多重共线性；VIF≥100，存在严重多重共线性。表 6.27 是模型的多重共线性检验结果，可以看出各变量的 VIF 值都小于 10，因而整体来说，所选取的指标不具有共线性，这为后续的回归分析提供了可靠的基础，有助于对模型结果的解释和预测进行更精确的分析。

表 6.27 变量共线性检验

变量	VIF	1/VIF
ln*trade*	5.59	0.18
urban	5.33	0.19
rd	4.64	0.22
edu_year	4.63	0.22

续表

变量	VIF	1/VIF
invest	2. 77	0. 36
industry	2. 38	0. 42
score	1. 50	0. 67
MeanVIF	3. 83	

6. 2. 5 GMM 模型

要运用 GMM 模型需要检验工具变量即解释变量滞后值的有效性，可以采用以下两种方法：（1）自相关检验，不存在残差项二阶序列自相关；（2）Sargan 过渡识别，若不拒绝原假设则工具变量有效。系统 GMM 模型估计结果如表 6. 28 所示。

表 6. 28　　　　系统 GMM 模型估计结果

变量	(1)	(2)	(3)	(4)	(5)	(6)	(7)
	tfpch	*tfpch*	*tfpch*	*tfpch*	*tfpch*	*tfpch*	*tfpch*
L. tfpch	-0. 5542*** (0. 0077)	-0. 5331*** (0. 0028)	-0. 5975*** (0. 0019)	-0. 5828*** (0. 0026)	-0. 5719*** (0. 0052)	-0. 5702*** (0. 0050)	-0. 5483*** (0. 0058)
L2. tfpch	-0. 2814*** (0. 0094)	-0. 2573*** (0. 0030)	-0. 3290*** (0. 0028)	-0. 3129*** (0. 0031)	-0. 2965*** (0. 0050)	-0. 2924*** (0. 0049)	-0. 2692*** (0. 0066)
score	1. 4173*** (0. 0613)	1. 2027*** (0. 0393)	0. 6308*** (0. 0742)	0. 5989*** (0. 0776)	0. 4460*** (0. 0766)	0. 3783*** (0. 1134)	0. 3870** (0. 1813)
invest		0. 0004*** (0. 0000)	-0. 0001** (0. 0000)	0. 0000 (0. 0000)	-0. 0001 (0. 0000)	-0. 0000 (0. 0000)	0. 0002** (0. 0001)
industry			0. 2258*** (0. 0095)	0. 2277*** (0. 0160)	0. 2333*** (0. 0242)	0. 2284*** (0. 0288)	0. 1524*** (0. 0400)
rd				0. 0021 (0. 0120)	-0. 0801*** (0. 0139)	-0. 0788*** (0. 0182)	-0. 0188 (0. 0265)

续表

变量	(1)	(2)	(3)	(4)	(5)	(6)	(7)
	tfpch	*tfpch*	*tfpch*	*tfpch*	*tfpch*	*tfpch*	*tfpch*
urban					0.5419 *** (0.0585)	0.3474 *** (0.0745)	0.4538 *** (0.1735)
edu_year						0.0229 *** (0.0022)	0.0300 *** (0.0034)
ln*trade*							-0.040 *** (0.0067)
*District*1	0.2038 (0.2970)	0.4366 *** (0.1684)	0.0150 (0.1000)	-0.0041 (0.0365)	0.1001 (0.0959)		-0.1220 (0.1602)
*District*2	0.5784 ** (0.2680)	0.9475 *** (0.1624)	0.5575 *** (0.1146)	0.3200 *** (0.0619)	0.4845 *** (0.0988)	0.3410 *** (0.0679)	0.2772 (0.1745)
*District*3	0.0628 (0.2415)	0.6999 *** (0.1694)	-0.1835 * (0.1074)	-0.2308 *** (0.0540)	0.0536 (0.0632)	-0.0254 (0.0969)	-0.1160 (0.2172)
*District*4	-0.5400 (0.5572)			-0.0208 (0.0552)	0.5006 *** (0.1450)	0.2995 *** (0.0804)	0.0567 (0.2341)
*District*5		0.5882 *** (0.1760)	0.1269 (0.0808)			-0.1071 (0.0916)	
*District*6	-0.2962 (0.2453)	0.4575 *** (0.1738)	-0.0415 (0.1224)	-0.1491 * (0.0851)	0.1520 (0.1030)	0.0272 (0.0832)	0.0621 (0.1256)
*District*7	-0.0638 (0.2583)	0.6590 *** (0.1924)	0.1674 (0.1862)	0.1014 (0.1117)	0.2792 *** (0.1035)	0.0834 (0.0798)	-0.0398 (0.1815)
Constant	1.3248 *** (0.1598)	0.7753 *** (0.1714)	1.3437 *** (0.1098)	1.4149 *** (0.0452)	1.0399 *** (0.0967)	1.0832 *** (0.0849)	1.6687 *** (0.1566)
AR (1)	0.005	0.005	0.005	0.005	0.005	0.005	0.005
AR (2)	0.174	0.195	0.805	0.656	0.514	0.661	0.626
Sargan	1.000	1.000	1.000	1.000	1.000	1.000	1.000

注：*** 表示 $p<0.01$，** 表示 $p<0.05$，* 表示 $p<0.1$。括号中为 t 值。

为增强结果的可靠性，本研究采用逐步回归的方法进行估计，回归结果主要关注最后一列。从 AR 序列自相关检验结果可知，扰动项均不存在 2 阶及以上高阶自相关关系，符合 GMM 回归的假设前提。此外，Sargan 过度识别检验结果也接受“所有工具变量均有效”的原假设，可以采用系统 GMM 回归。从结果中可知，无论模型中是否加入控制变量，*score* 在 5% 的显著性水平下皆与 *tfpch* 呈正相关关系，这说明两者之间的关系存在一定的稳定性，在完全加入控制变量后，根据最后一列回归结果，绿化水平每提升 1%，全要素生产率指数将提升 0. 387%，即绿化水平的提升显著促进了全要素生产率的增长。

6.2.6 滞后性回归

为了避免内生性，或是避免存在双向因果关系以及遗漏变量的影响，将所有解释变量取上一期，因变量取本期，进而因变量不能影响过去的自变量，而过去的自变量可以影响现在甚至未来的因变量，做滞后性回归，结果如表 6. 29 所示。

表 6. 29　　　　滞后性回归结果

变量	(1)	(2)
	F. *tfpch*	F2. *tfpch*
score	0. 7158 ***	1. 0293 ***
	(0. 1595)	(0. 1745)
invest	0. 0004 ***	0. 0007 ***
	(0. 0001)	(0. 0001)
rd	-0. 0316	-0. 0615 ***
	(0. 0232)	(0. 0155)
urban	0. 1812	0. 3383 **
	(0. 1952)	(0. 1327)
edu_year	0. 0423 ***	0. 0094 *
	(0. 0051)	(0. 0053)

续表

变量	(1)	(2)
	F. *tfpch*	F2. *tfpch*
ln*trade*	-0.0373 *** (0.0117)	-0.0231 ** (0.0095)
industry	0.1907 *** (0.0470)	0.1948 *** (0.0424)
District2	0.3585 *** (0.0846)	0.2056 (0.1367)
District3	0.0347 (0.1088)	0.1865 (0.1306)
District4	0.1250 (0.1090)	0.1332 * (0.0701)
District5	-0.1791 (0.2032)	-0.2944 (0.3692)
District6	0.0591 (0.0821)	-0.0169 (0.1316)
District7	0.0314 (0.0807)	0.0530 (0.0708)
Constant	1.5496 *** (0.1555)	1.4798 *** (0.1141)
AR (1)	0.005	0.005
AR (2)	0.297	0.606
Sargan	1.000	1.000

注：*** 表示 $p<0.01$，** 表示 $p<0.05$，* 表示 $p<0.1$。括号中为 t 值。

表6.29中列（1）和列（2）分别为所有解释变量滞后1阶和滞后2阶的结果，可以看出，不管是滞后1阶还是2阶，*score* 都在1%的显著性水平下与 *tfpch* 呈正相关关系，也就是说排除了内生性之后，回归结果依然成立，与前面进行的格兰杰因果检验结果一致。这一结果再次证明了绿化水平的提升能够显著促进全要素生产率的增长。

6.2.7 稳健性检验

为了使模型的解释结果更加有效和可靠，对模型进行稳健性检验，本研究采用的稳健性检验方法是变换回归方法，结果如表6.30所示。

表6.30　　稳健性检验结果

变量	(1)	(2)	(3)	(4)	(5)	(6)	(7)
	tfpch	*tfpch*	*tfpch*	*tfpch*	*tfpch*	*tfpch*	*tfpch*
score	1.8905*** (0.0396)	2.2980*** (0.0551)	-0.0302 (0.0680)	-0.1106 (0.0673)	0.7043*** (0.1092)	0.5941*** (0.1295)	0.5503*** (0.0866)
invest		-0.0007*** (0.0000)	-0.0008*** (0.0000)	-0.0007*** (0.0000)	-0.0008*** (0.0001)	-0.0008*** (0.0001)	-0.0004*** (0.0000)
industry			0.4847*** (0.0074)	0.4613*** (0.0138)	0.4889*** (0.0160)	0.4985*** (0.0235)	0.3497*** (0.0299)
rd				0.0291*** (0.0088)	0.0196 (0.0141)	0.0269 (0.0235)	0.0710*** (0.0176)
urban					-0.6220*** (0.0660)	-0.5857*** (0.1304)	-0.2361** (0.1074)
edu_year						-0.0050 (0.0051)	0.0044 (0.0032)
ln*trade*							-0.0315*** (0.0045)
Constant	1.2299*** (0.0166)	1.1426*** (0.0229)	1.4734*** (0.0196)	1.4540*** (0.0230)	1.5509*** (0.0511)	1.5828*** (0.0865)	1.8626*** (0.0715)
AR (1)	0.005	0.005	0.005	0.005	0.005	0.005	0.005
AR (2)	0.223	0.201	0.461	0.306	0.745	0.658	0.582
Sargan	1.000	1.000	1.000	1.000	1.000	1.000	1.000

注：*** 表示 $p<0.01$，** 表示 $p<0.05$。括号中为 t 值。

为了检验模型结果是否稳健，采用差分 GMM 方法再进行一次回归，验证结果是否依然成立，为了避免秩不足以及回归结果不显著的问题，去掉地理区位这一虚拟变量，同样使用逐步回归，主要看最后一列。可以看出，*score* 仍然在 1% 的显著性水平下与 *tfpch* 呈正相关关系，并且 AR 序列自相关检验结果和 Sargan 过度识别检验结果都符合 GMM 模型假设，因此模型是稳健可靠的。这再次说明绿化水平对全要素生产率的促进作用是毋庸置疑的。

6.3 生态产品供给空间差异与全要素生产率的相关性

绿化水平的高低会影响生态产品的供给，特别是优质生态产品的供给数量和空间分布差异，进而有可能会影响全要素生产率，本节对此进行实证分析，包括优质生态产品供给空间差异与全要素生产率指数等的相关性分析。

6.3.1 空间差异与全要素生产率指数

优质生态产品供给水平的空间差异与全要素生产率指数间的相关性分析。以我国 26 个省份为样本，时间周期为 2010 ~ 2018 年。全要素生产率指数的计算按照本书前面章节的方法进行，样本范围和时间周期与优质生态产品供给水平的空间差异的样本和时间周期保持一致，计算结果如表 6.31 所示。

表 6.31　2010 ~ 2018 年各省份全要素生产率指数

省份	2010 年	2011 年	2012 年	2013 年	2014 年	2015 年	2016 年	2017 年	2018 年
河北	0.95	0.95	0.95	0.96	0.96	0.94	1.10	1.00	1.00
山西	0.94	0.94	0.96	0.96	0.94	0.93	1.06	1.05	1.05

续表

省份	2010 年	2011 年	2012 年	2013 年	2014 年	2015 年	2016 年	2017 年	2018 年
内蒙古	0.95	0.96	0.94	0.96	1.02	0.73	1.47	1.08	1.11
辽宁	0.97	0.97	0.96	0.96	0.95	0.77	1.39	1.04	1.05
吉林	0.94	0.96	0.96	0.96	0.95	1.22	0.83	1.00	0.99
黑龙江	0.95	0.95	0.93	0.92	0.93	0.81	1.24	0.99	0.98
江苏	1.01	1.00	0.99	0.99	0.99	0.51	2.11	0.99	0.99
浙江	1.02	1.00	1.00	0.99	0.99	0.53	2.00	1.00	1.00
安徽	0.97	0.97	0.96	0.96	0.96	0.78	1.34	0.99	0.99
福建	1.00	0.97	0.97	0.97	0.96	0.60	1.69	0.97	0.98
江西	0.99	0.98	0.98	0.98	1.00	0.78	1.35	0.99	1.00
山东	0.98	0.99	0.99	0.99	0.98	0.79	1.33	1.00	1.00
河南	0.92	0.94	0.93	0.93	0.95	0.96	1.08	0.99	1.00
湖北	0.98	0.96	0.95	0.95	0.96	0.75	1.40	0.97	0.99
湖南	0.95	0.95	0.95	0.95	0.96	0.76	1.42	1.00	1.00
广东	0.99	0.98	0.97	0.96	0.96	0.48	2.16	0.97	0.98
广西	0.85	0.88	0.91	0.97	0.97	1.16	0.89	1.04	1.04
海南	0.98	0.95	0.91	0.92	0.92	0.86	1.20	0.97	0.97
四川	0.99	0.99	0.97	0.97	0.97	0.76	1.37	0.99	1.00
贵州	0.97	0.99	0.95	0.93	0.93	1.07	0.94	0.95	0.97
云南	0.89	0.91	0.91	0.93	0.90	1.07	0.94	0.97	0.98
陕西	0.94	0.96	0.96	0.97	0.96	0.87	1.20	0.98	1.00
甘肃	0.96	0.97	0.97	0.96	0.95	0.95	1.07	1.00	1.02
青海	0.96	0.96	0.92	0.91	0.89	1.17	0.83	0.96	1.01
宁夏	0.98	0.99	0.97	0.96	0.90	1.21	0.80	0.97	0.99
新疆	1.00	1.00	0.95	0.93	0.92	0.85	1.13	0.94	0.95

根据表 6.31，对优质生态产品供给水平空间差异和全要素生产率指数进行相关分析，结果如表 6.32 所示。

表 6.32 优质生态产品供给水平空间差异和全要素生产率指数的相关性

	2010 年	2011 年	2012 年	2013 年	2014 年	2015 年	2016 年	2017 年	2018 年
2010 年							-0.553**		
2011 年							-0.526**		
2012 年							-0.519**		
2013 年							-0.485*		
2014 年							-0.431*		
2015 年							-0.492*		
2016 年							-0.497**		
2017 年									
2018 年									

注：*** 表示 0.001 显著性水平，** 表示 0.01 显著性水平，* 表示 0.05 显著性水平。

从上述结果中可以看出，二者之间的相关性在 2016 年呈现出显著的负相关。其他没有显示的年份表现出负相关但是不显著。出现这种结果的可能原因有以下两个方面：

一是优质生态产品供给水平的空间差异与全要素生产率指数之间存在一定程度的负相关而且具有一定的滞后性。绿化水平的提高，毋庸置疑会增加优质生态产品的供给水平，这些产品包括绿化带给全要素生产率指数的影响，因此，供给水平高的而且空间差异小的区域，表明整体的绿化水平高且分布较为均匀，因此，空间差异与全要素生产率指数具有负相关关系。同时，这种关系存在一定程度的滞后性。无论是绿化水平的提升还是优质生态产品的供给水平，都不是一蹴而就可以实现的，特别是针对一些大型的绿植，诸如乔木等，还包括一些生态治理和修复的工程，其效果的凸显更是“冰冻三尺非一日之寒”，因此，这种空间差异导致的全要素生产率指数的影响具有滞后性，实证的结果也表明了这一点。

二是数据的缺失导致部分年份的相关性不显著。如前所述，无论是绿化水平还是优质生态产品的供给水平，都不可能在短时间内一蹴而就，而这些变量再传导至经济系统的各个变量更是需要一定的时间，因而，需要长时间序列的数据才能更有效地剖析这些变量之间的关系，本节的实证分析只是管中窥豹，截取了其中的一段时间数据，因而在结果上也呈现出“片段式”的结果。尽管如此，这些结果仍然可以启发我们对这些变量之间的长期关系进行深入探索。

6.3.2 空间差异与纯技术效率

为了进一步分析优质生态产品供给水平空间差异与全要素生产率之间的关系，基于前述章节对全要素生产率的分解结果，本研究选取各省的纯技术效率指数进行分析，结果如表 6.33 所示。

表 6.33　　　　各省的纯技术效率指数

省份	2010 年	2011 年	2012 年	2013 年	2014 年	2015 年	2016 年	2017 年	2018 年
河北	0.97	0.98	0.99	1.00	0.99	1.91	0.52	1.02	1.02
山西	0.95	0.96	0.99	0.99	0.95	1.93	0.49	1.07	1.06
内蒙古	0.93	0.94	0.92	1.04	0.98	1.94	0.52	0.99	1.03
辽宁	0.95	0.96	1.00	1.02	0.97	1.77	0.55	1.02	1.05
吉林	0.92	0.95	0.95	0.96	0.94	3.29	0.30	1.01	1.00
黑龙江	0.98	0.99	0.98	0.97	0.94	1.62	0.59	1.00	0.98
江苏	1.02	1.02	1.01	1.00	1.00	1.00	1.00	1.00	1.00
浙江	1.01	1.00	1.01	1.02	1.01	1.18	0.87	1.03	1.01
安徽	1.00	1.01	1.01	1.00	0.97	1.17	0.83	1.00	1.00
福建	1.00	0.98	1.01	1.01	0.98	1.29	0.75	0.99	1.00
江西	1.02	1.02	1.03	1.03	1.02	1.26	0.78	1.00	1.01
山东	0.98	1.01	1.01	1.01	1.01	1.49	0.67	1.02	1.03
河南	0.94	0.97	0.98	0.98	0.99	1.82	0.54	1.03	1.02
湖北	1.00	1.00	1.00	1.00	0.98	1.40	0.69	0.99	1.00
湖南	0.98	0.99	1.00	1.00	0.98	1.32	0.76	1.02	1.01

续表

省份	2010 年	2011 年	2012 年	2013 年	2014 年	2015 年	2016 年	2017 年	2018 年
广东	1.00	1.00	1.00	1.00	1.00	1.00	1.00	1.00	1.00
广西	0.87	0.91	0.95	1.01	0.98	2.26	0.43	1.05	1.04
海南	1.04	0.98	0.94	0.96	0.94	1.31	0.75	1.00	0.99
四川	1.01	1.02	1.02	1.01	0.99	1.25	0.79	1.01	1.01
贵州	1.01	1.02	0.99	0.97	0.94	1.59	0.56	0.96	0.97
云南	0.92	0.94	0.96	0.97	0.91	1.80	0.50	0.97	0.98
陕西	0.96	0.98	1.00	1.00	0.97	1.91	0.51	0.99	1.00
甘肃	1.00	1.01	1.02	1.01	0.96	1.32	0.70	1.02	1.04
青海	1.00	0.97	0.92	0.93	1.04	1.88	0.68	1.07	0.93
宁夏	0.97	0.97	0.97	0.99	1.01	2.18	0.53	1.02	0.94
新疆	0.99	1.00	0.96	0.94	0.91	1.90	0.48	0.95	0.95

如表 6.34 所示，优质生态产品供给水平空间差异与纯技术效率之间的相关性仍然有部分年份不显著，部分年份显著且滞后的特征。背后的原因与优质生态产品供给水平空间差异和全要素生产率指数间的相关性类似。

表 6.34　　优质生态产品供给水平空间差异和纯技术效率的相关性

	2010 年	2011 年	2012 年	2013 年	2014 年	2015 年	2016 年	2017 年	2018 年
2010 年							-0.447*		
2011 年							-0.435*		
2012 年							-0.359		
2013 年							-0.394*		
2014 年							-0.382		
2015 年							-0.430*		
2016 年							-0.439*		
2017 年									
2018 年									

注：* 表示 0.05 显著性水平。

6.4 本章小结

绿化水平与全要素生产率的格兰杰因果检验表明，绿化水平与全要素生产率指数是单向格兰杰原因，其中绿化水平在5%的显著性水平上是全要素生产率指数的格兰杰原因，这意味着绿化水平的变化会对全要素生产率指数产生影响。绿化水平与技术效率指数之间不存在格兰杰因果关系（未通过5%显著性水平检验），这说明绿化水平对技术效率指数的变化并没有显著的影响，同时也说明绿化水平的变化不受技术效率的影响。绿化水平与全技术进步指数在5%的显著性水平上互为格兰杰因果关系，这意味着它们之间存在相互影响和互为因果的关系，即绿化水平的提升可以促进技术进步指数的增长，而技术进步指数的增长反过来又会推动绿化水平的提升。绿化水平与纯技术效率指数之间不存在格兰杰因果关系（未通过5%显著性水平检验）。绿化水平与纯技术效率指数之间不存在格兰杰因果关系（未通过5%显著性水平检验）。

全国层面的全要素生产率呈现总体上升的趋势，但各省份之间也存在着明显的差异，以历年均值水平为标准，排在第1名的上海与排在末位的广西在全要素生产率上差距达到了0.176，二者之间差距悬殊。将全国区域划分为三大区域，表现出考察期内东部、中部、西部地区全要素生产率的空间非均衡状态。三个区域皆呈现出先降低而后升高的波动变化趋势。三大区域全要素生产率历年总体差异呈现波动性变化。这表明三大区域全要素生产率的总体区域差异呈现先扩大后缩小的趋势，说明近年来总体区域协同性逐渐增强，总体区域差异得到一定程度的缓解。

从三大区域全要素生产率区域内差异的历年均值来看，东部地区（0.039）排名第1，其次分别是西部（0.035）和中部地区（0.023），表明东部地区各省份间的全要素生产率差异最大。三大区域技术进步总体差异呈现波动性变化趋势，总体基尼系数在2005~2014年总体处于平稳变化状态，波动起伏程度较小。

选取6个因素作为控制变量加入模型。换用差分GMM方法再进行一次回归，*score* 仍然在1%的显著性水平下与 *tfpch* 呈正相关关系，并且AR序列自相关检验结果和Sargan过度识别检验结果都符合GMM模型假设，因此模型是稳健可靠的。这再次说明绿化水平对全要素生产率的促进作用。优质生态产品供给水平的空间差异与全要素生产率指数之间存在一定程度的负相关而且具有一定的滞后性。优质生态产品供给水平空间差异与纯技术效率之间的相关性仍然具有部分年份不显著、部分年份显著且滞后的特征。

7　结论与对策

7.1　结　论

随着人们对人与自然之间关系认知的不断加深，我国生态文明建设道路不断迈向更高台阶，一点一滴抓落实，一步一印看实效。从经济增长理论的角度来看，经济增长与生态环境之间达到互促共进的关系是必然的。在我国经济发展与生态环境关系变化进程中，绿化建设是生态环境发展最为直接和重要的一环，同时全要素生产率作为衡量生产力发展的重要工具，研究两者的关系具有一定理论意义和现实意义，特别是将优质生态产品供给水平的空间差异引入其中的传导机理中，为满足人民日益增长的对优质生态产品的需要奠定基础。在分析理论机理的同时，收集实证数据，构建定量分析模型，得出的结论主要有：

①我国绿化建设整体处于中等水平，但增长较快，从2004~2018年有明显提升，各省份基本都呈现上升趋势，其中广东等少部分省份实现了跨越等级的转移。同时我国整体绿化水平差异呈现不断下降的趋势，但东部省份差异仍然较大。

②我国整体全要素生产率指数在较长时间内都保持负增长，直到2018年才实现正增长，同时各省市差异较为明显。分解来看，我国技术效率的变化一直处于积弱不振的状态，基本没有实现过正增长，而技术进步则有进有退，呈现波动状态，两者有一个明显的负向关系。进一步分解可以看

出，我国技术效率变化主要由纯技术效率变化引起，管理和技术等因素生产活力还需要进一步释放。同时地区内部发展不平衡的问题较为突出，东部技术创新情况较好，中部、西部也充分发挥优势，增长情况追赶上了东部甚至实现了反超。

③从既有研究中提炼了优质生态产品供给水平空间差异的直接影响因素和间接影响因素，分析了来自经济社会系统的影响因素作用于优质生态产品供给水平空间差异的影响路径。构建了优质生态产品供给水平综合评价指标体系，结合282个地级市数据利用Dagum基尼系数分解法测算了优质生态产品供给水平空间差异，并深入分析了我国优质生态产品供给水平空间差异的区域特征和动态演变。在此基础上，通过空间杜宾回归模型和时空地理加权回归模型识别了影响优质生态产品供给水平空间差异的主导因素，采用回归系数空间分布图探讨了主导因素的空间异质性。我国优质生态产品供给水平不断提高，但是优质生态产品供给水平的空间差异始终存在，空间发展不均衡。测算各地区内部差异结果表明，各省内部发展不平衡矛盾突出，供给水平的空间差异反复变化，省际之间差距较大，空间差异大的省份大多位于我国北方，尤其是西北地区，南方的省份整体上空间差异相对较小，尤其是东南沿海地区。整体Dagum基尼系数在考察期内均值为0.3246，处于相对较高的位置，区域间差异是构成整体差异的最主要原因，区域内差异从大到小依次为西部地区、中部地区和东部地区，并且西部地区具有明显极化效应，地区发展均衡性有待提高。

优质生态产品供给水平空间差异受到科技投入、正式环境规制、非正式环境规制、外资开放度和人口密度的影响，各影响因素对不同地区的影响存在差异，具有明显的空间效应。其中，科技投入与优质生态产品供给水平空间差异呈负相关，东部地区影响较小，中部、西部地区影响较大；正式环境规制对优质生态产品供给水平空间差异具有显著的正向影响，影响效应东南部强西北部弱；非正式环境规制能够显著缩小优质生态产品供给水平空间差异，影响效应南方强北方弱；外资开放度对优质生态产品供给水平空间差异在大部分地区为负向影响，少部分地区为正向影响；人口密度对优质生态产品供给水平空间差异具有显著的正向影响，并且在西北生态环境脆弱地区影响程度更大。

④绿化水平在5%的显著性水平上是全要素生产率指数的单向格兰杰原因，绿化水平与纯技术进步指数在5%的显著性水平上互为格兰杰因果关系。可以看出，绿化水平对我国各省市全要素生产率变动和技术进步有较好的解释性，技术进步也能够在一定程度上促进绿化水平的进步。具体来看，绿化水平在5%的显著性水平下与全要素生产率指数呈正相关关系。作为与绿化水平关联程度较高的优质生态产品供给水平空间差异与全要素生产率指数之间，在特定的年份，具有显著的负相关关系且这种负相关关系具有一定的滞后效应。

7.2 对　策

（1）科学增绿，提升经济发展保障功能

从实证结果能够看出，绿化水平对全要素增长率有明显的促进作用，因此应该重视绿化建设，实现科学增绿。首先要因地制宜做好科学绿化顶层设计。充分考虑当地经济发展需要与未来发展方向，制定绿化建设规划，同国土空间规划相协调统一。同时在合理利用土地资源、水资源条件下，结合当地自然气候等条件与生产生活需要进行绿化建设，为经济发展提供优质生态环境保障。其次要重视增绿方式，借助立体增绿等科学方式发展城市绿化。立体绿化是一个大范围的概念，具体来说包括屋顶绿化、高架绿化、垂直绿化以及护坡绿化等多种绿化方式，具有不占土地、虫害少、晚枯黄等优点，并且能够在一定程度上帮助防治城市洪涝灾害，能够改善城市环境，提高绿化水平，为经济发展提供生态保障，是发展城市绿化的重要补充。最后，应以生态城市为导向，实现更高质量发展。目前生态城市可以说是城市发展的最终目标，其包含了经济、社会、文化和自然各方面的高度和谐，是一个复合生态系统。绿化建设也应充分考虑城市未来发展方向，以生态城市建设为目标，做好绿化保障功能。降低成本，减轻绿化建设经济负担。在前面章节的机理分析中已经提到，绿化建设在促进经济发展的同时，不可否认会产生一定成本，因此在科学发展绿化建设的同时，也应该降低绿化建设和维护压力。首先可以加强与企业的合作，在一定程度上，企业的逐利性和竞争性使其在降低成本上具有先天的优势，在绿化建设过程中可以以项目合作或外包等形式同企业合作，既完成了建设目标，也降低了建设成本，还促进了经济发展，提供了就业岗位。其次在进行绿化建设时不应一味追求新发展，搞大项目，还应结合当地现有自然资源进行恢复、建设和保护。要切实考察当地自然本底，多采用乡土树种，考虑建设成本和后期维护成本，不提倡大规模和高投入创造条件进行绿化，而是结合当地自然资源禀赋，尊重当地风俗文化，科学制定绿化方式和模式，展现本土风貌的同时避免造成铺张浪费，尽可能降低成本。

（2）创新模式，发展智慧型绿化建设

利用科技加码，能够更好保证绿化建设对经济发展促进作用的有效发挥。首先，可以借助科学技术对绿化建设全流程进行创新管理。在项目实施之前利用技术或相关模型做好预测和评估，并在多种方案中作出最优选择，过程中采用新技术和新材料提高完成质量、降低建设成本，在后期养护过程中更要做好后续监测跟踪评价，可以建立绿化数据库，全面掌握当地绿化资源情况和变化，提高信息化水平，为生态发展和经济建设提供更加精细化的数据支撑。其次，在绿化建设过程中要创新发展循环经济。城市绿化不断发展，绿化面积和绿化总量都在不断扩大，随之而来的是绿化的废弃物也不断增加。就目前来看，这部分废弃物还没有实现很好的利用，绝大多数是进行焚烧或填埋处理，造成了资源浪费，增加了处理成本甚至造成了环境污染，与绿化建设的初衷相背离。实际上这部分绿化的废弃物不含有害物质，容易降解，是良好的生物质资源，能够作为有机肥、土壤改良剂等，并且成本低，属于市场空白，实现循环利用可以实现其生态和经济两方面的价值，推动智慧型、经济型的绿化建设。

（3）产业融合，因地制宜推动绿化建设与经济增长共同发展

研究结论已发现，绿化水平对全要素生产率的促进作用存在地区间的异质性，而除了地理因素外，各地不同的产业发展也是一个重要区别。要增强绿化建设对经济发展的促进作用，实行产业融合，构建绿色全产业链，

开发新的经济增长点必不可少。首先，在农业发展较好的区域要推动绿化建设与农业相结合，发挥地区比较优势，发展生态绿色农业，保证农产品持续、安全和绿色供应，同时也要拓展和延伸生态农业的产业链，提高附加值。其次，在以工业为重的地区，要确定工业企业符合绿化建设的发展方向，按照绿化建设规划将其集聚起来，催生绿化产品、绿化工程以及智慧灌溉等新兴绿色产业，在市场引导下实现企业绿色技术创新。同时，各地还要注重第三产业同绿化建设协调发展，大力推动绿色文化旅游、康养生态休闲等相关产业的发展，围绕各地自然生态环境优势和绿色发展规划，发展优势产业，最终形成同绿化建设相协同的系统的第一、第二、第三全产业链，实现绿化建设与经济发展齐头并进。

（4）建立动态评估机制，通过科学准确地监测生态环境状况以及科学合理的评价机制，为可持续发展和高质量发展提供有力支撑

首先，建立健全的生态环境监测网络。应该加强对生态环境各要素（如空气质量、水质、土壤质量、生物多样性等）的监测全覆盖，建立全面、多层次、实时的监测网络，结合现代信息技术，推进数字化、智能化监测技术的应用，提高监测数据的精准性和及时性，为评估生态环境状况提供科学依据。其次，加强数据共享和信息公开。建立健全的数据管理和共享机制，促进监测数据的共享和交流，推动各部门间数据协同，提高数据利用效率，同时，加强对监测数据的分析研究，及时发布监测结果和评价报告，向社会公众传递生态环境信息，引导公众参与环保行动，提高社会对生态环境保护的认识和重视程度。再次，建立科学合理的评价机制。制定生态环境评价标准和指标体系，量化评估生态环境质量、可持续发展水平和资源利用效率，结合监测结果和实际情况，及时调整和完善评价机制，确保评价结果客观科学、指导性强，同时，加强生态环境风险评估和预警机制建设，提前发现和防范生态环境问题，保障生态文明建设和经济社会可持续发展。最后，加强政府引导和支持。政府应加大对生态环境监测和评价工作的投入，建立健全相关法律法规和政策体系，明确监测评价责任和任务分工，同时，鼓励企业和社会各界积极参与生态环境保护和评价活动，共同推动生态文明建设和全要素生产率的提升。综上所述，政府、

企业和社会各界应共同努力，积极参与生态环境监测和评价工作，为建设美丽中国和可持续发展贡献力量。

（5）统筹发展规划，缩小优质生态产品供给水平的空间差异，促进优质生态产品共建共享

我国优质生态产品供给水平空间发展不均衡，省际间、区域间空间差异明显，在供给优质生态产品过程中，应做到因地制宜、精准施策。首先，要在认识到生态系统各构成部分、各主体功能、各作用过程相互联系的基础上，做好有关空间生态环境特征的动态调研，并在遵循生态环境客观规律的前提下对生态环境进行空间分区，为提供优质生态产品做好前期准备工作。其次，优质生态产品供给水平偏低的省份应当充分认识其现状以及与其他省份的差异，并结合自然地理条件、资源要素禀赋和经济发展基础，补齐自身发展短板，提高优质生态产品供给水平。同时，各地区之间应当通过生态环境保护一体化发展，协同供给优质生态产品，通过优质生态产品经济价值转化平台促进资源流动和区域合作，实现优势互补协调发展。

（6）以科研支持增强优质生态产品供给动能

科技投入对优质生态产品供给水平空间差异有减缓作用，因此，加大科研支持力度是促进优质生态产品供给水平均衡发展的重要途径。优质生态产品长效供给离不开创新发展，要加大科研支持力度，强化创新要素集聚，通过绿色技术创新提高优质生态产品供给水平，促进优质生态产品供给在空间上均衡发展。在中部和西部等科研投入的高边际回报区，要重视地区科技创新发展诉求，持续加大科研投入，通过创新发展提升绿色生产力，缩小地区优质生态产品供给水平的空间差异。以“共建共享”的理念推进协同创新发展，鼓励跨区域建立绿色技术合作平台，通过引进优势地区的绿色技术创新成果，拉动本地区优质生态产品生产技术进步。联合高校及研发机构搭建产学研创新合作平台，在资源利用、污染防治、生态修复等领域推动绿色技术重点攻关，加快科技成果转化，使科技创新得到充分释放。

（7）以完善环境规制体系促进优质生态产品协同供给

正式环境规制是促进优质生态产品供给水平均衡发展的重要途径，要充分挖掘正式环境规制对企业绿色生产的促进作用。首先，作为优质生态

产品的重要供给主体，企业必须关注自身发展对生态环境的影响，积极承担绿色社会责任，由注重成本的短期盈利向获取长期市场竞争力转变，推动产能提升、节能减排，提升企业绿色竞争力。其次，地方政府要进一步完善环境规制体系，在实施环境规制时把握适当强度，重视环境规制执行的针对性监管与适应性激励，变“以邻为壑”为“以邻为伴”，使相邻地方就协同推进环境污染治理、协同供给优质生态产品达成共识，缩小企业通过跨地转移逃避环境规制的空间，促进优质生态产品供给水平均衡提升。最后，以公众环境参与形成优质生态产品良性供需互动。非正式环境规制对优质生态产品供给水平空间差异有减缓作用，因此，拓宽公众参与途径是促进优质生态产品供给水平均衡发展的重要方式。优质生态产品均衡供给离不开公众的有效参与，在构建环境多元共治体系背景下，应重视公众环境满意度，合理引导公众环境关注度，拓宽公众环境参与途径，充分发挥其对企业和地方政府环保投资的非强制性约束作用，通过增加环境基础设施建设投资和公共财政节能环保支出，满足公众对优质生态产品的需求。还应根据各地区对公众环境关注度的异质性反应制定差异化的引导和激励机制，使政府、企业、公众共建共治的互动体系更为有效。

（8）以提高外资投资门槛丰富优质生态产品供给场域

外资开放度是优质生态产品供给水平空间差异的重要影响因素，要借助高质量的外商投资，扩展优质生态产品供给的空间向度。在利用外资过程中，一方面，要对外商直接投资设置“绿色”门槛，契合当地生态资源禀赋和生态产业需求，科学筛选引进高质量的外资。另一方面，本地产业要与外商直接投资建立良性交流机制，使外商直接投资在绿色生产方面的管理优势和技术优势得到发挥，更好地服务于优质生态产品供给，通过交流机制，本地产业可以学习并借鉴外商直接投资的先进管理经验和技术，提升自身的生产水平和竞争力。此外，还要营造良好的引资软环境，为企业生产优质生态产品提供更好的学习与交流平台，包括举办相关培训和研讨会等，促进地区开放发展和生态保护相协调。

（9）以增设绿色生态空间使优质生态产品更多更公平地惠及人民

人口密度是优质生态产品供给水平空间差异的重要影响因素。优质生态产品供给的落脚点是满足人民群众的美好生活需要，让人民广泛享有更优美更宜居的生态环境。要根据人口和生态环境基础条件的实际状况，明晰环境人口容量，积极增设绿色生态空间。首先，对于人口密度较大的地区，应重视人居环境质量，加大经济发展反哺生态环境的力度。这包括增加绿化面积，通过整合城市绿地、覆盖立体交通和城市建筑等方式来实现。通过多元化的绿化治理工程，可以有效增加绿色空间，改善生态环境，提升居民的生活品质。其次，对于人口密度相对较小的地区，需要兼顾经济发展和生态环境保护，有序推进生态景观建设。在推进经济发展的同时，要严格控制对生态空间的挤占，确保生态环境的持续改善。通过科学规划和管理，可以保护好生态环境，让更多的人在这些地区享受优质生态产品。此外，还需要加强生态环境保护与经济发展的协调。在制定政策和规划时，应综合考虑人口密度、生态环境状况以及经济发展需求，找到平衡点，实现经济与生态的双赢。只有在生态环境和经济发展相协调的前提下，才能确保人民广泛享有优质生态产品，实现可持续发展的目标。

7.3 展望

本书对绿化水平对全要素生产率的影响进行了初步评估，在分析绿化对全要素生产率的影响机制时，逻辑链条不够直接，同时还存在没有分析到的作用机制，后续研究将继续补充，增加和改进两者的影响机制。同时由于数据缺失，研究对象聚焦在省市层面，并且绿化评价仍局限在传统指标，希望在今后数据扩充、相关研究和测量方法丰富之后，能够重新对两者关系进行更加精细的研究，以保证研究结论的准确性。特别是优质生态产品供给水平的空间差异本身就是由较为漫长的时间导致的，因而这些效应要传递到影响全要素生产率，具有一定的时滞，需要积累长期的时间序列数据进行建模分析，这是未来研究的重点。

参考文献

[1] 白洁. 对外直接投资的逆向技术溢出效应——对中国全要素生产率影响的经验检验 [J]. 世界经济研究, 2009 (8): 65 -69 +89.

[2] 北京城市园林绿化生态效益的研究 [D]. 北京: 北京市园林科学研究所, 2007.

[3] 布坎南. 民主财政论 [M]. 北京: 商务印书馆, 1993.

[4] 蔡文博, 徐卫华, 杨宁, 等. 生态文明高质量发展标准体系问题及实施路径 [J]. 中国工程科学, 2021, 23 (3): 40 -45.

[5] 蔡跃洲, 付一夫. 全要素生产率增长中的技术效应与结构效应——基于中国宏观和产业数据的测算及分解 [J]. 经济研究, 2017, 52 (1): 72 -88.

[6] 曹鉴燎, 苏启林, 刘一明城市绿色规划分析与评价 [J]. 2000, 11 (1): 97 -100.

[7] 曾贤刚, 牛木川. 高质量发展下长江经济带生态效率及影响因素 [J]. 中国环境科学, 2020, 40 (2): 906 -918.

[8] 曾贤刚, 虞慧怡, 谢芳. 生态产品的概念、分类及其市场化供给机制 [J]. 中国人口·资源与环境, 2014, 24 (7): 12 -17.

[9] 车生泉. 城市绿地景观结构分析与生态规划——以上海市为例 [M]. 南京: 东南大学出版社, 2003.

[10] 陈超凡. 中国工业绿色全要素生产率及其影响因素——基于 ML 生产率指数及动态面板模型的实证研究 [J]. 统计研究, 2016, 33 (3): 53 -62.

[11] 陈秋瑜, 冷珺妍, 刘小虎. 街道峡谷中垂直绿化的滞尘效应及应用——

以武汉市为例［J］. 风景园林，2023，30（6）：114－120.

［12］陈诗一. 中国的绿色工业革命：基于环境全要素生产率视角的解释（1980—2008）［J］. 经济研究，2010，45（11）：21－34＋58.

［13］陈维涛，严伟涛，庄尚文. 进口贸易自由化、企业创新与全要素生产率［J］. 世界经济研究，2018（8）：62－73＋136.

［14］陈银娥，孙琼，徐文赟. 中国普惠金融发展的分布动态与空间趋同研究［J］. 金融经济学研究，2015，30（6）：72－81.

［15］成超男，胡杨，赵鸣. 城市绿色空间格局时空演变及其生态系统服务评价的研究进展与展望［J］. 地理科学进展，2020，39（10）：1770－1782.

［16］成德宁，侯伟丽. 我国生态补偿机制实施面临的主要难题及解决对策［J］. 南都学坛，2022，42（6）：89－96.

［17］程惠芳，陆嘉俊. 知识资本对工业企业全要素生产率影响的实证分析［J］. 经济研究，2014，49（5）：174－187.

［18］程郁，陈雪. 创新驱动的经济增长——高新区全要素生产率增长的分解［J］. 中国软科学，2013（11）：26－39.

［19］仇方道，蒋涛，张纯敏，等. 江苏省污染密集型产业空间转移及影响因素［J］. 地理科学，2013，33（7）：789－796.

［20］崔建鑫，赵海霞. 长江三角洲地区污染密集型产业转移及驱动机理［J］. 地理研究，2015，34（3）：504－512.

［21］单豪杰. 中国资本存量K的再估算：1952～2006年［J］. 数量经济技术经济研究，2008，25（10）：17－31.

［22］丁新辉，刘孝盈，刘广全，等. 从经济—生态—社会效益看城市屋顶绿化［J］. 四川建材，2021，47（9）：230－232.

［23］董敏杰，李钢，梁泳梅. 中国工业环境全要素生产率的来源分解——基于要素投入与污染治理的分析［J］. 数量经济技术经济研究，2012，29（2）：3－20.

［24］董鑫，刘骁，何宝杰. 屋顶绿化低碳景观潜力探究［J/OL］. 应用生态学报：1－14［2023－07－10］.

［25］董志凯. 建国初期的城市规划［J］. 中国投资，2007（12）：88－91.

[26] 杜育红. 人力资本理论：演变过程与未来发展 [J]. 北京大学教育评论，2020，18 (1)：90 - 100 + 191.

[27] 杜运周，刘秋辰，陈凯薇，等. 营商环境生态、全要素生产率与城市高质量发展的多元模式——基于复杂系统观的组态分析 [J]. 管理世界，2022，38 (9)：127 - 145.

[28] 付文飙，周适，刘泉红. 实现优质优价的国际经验及启示 [J]. 当代经济管理，2019，41 (3)：25 - 31.

[29] 傅勇，白龙. 中国改革开放以来的全要素生产率变动及其分解 (1978 ~ 2006 年) ——基于省际面板数据的 Malmquist 指数分析 [J]. 金融研究，2009 (7)：38 - 51.

[30] 高晓龙，程会强，欧阳志云. 生态产品价值实现的政策工具探究 [J]. 生态学报，2019，39 (23)：8746 - 8754.

[31] 高晓龙，林亦晴，徐卫华. 生态产品价值实现研究进展 [J]. 生态学报，2020，40 (1)：24 - 33.

[32] 葛婧，彭建松. 城市绿地碳储量估算方法分析 [J]. 现代园艺，2023，46 (12)：179 - 181 + 184.

[33] 管东生，陈玉娟，黄芬芳. 广州城市绿地系统碳的贮存、分布及其在碳氧平衡中的作用 [J]. 中国环境科学，1998 (5)：3 - 5.

[34] 郭家堂，骆品亮. 互联网对中国全要素生产率有促进作用吗？[J]. 管理世界，2016 (10)：34 - 49.

[35] 郭庆旺，贾俊雪. 中国全要素生产率的估算：1979—2004 [J]. 经济研究，2005 (6)：51 - 60.

[36] 郭伟，郭童，耿晔强. 数字经济、人力资本结构高级化与企业全要素生产率 [J]. 经济问题，2023 (11)：73 - 79 + 129.

[37] 国家发展和改革委员会，国家统计局. 生态产品总值核算规范 [M]. 北京：人民出版社，2022.

[38] 韩兆安，赵景峰，吴海珍. 中国省际数字经济规模测算、非均衡性与地区差异研究 [J]. 数量经济技术经济研究，2021，38 (8)：164 - 181.

[39] 韩镇祥. 城市绿地系统规划中应把握的几个主要问题 [J]. 浙江树

人大学学报，2003（1）：72－75.

［40］何艳红，何彦雨．中国城市绿地建设发展研究概述［J］．现代园艺，2019，373（1）：113－114.

［41］贺佳，王佳瑞，郭俊汝．商帮文化对企业全要素生产率的影响研究——基于中国A股民营上市公司的经验证据［J］．云南财经大学学报，2024，40（1）：79－96.

［42］洪传春，张雅静，刘某承．京津冀区域生态产品供给的合作机制构建［J］．河北经贸大学学报，2017，38（6）：95－100.

［43］洪强．欧姆斯特德和他的造园思想［J］．国外城市规划，1988（4）：36－39.

［44］侯碧清，龙爱翔，王海峰．园林绿化3S技术［M］．长沙：国防科技大学出版社，2006.

［45］胡春阳，张进铭，余泳泽．财政补贴能否对企业全要素生产率形成溢出效应？［J］．经济评论，2023（1）：19－36.

［46］胡宇丰．园林绿化工程的经济效益研究［J］．价值工程，2020，39（18）：86－87.

［47］胡志亮，郑明贵，尤碧莹．高管人才选拔观与全要素生产率：内部晋级还是外部引进［J］．经济学报，2023，10（4）：91－124.

［48］华章琳．生态环境公共产品供给中的政府角色及其模式优化［J］．甘肃社会科学，2016（2）：251－255.

［49］黄雯雯，林广思．城市绿地社会健康的概念、效益及影响因素［J/OL］．中国园林：1－6［2023－07－10］.

［50］黄小金，刘欣．浅析英国哈罗新城区域绿色基础设施规划［J］．农业科技与信息（现代园林），2010（5）：72－75.

［51］黄晓，王欣，王丹丹，等．汪菊渊院士风景园林学术思想评述［J］．风景园林，2022，29（S2）：29－34.

［52］姬志恒．中国农业农村高质量发展的空间差异及驱动机制［J］．数量经济技术经济研究，2021，38（12）：25－44.

［53］姜之点，杨峰．建筑立体绿化方式和设计高度对三维空间降温潜力

的影响 [J]. 风景园林, 2023, 30 (5): 75 - 82.

[54] 金刚, 沈坤荣. 以邻为壑还是以邻为伴? ——环境规制执行互动与城市生产率增长 [J]. 管理世界, 2018, 34 (12): 43 - 55.

[55] 拉本德拉·贾. 现代公共经济学 [M]. 北京: 中国青年出版社, 2004.

[56] 黎元生. 生态产业化经营与生态产品价值实现 [J]. 中国特色社会主义研究, 2018 (4): 84 - 90.

[57] 李繁荣, 戎爱萍. 生态产品供给的 PPP 模式研究 [J]. 经济问题, 2016 (12): 11 - 16.

[58] 李峰平, 魏红阳, 马喆, 等. 人工湿地植物的选择及植物净化污水作用研究进展 [J]. 湿地科学, 2017, 15 (6): 849 - 854.

[59] 李锋, 王如松. 城市绿色空间生态服务功能研究进展 [J]. 应用生态学报, 2004 (3): 527 - 531.

[60] 李谷成, 陈宁陆, 闵锐. 环境规制条件下中国农业全要素生产率增长与分解 [J]. 中国人口·资源与环境, 2011, 21 (11): 153 - 160.

[61] 李蔓婷. 省际优质生态产品供给能力评价及调控政策研究 [D]. 天津: 天津大学, 2019.

[62] 李敏莹, 曾怡娟, 许倩妮, 等. 土地利用形态学空间格局对 $PM_{2.5}$ 与 CO_2 的协同影响 [J]. 中国资源综合利用, 2023, 41 (6): 175 - 181.

[63] 李品, 王泽锦, 冉堃. 城市绿化树种对臭氧升高抗性响应的生理特征 [J]. 森林与环境学报, 2023, 43 (3): 272 - 279.

[64] 李平. 提升全要素生产率的路径及影响因素——增长核算与前沿面分解视角的梳理分析 [J]. 管理世界, 2016 (9): 1 - 11.

[65] 李强谊, 钟水映. 中国旅游产业专业化发展水平的空间非均衡及其演变——基于 Dagum 基尼系数与 Markov 链估计方法的实证研究 [J]. 经济地理, 2016, 36 (12): 197 - 203.

[66] 李庆. 增加生态产品供给, 培育绿色发展新动能 [J]. 生态经济, 2018, 34 (8): 209 - 211.

[67] 李胜全. 城市园林绿化项目经济效益分析 [J]. 中国外资, 2021 (6): 140 - 141.

［68］李文华. 生态系统服务功能价值评估的理论、方法与应用［M］. 北京：人民大学出版社，2008.

［69］李小平，朱钟棣. 国际贸易、R&D 溢出和生产率增长［J］. 经济研究，2006（2）：31－43.

［70］李欣，杨朝远，曹建华. 网络舆论有助于缓解雾霾污染吗？——兼论雾霾污染的空间溢出效应［J］. 经济学动态，2017，9（6）：45－57.

［71］李永友，沈坤荣. 我国污染控制政策的减排效果——基于省际工业污染数据的实证分析［J］. 管理世界，2008（7）：7－17.

［72］李忠，刘峥延. 生态产品质量评估体系的构建思路［J］. 宏观经济管理，2020，7（4）：13－19.

［73］李仲信. 城市绿地系统规划与景观设计［M］. 济南：山东大学出版社，2009.

［74］梁杰. 市政绿化工程对城市交通安全的影响［J］. 大众标准化，2023，394（10）：77－79.

［75］廖茂林，潘家华，孙博文. 生态产品的内涵辨析及价值实现路径［J］. 经济体制改革，2021（1）：12－18.

［76］廖唐勇. 机场基础设施对城市全要素生产率的影响研究——基于建设全国统一大市场视角［J］. 云南财经大学学报，2023，39（1）：18－33.

［77］林伯强，谭睿鹏. 中国经济集聚与绿色经济效率［J］. 经济研究，2019，54（2）：119－132.

［78］林黎. 我国生态产品供给主体的博弈研究——基于多中心治理结构［J］. 生态经济，2016，32（7）：96－101.

［79］刘滨谊，张德顺，刘晖，等. 城市绿色基础设施的研究与实践［J］. 中国园林，2013，29（3）：6－10.

［80］刘秉镰，武鹏，刘玉海. 交通基础设施与中国全要素生产率增长——基于省域数据的空间面板计量分析［J］. 中国工业经济，2010（3）：54－64.

［81］刘家悦，罗良文. 对外贸易、市场化进程与污染排放——动态面板数据的实证研究［J］. 财会月刊，2017，31（3）：71－75.

［82］刘强，陈伟，苏屹. 省域生态文明建设能力评价指标权重的确定［J］.

统计与决策，2016（21）：59－61.

［83］刘伟，张辉．中国经济增长中的产业结构变迁和技术进步［J］．经济研究，2008，43（11）：4－15.

［84］刘旭升，李锋．城市园林绿化指标与质量评价——以中国西部城市为例［J］．现代城市研究，2005（7）：69－72.

［85］刘亦师．楔形绿地规划思想及其全球传播与早期实践［J］．城市规划学刊，2020（3）：109－118.

［86］刘竹柯君．试论19世纪英国城市公园的兴起成因［J］．国际城市规划，2017，32（1）：105－109.

［87］鲁晓东，连玉君．中国工业企业全要素生产率估计：1999—2007［J］．经济学（季刊），2012，11（2）：541－558.

［88］罗浩．自然资源与经济增长：资源瓶颈及其解决途径［J］．经济研究，2007（6）：142－153.

［89］梅多斯，等．增长的极限［M］．北京：商务印书馆，1984.

［90］闵锐，李谷成．环境约束条件下的中国粮食全要素生产率增长与分解——基于省域面板数据与序列Malmquist－Luenberger指数的观察［J］．经济评论，2012（5）：34－42.

［91］彭文英，尉迟晓娟．京津冀生态产品供给能力提升及价值实现路径［J］．中国流通经济，2021，35（8）：49－60.

［92］彭一然．中国生态文明建设评价指标体系构建与发展策略研究［D］．北京：对外经济贸易大学，2016.

［93］祁红卫．城市绿地与地下空间复合开发探讨［J］．中国园林，2001（1）：87－89.

［94］卿青平，王瑛．省域生态环境质量动态评价及差异研究［J］．中国环境科学，2019，39（2）：750－756.

［95］任保平．经济发展成本分析：可持续发展经济学的理论基础［J］．中国人口·资源与环境，2003（2）：4－8.

［96］任勇，吴玉萍．中国循环经济内涵及有关理论问题探讨［J］．中国人口·资源与环境，2005（4）：131－136.

[97] 邵超峰，陈思含，高俊丽，等．基于 SDGs 的中国可持续发展评价指标体系设计 [J]．中国人口·资源与环境，2021，31（4）：1-12.

[98] 沈光．文献计量视角下我国生态文明研究的热点与动态——基于 6240 篇 CSSCI 刊源文献信息的分析 [J]．南京工业大学学报（社会科学版），2020，19（5）：78-89+116.

[99] 沈静，向澄，柳意云．广东省污染密集型产业转移机制——基于 2000-2009 年面板数据模型的实证 [J]．地理研究，2012，31（2）：357-368.

[100] 沈丽，张好圆，李文君．中国普惠金融的区域差异及分布动态演进 [J]．数量经济技术经济究，2019，36（7）：62-80.

[101] 沈田华．基于 CVM 方法及 Kano 模型的公共生态产品需求分析——以贵州省为例 [J]．生态经济，2021，37（12）：210-217.

[102] 沈潇涵．城市居住区建筑、绿化指标与室外热舒适的关联研究——以寒冷地区郑州市为例 [J]．建筑与文化，2023，230（5）：55-57.

[103] 史亚东．公众诉求与我国地方环境法规的实施效果 [J]．大连理工大学学报（社会科学版），2018，39（2）：111-120.

[104] 宋菊芳，吴金宁，李坤林，等．社区尺度下城市绿地对老年人健康的影响机制 [J/OL]．中国城市林业：1-10 [2023-07-10].

[105] 苏泽群．关于城市绿化价值定量分析的思考——以广州市为例 [J]．中国园林，2013，29（1）：79-82.

[106] 孙丛毅，朱雪莹，杨永兰，等．城市绿地更新模式——城市更新历程下的城市绿地历史演进及价值思辨 [J]．建筑与文化，2023（10）：169-171.

[107] 孙庆刚，郭菊娥，安尼瓦尔·阿木提．生态产品供求机理一般性分析——兼论生态涵养区“富绿”同步的路径 [J]．中国人口·资源与环境，2015，25（3）：19-25.

[108] 孙群郎．美国城市美化运动及其评价 [J]．社会科学战线，2011（2）：94-101.

[109] 孙学涛，王振华，张广胜．全要素生产率提升中的结构红利及其空间溢出效应 [J]．经济评论，2018（3）：46-58.

[110] 唐剑武，郭怀成，叶文虎．环境承载力及其在环境规划中的初步

应用 [J]. 中国环境科学, 1997 (1): 8-11.

[111] 唐礼智, 周林, 杨梦俊. 环境规制与企业绿色创新——基于“大气十条”政策的实证研究 [J]. 统计研究, 2022, 39 (12): 55-68.

[112] 唐潜宁. 生态产品供给制度研究 [D]. 重庆: 西南政法大学, 2017.

[113] 唐潜宁. 生态产品的市场供给制度研究 [J]. 人民论坛·学术前沿, 2019 (19): 112-115.

[114] 田友春, 卢盛荣, 李文溥. 中国全要素生产率增长率的变化及提升途径——基于产业视角 [J]. 经济学 (季刊), 2021, 21 (2): 445-464.

[115] 涂正革, 肖耿. 中国的工业生产力革命——用随机前沿生产模型对中国大中型工业企业全要素生产率增长的分解及分析 [J]. 经济研究, 2005 (3): 4-15.

[116] 王兵, 吴延瑞, 颜鹏飞. 中国区域环境效率与环境全要素生产率增长 [J]. 经济研究, 2010, 45 (5): 95-109.

[117] 王朝科, 陆磊, 姚露萱. 论马克思的纯粹自然力思想 [J]. 政治经济学研究, 2022 (2): 31-41.

[118] 王海涛, 董雅, 张昊雁. 公园绿地降温效应及相关性分析——以天津市为例 [J]. 干旱区资源与环境, 2017, 31 (6): 83-89.

[119] 王欢, 马小凡, 郭平, 等. 城市绿化的结构和生态环境功能 [J]. 环境科学, 2005 (4): 205-208.

[120] 王金南, 王志凯, 刘桂环, 等. 生态产品第四产业理论与发展框架研究 [J]. 中国环境管理, 2021, 13 (4): 5-13.

[121] 王南希. 意大利文艺复兴时期兰特庄园的二元性解读 [J]. 装饰, 2016 (8): 76-77.

[122] 王少剑, 苏泳娴, 赵亚博. 中国城市能源消费碳排放的区域差异、空间溢出效应及影响因素 [J]. 地理学报, 2018, 73 (3): 414-428.

[123] 王之佳. 我们共同的未来 [M]. 吉林: 吉林人民出版社, 1997.

[124] 王志刚, 龚六堂, 陈玉宇. 地区间生产效率与全要素生产率增长率分解 (1978—2003) [J]. 中国社会科学, 2006 (2): 55-66+206.

[125] 王子. 球状冠体乔木对邻近墙面热辐射扰动机理研究 [J]. 现代

园艺，2023，46（13）：15－17＋20.

［126］魏宁宁，李丽，高连辉．耕地资源利用的生态外部性价值核算及其补偿研究［J］．科技导报，2018，36（2）：61－66.

［127］魏鹏，李莉，李润，等．地方政府竞争、环境规制与生态福利绩效［J］．统计与决策，2022，38（22）：164－169.

［128］吴力波，杨眉敏，孙可哿．公众环境关注度对企业和政府环境治理的影响［J］．中国人口·资源与环境，2022，32（2）：1－14.

［129］吴良志．论优质生态产品有效供给的法治保障［J］．学习与实践，2020（5）：84－89.

［130］吴人韦．国外城市绿地的发展历程［J］．城市规划，1998（6）：39－43.

［131］吴婷．生态城市绿化效益评价体系研究［D］．北京：北京林业大学，2012.

［132］吴小节，彭韵妍，汪秀琼．中国生态文明发展状况的时空演变与驱动因素［J］．干旱区资源与环境，2016，30（8）：1－9.

［133］武定宇，李迪因．"有机疏散"理论在城市规划设计中的应用研究［J］．青海师范大学学报（社会科学版），2022，44（1）：150－159.

［134］武静．山西省城乡绿化的生态效益评价［J］．中国农业资源与区划，2019，40（6）：178－184.

［135］武卫政．增强生态产品生产能力［N］．人民日报，2012－11－22（20）.

［136］徐慧婷，谢军飞，李新宇，等．2005—2020年北京城市绿地景观格局时空变化及应急避险功能［J/OL］．生态学杂志：1－14［2023－07－10］.

［137］徐剑．关于加强城市绿地系统规划刚性约束提高城市生态绿地保有量的建议［J］．浙江园林，2023（1）：42.

［138］许皓，李百浩．思想史视野下邻里单位的形成与发展［J］．城市发展研究，2018，25（4）：39－45.

［139］薛桂芝，李建军，董旭．传统基础设施建设还能提升城市全要素生产率吗——基于223个城市市政基础设施的研究［J］．南开经济研究，2023（8）：199－220.

[140] 薛艳杰. 上海城市绿化评价指标体系构建探讨 [J]. 现代城市研究, 2010, 25 (3): 47 - 50 + 90.

[141] 闫志俊, 于津平. 政府补贴与企业全要素生产率——基于新兴产业和传统制造业的对比分析 [J]. 产业经济研究, 2017 (1): 1 - 13.

[142] 颜鹏飞, 王兵. 技术效率、技术进步与生产率增长: 基于 DEA 的实证分析 [J]. 经济研究, 2004 (12): 55 - 65.

[143] 杨慧梅, 江璐. 数字经济、空间效应与全要素生产率 [J]. 统计研究, 2021, 38 (4): 3 - 15.

[144] 杨静怡, 杨军, 马履一, 等. 中国城市绿化评价系统比较分析 [J]. 城市环境与城市生态, 2011, 24 (4): 13 - 16.

[145] 杨静怡, 赵平, 马履一. 宜居城市绿化评价指标体系研究——以北京市为例 [J]. 西北林学院学报, 2012, 27 (5): 239 - 245.

[146] 杨丽, 孙之淳. 基于熵值法的西部新型城镇化发展水平测评 [J]. 经济问题, 2015 (3): 115 - 119.

[147] 杨小鹏. 英国的绿带政策及对我国城市绿带建设的启示 [J]. 国际城市规划, 2010, 25 (1): 100 - 106.

[148] 杨燕燕, 王永瑜, 韩君. 新发展理念下黄河流域生态效率测度及空间异质性研究 [J]. 统计与决策, 2021, 37 (24): 110 - 114.

[149] 杨莹. 高校教学楼屋顶花园空间资源的合理开发和利用 [J]. 四川建材, 2014, 40 (4): 104 + 113.

[150] 杨宇. 多指标综合评价中赋权方法评析 [J]. 统计与决策, 2006 (13): 17 - 19.

[151] 姚亦锋, 蒋亮, 赵宁. 中国风景园林起源与古生态观初探 [J]. 地理学与国土研究, 2000 (1): 60 - 65.

[152] 姚永玲, 王雅蓁. 中国区域发展差距的多尺度分解 [J]. 统计与决策, 2023, 39 (3): 104 - 109.

[153] 叶頔, 蒋婧博, 张文进, 等. 中国省域生态文明建设进程区域差异化 [J]. 生态学报, 2023, 43 (2): 569 - 589.

[154] 叶梦如. 城市防洪河道景观提升研究——以新乡凤泉湖右岸景观

带绿化工程为例［J］. 城市建筑空间，2023，30（5）：41－44.

［155］叶裕民. 全国及各省区市全要素生产率的计算和分析［J］. 经济学家，2002（3）：115－121.

［156］易纲，樊纲，李岩. 关于中国经济增长与全要素生产率的理论思考［J］. 经济研究，2003（8）：13－20＋90.

［157］应君. 城市绿地对人类身心健康影响之研究［D］. 南京：南京林业大学，2007.

［158］于倩楠. 差异化生态文明评价指标体系构建与应用研究［D］. 重庆：西南交通大学，2020.

［159］余泳泽，张妍. 我国高技术产业地区效率差异与全要素生产率增长率分解——基于三投入随机前沿生产函数分析［J］. 产业经济研究，2012（1）：44－53.

［160］俞力军，陈伯翔，陈超，等. 两种边坡复绿技术在修复高陡石质边坡中的实际应用［J］. 中国水土保持，2023，495（6）：29－32.

［161］袁志刚，解栋栋. 中国劳动力错配对 TFP 的影响分析［J］. 经济研究，2011，46（7）：4－17.

［162］岳书敬，刘朝明. 人力资本与区域全要素生产率分析［J］. 经济研究，2006（4）：90－96＋127.

［163］张彪，谢高地，肖玉，伦飞. 基于人类需求的生态系统服务分类［J］. 中国人口·资源与环境，2010，20（6）：64－67.

［164］张华. 地区间环境规制的策略互动研究——对环境规制非完全执行普遍性的解释［J］. 中国工业经济，2016（7）：74－90.

［165］张惠远，李圆圆，冯丹阳，郝海广. 明确内容标准　强化实施监管——山水林田湖草生态保护修复的路径探索［J］. 中国生态文明，2019（1）：66－69.

［166］张杰，李勇，刘志彪. 出口促进中国企业生产率提高吗？——来自中国本土制造业企业的经验证据：1999～2003［J］. 管理世界，2009（12）：11－26.

［167］张金. 中国城市绿化水平的时空演变及影响因素研究［D］. 兰州：

西北师范大学，2020.

［168］张军，吴桂英，张吉鹏. 中国省际物质资本存量估算：1952—2000［J］. 经济研究，2004（10）：35－44.

［169］张利华，张京昆，黄宝荣. 城市绿地生态综合评价研究进展［J］. 中国人口·资源与环境，2011，21（5）：140－147.

［170］张林波，虞慧怡，郝超志，王昊，罗仁娟. 生态产品概念再定义及其内涵辨析［J］. 环境科学研究，2021，34（3）：655－660.

［171］张龙耀，邢朝辉. 中国农村数字普惠金融发展的分布动态、地区差异与收敛性研究［J］. 数量经济技术经济研究，2021，38（3）：23－42.

［172］张鹏举，梁海. 论古典园林艺术在东晋的新变［J］. 南京林业大学学报（人文社会科学版），2021，21（1）：85－95.

［173］张平，张鹏鹏，蔡国庆. 不同类型环境规制对企业技术创新影响比较研究［J］. 中国人口·资源与环境，2016，26（4）：8－13.

［174］张强. 我国城市生态园林建设刍议［J］. 生态经济，1997（3）：50－53.

［175］张少华，蒋伟杰. 中国全要素生产率的再测度与分解［J］. 统计研究，2014，31（3）：54－60.

［176］张文凯. 北京高层办公建筑公共空间立体绿化设计研究［M］. 北京：北京建筑大学，2020.

［177］张扬，解柠羽，韩清艳. 中国经济高质量发展水平测度与空间差异研究［J］. 统计与决策，2022，38（1）：103－107.

［178］张志强，徐中民，程国栋. 可持续发展下的生态经济学理论透视［J］. 中国人口·资源与环境，2003（6）：4－10.

［179］张竹村. 城市生态修复效果评价指标体系构建研究［J］. 中国园林，2019，35（11）：36－40.

［180］张卓群，张涛，冯冬发. 中国碳排放强度的区域差异、动态演进及收敛性研究［J］. 数量经济技术经济研究，2022，39（4）：67－87.

［181］章祥荪，贵斌威. 中国全要素生产率分析：Malmquist 指数法评述与应用［J］. 数量经济技术经济研究，2008（6）：111－122.

［182］赵钺钺．探讨园林绿化经济的发展——以淄博市为例［J］．现代园艺，2020，43（23）：198－200.

［183］赵睿夫．《资本论》中的“自然力”理论及其当代启益［J］．经济学家，2021（5）：48－55.

［184］赵伟，马瑞永，何元庆．全要素生产率变动的分解——基于 Malmquist 生产力指数的实证分析［J］．统计研究，2005（7）：37－42.

［185］郑德凤，臧正，孙才志．绿色经济、绿色发展及绿色转型研究综述［J］．生态经济，2015，31（2）：64－68.

［186］郑思齐，万广华，孙伟增，罗党论．公众诉求与城市环境治理［J］．管理世界，2013，11（6）：72－84.

［187］钟茂初．可持续发展思想的理论阐释与实证分析［D］．天津：南开大学，2004.

［188］钟世川，毛艳华．中国全要素生产率的再测算与分解研究——基于多要素技术进步偏向的视角［J］．经济评论，2017（1）：3－14.

［189］钟水映，李强谊，徐飞．中国农业现代化发展水平的空间非均衡及动态演进［J］．中国人口·资源与环境，2016，26（7）：145－152.

［190］仲启钺，张浪，张桂莲．基于城市搬迁地的公园绿地建设项目综合效益评价研究——以上海世博公园为例［J］．园林，2021，38（10）：2－10.

［191］周宏春．生态修复与生态产品［J］．绿色中国，2017（15）：58－59.

［192］周雯，曹福亮，张瑞，汪贵斌．绿地格局对城市地表热环境调节作用的多尺度分析［J］．南京林业大学学报（自然科学版），2020，44（3）：133－141.

［193］周晓艳，韩朝华．中国各地区生产效率与全要素生产率增长率分解（1990－2006）［J］．南开经济研究，2009（5）：26－48.

［194］祝志川，刘博，和军．中国乡村振兴、新型城镇化与生态环境协同发展测度分析［J］．经济问题探索，2022，9（7）：13－28.

［195］宗仁．霍华德“田园城市”理论对中国城市发展的现实借鉴［J］．现代城市研究，2018（2）：77－81.

［196］Acemoglu J，Levinson A. The simple analytics of the environmental Kutnets curve [J]. Journal of Public Economics, 2001, 80 (2): 269 - 286.

[197] Aigner D, Lovell C K, Schmidt P. Formulation and Estimation of Stochastic Frontier Production Function Models [J]. Journal of Econometrics, 1977, 21 (6): 27 - 37.

[198] Alcock I, White M P, Wheeler B W, et al. Longitudinal effects on mental health of moving to greener and less green urban areas [J]. Environmental Science & Technology, 2014, 48 (2): 1247 - 1255.

[199] Bai H, Li Z, Guo H, et al. Urban green space planning based on remote sensing and geographic information systems [J]. Remote Sensing, 2022, 14 (17): 4213.

[200] Benevolo L. The history of the City [M]. London: Scolar Press, 1980.

[201] Boschma R, Wal A. Applying social network analysis in economic geography: Framing some key analytic issues [J]. The Annals of Regional Science, 2009, 43 (3): 739 - 756.

[202] Bowler D E, Buyung - Ali L, Knight T M, et al. Urban greening to cool towns and cities: A systematic review of the empirical evidence [J]. Landscape and Urban Planning, 2010, 97 (3): 147 - 155.

[203] Boyd J, Banzhaf S. What are ecosystem services? The need for standardized environmental accounting units [J]. Ecological Economics, 2007, 63 (2): 616 - 626.

[204] Caves D W, Christensen L R, Diewert W E. The Economic Theory of Index Numbers and the Measurement of Input, Output, and Productivity [J]. Econometrica, 1982, 92 (365): 73 - 86.

[205] Charnes A, Cooper W, Rhodes E. Measuring the Efficiency of Decision Making Units [J]. European Journal of Operational Research, 1978, 2 (6): 429 - 444.

[206] Che Y, Zhang L. Human Capital, Technology Adoption and Firm Performance: Impacts of China's Higher Education Expansion in the Late 1990s [J]. The Economic Journal, 2018, 128: 2282 - 2320.

[207] Chen L, Jiang B, Wang C. Climate change and urban total factor productivity: Evidence from capital cities and municipalities in China [J]. Empirical Economics, 2023, 65 (1): 401-441.

[208] Chen S. Environmental pollution emissions, regional productivity growth and ecological economic development in China [J]. China Economic Review, 2015, 35: 171-182.

[209] Chen W, Gao L, Xu X, et al. Does stricter Command - and - Control environmental regulation promote total factor productivity? Evidence from China's industrial enterprises [J]. Discrete Dynamics in Nature and Society, 2022, 2022: 1-12.

[210] Coe D T, Helpman E. International R&D Spillovers [J]. European Economic Review, 1995, 39 (5): 858-887.

[211] Costanza R, D'Arge R, De Groot R, et al. The value of the world's ecosystem services and natural capital [J]. Ecological Economics, 1998, 25 (1): 3-15.

[212] Dagum C. A new approach to the decomposition of the Gini income inequality ratio [J]. Empirical Economics, 1997, 22 (4): 515-531.

[213] Daily G. Nature's Services: Societal Dependence on Natural Ecosystems [J]. Pacific Conservation Biology, 1997, 6 (2): 220-221.

[214] Eisenman T S, Churkina G, Jariwala S P, et al. Urban trees, air quality, and asthma: An interdisciplinary review [J]. Landscape and urban planning, 2019, 187: 47-59.

[215] Färe R, Grosskopf S, Norris M, et al. Productivity growth, technical progress, and efficiency change in industrialized countries [J]. American Economic Review, 1994, 84 (1): 66-83.

[216] Färe R, Grosskopf S, Pasurka J, et al. Accounting for Air Pollution Emissions in Measures of State Manufacturing Productivity Growth [J]. Journal of Regional Science, 2001, 41 (3): 381-409.

[217] Farrell M J. The Measurement of Production Efficiency [J]. Journal of the Royal Statistical Society, 1957, 120 (3): 253-290.

[218] Fieldhouse K. Parks and green spaces: unlocking a fresh vision [J]. Proceedings of the Institution of Civil Engineers, 2002, 151 (3): 213 - 216.

[219] Fisher B, Turner R, Morling P. Defining and classifying ecosystem services for decision making [J]. Ecological Economics, 2009, 68 (3): 643 - 653.

[220] Fok K, Law W. City re - imagined: Multi - stakeholder study on branding Hong Kong as a city of greenery [J]. Journal of Environmental Management, 2018, 206: 1039 - 1051.

[221] Fuller R A, Irvine K N, Patrick D W, et al. Psychological benefits of green space increase with biodiversity. [J]. Biology Letters, 2007, 3 (4): 390 - 394.

[222] Grahn P, Stigsdotter U K. The relation between perceived sensory dimensions of urban green space and stress restoration [J]. Landscape and Urban Planning, 2010, 94 (3 - 4): 264 - 275.

[223] He Z, Chen Z, Feng X. Different types of industrial agglomeration and green total factor productivity in China: do institutional and policy characteristics of cities make a difference? [J]. Environmental Sciences Europe, 2022, 34 (1): 64.

[224] Howard E. To - morrow: A peaceful path to real reform [M]. Cambridge: Cambridge University Press, 2010.

[225] Jia H. Impact of Wind - barrier of Natural Landform and Artificial Hippophae rhamnoides on Plants Restoration in Flat of Dumping Site [J]. Journal of Soil and Water Conservation, 2001 (1): 74 - 76.

[226] Jim C Y, Chen W Y. Ecosystem services and valuation of urban forests in China [J]. Cities, 2009, 26: 187 - 194.

[227] Jorgenson D W, Griliches Z, The Explanation of Productivity Change [J]. The Review of Economic Studies, 1967, 34 (3): 249 - 283.

[228] Kumar S, Managi S. Environment and productivities in developed and developing countries: The case of carbon dioxide and sulfur dioxide [J]. Journal of Environmental Management, 2010, 91 (7): 1580 - 1592.

[229] Lee A C K, Maheswaran R. The health benefits of urban green spaces:

a review of the evidence [J]. Journal of Public Health, 2010, 33 (2): 212 -222.

[230] Letta M. , Tol R. Weather, climate and total factor productivity [J]. Environmental and Resource Economics, 2019, 73 (1): 283 -305.

[231] Li J, Wai O, Li Y, et al. Effect of green roof on ambient CO_2 concentration [J]. Building and Environment, 2010, 45 (12): 2644 -2651.

[232] Lin C, Lin P, Song F. Property Rights Protection and Corporate R&D: Evidence from China [J]. Journal of Development Economics, 2010, 93 (1): 49 -62.

[233] Lin X, Tang Z, Long H. Spatial and temporal research on ecological total factor energy efficiency in China: based on "Ecology - Economy - Geography" heterogeneity framework [J]. Journal of Cleaner Production, 2022, 377: 134143.

[234] Longley P, Batty M, Shepherd J, et al. Do green belts change the shape of urban areas? A preliminary analysis of the settlement geography of South East England [J]. Regional Studies, 1992, 26 (5): 437 -452.

[235] Lu X, Jiang X, Gong M. How land transfer marketization influence on green total factor productivity from the approach of industrial structure? Evidence from China [J]. Land Use Policy, 2020, 95: 104610.

[236] MA. Millennium ecosystem assessment ecosystems and human wellbeing: Synthesis [M]. Washington DC: Island Press, 2005.

[237] Maas J, Verheij R A, Groenewegen P, et al. Green space, urbanity, and health: how strong is the relation? [J]. Journal of Epidemiology and Community Health, 2006, 60 (7): 587 -592.

[238] Maddison A, Growth and Slowdown in Advanced Capitalist Economies: Techniques of Quantitative Assessment [J]. Journal of Economic Literature, 1987, 25 (2): 649 -698.

[239] Madureira H, Nunes F, Oliveira J V, et al. Urban residents' beliefs concerning green space benefits in four cities in France and Portugal [J]. Urban Forestry & Urban Greening, 2015, 14 (1): 56 -64.

[240] Männasoo K, Hein H, Ruubel R. The contributions of human capital,

R&D spending and convergence to total factor productivity growth [J]. Regional Studies, 2018, 52 (12): 1598 - 1611.

[241] Matthew D, Philip J. Considerations in the valuation of urban green space: Accounting for user participation [J]. Ecosystem Services, 2016, 21 (4): 120 - 129.

[242] Mitchell R, Popham F. Effect of exposure to natural environment on health inequalities: an observational population study [J]. Lancet, 2008, 372 (9650): 1655 - 1660.

[243] Olley S, Pakes A. The dynamics of productivity in the telecommunications equipment industry [J]. Econometrica, 1996, 64 (6): 1263 - 1297.

[244] Pan W, Xie T, Wang Z, et al. Digital economy: An innovation driver for total factor productivity [J]. Journal of Business Research, 2022, 139: 303 - 311.

[245] Richards D, Passy P, Oh R. Impacts of population density and wealth on the quantity and structure of urban green space in tropical Southeast Asia [J]. Landscape and Urban Planning, 2017, 157 (1): 553 - 560.

[246] Romer M. Endogenous Technological Change [J]. Journal of Political Economy, 1990, 98 (5): 71 - 102.

[247] Rupprecht C D, Byrne J A, Garden J G, et al. Informal urban green space: A trilingual systematic review of its role for biodiversity and trends in the literature [J]. Urban Forestry & Urban Greening, 2015, 14 (4): 883 - 908.

[248] Samuelson, P. The Pure Theory of Public Expenditure [J]. Review of Economics & Statistics, 1954, 36 (4): 387 - 389.

[249] Serna - Chavez H, Schulp C, Bodegom P, et al. A quantitative framework for assessing spatial flows of ecosystem services [J]. Ecological Indicators, 2014, 39 (7): 24 - 33.

[250] Shimizu M. Effects of pollution abatement activities on environmental efficiency and productivity: Empirical evidence from the Chinese industrial sector [J]. Review of Development Economics, 2022, 26 (1): 484 - 509.

[251] Silvia C, Roberto E. Is There a Long - Term Relationship Between Agri-

cultural GHG Emissions and Productivity Growth? A Dynamic Panel Data Approach [J]. Environmental and Resource Economics, 2014, 58 (2): 273 -302.

[252] Song Y, Wang C, Wang Z. Climate risk, institutional quality, and total factor productivity [J]. Technological Forecasting and Social Change, 2023, 189: 122365.

[253] Tyrvainen L. Economic Valuation of Urban Forest Benefits in Finland [J]. Journal of Environment al Management, 2001, 62: 75 -92.

[254] Wang C, Ren Z, Chang X, et al. Understanding the cooling capacity and its potential drivers in urban forests at the single tree and cluster scales [J]. Sustainable Cities and Society, 2023, 93: 104531.

[255] Wang C, Wang L. Green credit and industrial green total factor productivity: the impact mechanism and threshold effect tests [J]. Journal of Environmental Management, 2023, 331: 117266.

[256] Wang J, Yang X, Kumari S. Investigating the Spatial Spillover Effect of Transportation Infrastructure on Green Total Factor Productivity [J]. Energies, 2023, 16 (6): 2733.

[257] Wang Y, Wang L, Suo M, et al. Regulating Root Fungal Community Using Mortierella alpina for Fusarium oxysporum Resistance in Panax ginseng [J]. Frontiers in Microbiology, 2022, 13: 850917.

[258] White M P, Alcock I, Wheeler B W, et al. Would you be happier living in a greener urban area? A fixed - effects analysis of panel data [J]. Psychological Science, 2013, 24 (6): 920 -928.

[259] Wolch J, Byrne J, Newell J. Urban green space, public health, and environmental justice: the challenge of making cities 'just green enough' [J]. Landscape and Urban Planning, 2014, 125 (5): 234 -244.

[260] Xiao Y, Zhang Y, Zhang J. The Impact of Carbon Emission Trading on Industrial Green Total Factor Productivity [J]. Sustainability, 2023, 15 (7): 6167.

[261] Yang Y, Ji X, Deng L, et al. How does a good environment affect firms' productivity? evidence from urban public green spaces in China [J]. Fron-

tiers in Energy Research, 2023, 10: 1054699.

[262] Yu H, Liu Y, Zhao J, et al. Urban total factor productivity: Does urban spatial structure matter in China? [J]. Sustainability, 2019, 12 (1): 214.

[263] Yu Y, Zhang W, Fu P, et al. The spatial optimization and evaluation of the economic, ecological, and social value of urban green space in Shenzhen [J]. Sustainability, 2020, 12 (5): 1844.

[264] Zeng Y, Wu H, Ouyang S, et al. Ecosystem service multifunctionality of Chinese fir plantations differing in stand age and implications for sustainable management [J]. The Science of the Total Environment, 2021, 78 (8): 147 – 161.

[265] Zhang B, Xie G, Zhang C, et al. The economic benefits of rainwater – runoff reduction by urban green spaces: A case study in Beijing, China [J]. Journal of Environmental Management, 2012, 100: 65 – 71.

[266] Zhang H, Chai Y, Yang X, et al. High – Speed Rail and Urban Growth Disparity: Evidence from China [J]. Sustainability, 2022, 14 (13): 8170.

[267] Zhang S, Xu J, Chen W, et al. Market Distortion, Inter – Provincial Factor Misallocation, and Total Factor Productivity [J]. Journal of Advanced Computational Intelligence and Intelligent Informatics, 2021, 25 (5): 546 – 553.

[268] Zheng S, Yao R, Zou K. Provincial environmental inequality in China: Measurement, influence, and policy instrument choice [J]. Ecological Economics, 2022, 20 (1): 107 – 137.

[269] Zhu L, Jeon B N. International R&D Spillovers: Trade, FDI, and Information Technology as Spillover Channels [J]. Review of International Economics, 2007, 15 (5): 955 – 976.

[270] Zhu X, Zhang B, Yuan H. Digital economy, industrial structure upgrading and green total factor productivity—Evidence in textile and apparel industry from China [J]. Plos One, 2022, 17 (11): e0277259.

[271] Zoderer B, Tasser E, Carver S, et al. Stakeholder perspectives on ecosystem service supply and ecosystem service demand bundles [J]. Ecosystem Services, 2019, 37 (3): 109 – 138.

后　记

自然生态环境与我们，真的是像极了一位无私的母亲，默默地孕育了我们人类，用她丰富的生态产品使我们不断繁衍壮大，容忍我们的任性，面对无数次的伤害，她依然默默地吸纳我们排放的污染，直到有一天，她的承载能力达到了极限，已经无法达到自然的平衡，出现了物种的灭绝、冰川的消融、草原变成了荒漠，还有更大规模的全球气候变化，极端高温、洪涝与干旱，都是这位母亲无奈的反馈，提示着我们应该为她做些什么。确实，我们应该积极行动起来，主动参与到自然生态环境的建设中，我们应该将自然生态环境的保护、修护纳入日常的生产和生活之中。正是基于这样的初衷，促使我们完成了这本著作。

书稿的完成，必须要感谢我指导的两位聪颖的研究生文青爽和李红艳的付出。三载蓉城望江，青爽同学人如其名，青青爽爽，开朗大方，行事周到利落，完成了书稿中的全要素生产率及其相关章节。红艳同学文思缜密，温婉恬静，高质量完成了书稿中优质生态产品供给水平部分的相关章节。这些内容同时也是她们论文的组成部分，在她们都各自毕业之后，得以将这些内容付诸出版，实为幸事，偶尔翻阅此书，望能忆往昔，惜当下，更能以此作念。书稿的顺利出版，还得益于我指导的研究生张雅宁在书稿的丰满和统筹方面所做的工作。

着实需要感谢的是黄双蓉女士，自 2009 年与其相识出版第一本著作，已经十几个春秋，每逢出版事宜，她从不懈怠，一直是真诚且高效率地完成工作，钦佩之至，难以言表。书稿中有些内容是基于前辈的研究成果，在此表示感谢，如果存在引用疏漏的情况，在此致歉。书稿中如果存在错误之处，敬请指正，联系邮箱：yonghopeliu@ sina. com.

刘　勇

2025 年 3 月于成都